Leonardo Boff
Die Botschaft des Regenbogens

W0046233

Leonardo Boff

Die Botschaft des Regenbogens

Übersetzung aus dem Portugiesischen
und Bearbeitung für die deutsche Ausgabe:
Horst Goldstein

Patmos Verlag

Die Deutsche Bibliothek – CIP-Einheitsaufnahme
Boff, Leonardo:
Die Botschaft des Regenbogens/Leonardo Boff. Übers. aus dem Portug. und
Bearb. für die dt. Ausg.: Horst Goldstein. – Düsseldorf : Patmos-Verl., 2002
ISBN 3-491-70351-4

Umschlaggestaltung: Groothuis & Consorten, Hamburg
Satz: KompetenzCenter, Düsseldorf
Druck und Bindung: Bercker GmbH, Kevelaer
ISBN 3-491-70351-4
www.patmos.de

Inhalt

Vorwort

Am 7. Dezember 2001 wurde Leonardo Boff, gemeinsam mit drei weiteren Preisträgern, im schwedischen Parlament in Stockholm mit dem »Preis für richtiges Leben« geehrt. Der so genannte Alternative Nobelpreis ist Menschen und Organisationen zugedacht, die sich in besonderer Weise für Frieden, Versöhnung und Gerechtigkeit und für die Durchsetzung des Geistes der Menschlichkeit verwandt haben. In der Begründung wird hervorgehoben, als einer der »Gründer der lateinamerikanischen Befreiungstheologie« habe sich der ehemalige brasilianische Franziskaner nicht nur »Jahrzehnte lang für die Armen und Ausgegrenzten eingesetzt«, sondern vor allem mit seinen »wegweisenden Erkenntnissen in die Zusammenhänge zwischen menschlicher Spiritualität und sozialer Gerechtigkeit sowie dem Schutz der Erde« verdient gemacht.

Im vorliegenden Band macht Boff gerade den Zusammenhang zwischen Engagement und Spiritualität deutlich. Es geht ihm darum, aus einem Geist der Achtsamkeit und der Ehrfurcht vor den Dingen den Schrei aller Unterdrückten – der ausgebeuteten Erde ebenso wie der in Verarmung gestoßenen Erdenbewohner – vernehmbar zu machen und von dorther ein neues Zivilisationsparadigma zu entwickeln. Ohne das endet unser aller Zukunft wie vor einem alles verschlingenden Abgrund. Zukunft als trächtiger Horizont tut sich uns nur dann auf, wenn wir in uns einen neuen Geist gedeihen lassen, einen Geist der Solidarität und der Gemeinschaft, des Mitfühlens und der zuwendenden Liebe, des Gespürs für das Ganze und des Bewusstseins, als ein Teil davon in diesem umfassenden Ganzen geborgen zu sein.

Dass sich Leonardo Boff heute in dieser Unmissverständlichkeit äußert, ist die Frucht eines mehr als dreißigjährigen Reifungsprozesses.

Waren in den ausgehenden sechziger und in den siebziger Jahren des vorigen Jahrhunderts zunächst die materiell Armen und die gesellschaftlich-politisch Unterdrückten die Herausforderung für christliche Theologie und Spiritualität, rückten in den achtziger Jahren zunehmend Fragen der Kultur und der Ökologie ins Blickfeld lateinamerikanischer Theologen. Sind denn die geknechteten Ureinwohner des Erdteils und die als Sklaven aus Afrika nach Amerika verschleppten Schwarzen nicht Opfer auch einer kulturellen Entfremdung, die sie ihrer Kreativität und ihrer Würde als menschliche Wesen und Geschöpfe Gottes entkleidet? Und haben die Frauen, zumal indianischer und schwarzafrikanischer Herkunft, übersehen und übergangen, verkannt und vergewaltigt, nicht auch ein Recht auf befreiende Verwirklichung? Sie alle schreien nach Freiheit und Leben. Dann, ab den neunziger Jahren weitet sich die Erkenntnis: Nicht nur die Armen und Unterdrückten schreien. Man müsste taub sein, wollte man nicht auch das Schreien von Flüssen und Meeren, von Wäldern und Tieren, ja das Seufzen und Stöhnen der Erde insgesamt hören. Der ganze Kosmos, der lebendig pulsierende Superorganismus des Weltalls, Gaia schreit, weil sie systematisch angegriffen und geplündert, vergewaltigt und vernichtet wird. Dieselbe akkumulativ-kapitalistische Logik, die sich Menschen zur Beute macht, schreckt auch nicht vor Instrumentalisierung und Vermarktung der Schöpfung zurück.

Wer Biosphäre und Gaia retten und damit sich selbst und seinen Kindern eine erträgliche Zukunft eröffnen will, muss Machbarkeitslogik und Aktionärsgehabe, Anmaßung und Machtwillen aus sich verbannen. Was er in sein Herz einziehen lassen muss, sind warme Einfühlung, beherzte Mitverantwortung und sorgfältige Achtsamkeit gegenüber allen Wesen. Wir alle brauchen eine neue Spiritualität des Bewunderns und Staunens, der Behutsamkeit und liebevollen Pflege.

Der vorliegende Band gewährt einen Einblick in das gegenwärtige holistische Denken des nunmehr dreiundsechzigjährigen brasilianischen Theologen einer ganzheitlichen Befreiung. Die Aktualität dieser neuen Denkweise sollte auch über Stockholm hinaus Anerkennung finden.

Berlin, im Dezember 2001   *Horst Goldstein*

DER MENSCH –
MITSCHÖPFER DES KOSMOS

Neue Kosmologie, Gott und Spiritualität

Welche Kultur man auch nimmt, überall bringt eine Zeitenwende auf der Achse der Geschichte auch eine neue Kosmologie mit sich. Unter Kosmologie verstehen wir das Bild, das sich eine Gesellschaft – dank ihrer *ars combinatoria* und mit Hilfe unterschiedlichster Wissensschätze, Überlieferungen und Intuitionen – von der Welt macht. Das Bild dient ihr als allgemeine Richtschnur und vermittelt ihr die notwendige Harmonie, ohne welche die einzelnen Handlungen atomisiert würden und ihren Sinn innerhalb eines größeren Sinnzusammenhangs verlören.

Zur Zeit beobachten wir, dass sich zunehmend eine neue Kosmologie durchsetzt. Damit bahnt sich auch eine Neudefinition dessen an, was wir Gott nennen. Denn wenn der Begriff Kosmologie ein bestimmtes Menschenbild beinhaltet, dann transportiert er auch ein bestimmtes Gottesverständnis.

1. Weltbilder und Gottesbilder

In der überlieferten Kosmologie, so wie sie unserer westlichen Kultur zu Grunde liegt, wird die Welt nach Art einer gewaltigen *Pyramide* verstanden. Dinge und Wesen lagern, angefangen mit den einfachsten bis hin zu den komplexesten (Steine, Pflanzen, Tiere, Menschen und Engel/Dämonen), hierarchisch geschichtet übereinander und finden schließlich in Gott zu ihrem Gipfel.

Auf der Grundlage moderner Physik und Mathematik, wie sie etwa von Nikolaus Kopernikus (1473 – 1543), Galileo Galilei (1564 – 1642) und Isaac Newton (1643 – 1727) konzipiert wurden, hatte sich die klassische Kosmologie ein Weltbild nach dem Modell einer *Maschine* geschaffen, näherhin nach dem Modell eines ausgeklügelten Uhrwerks. Demnach läuft das Ganze ab nach deterministischen Gesetzen, die allesamt präzis ineinander greifen und so das Weltall wie eine harmonische Symphonie zum

Schwingen bringen. Gott ist das Wesen, das die ausgetüftelte Maschine in Gang gesetzt hat.

Doch gegenwärtig gehen Fachleute von einem anderen Weltbild aus. Sie denken eher an ein *Spiel*, einen *Tanz* oder eine *Arena*. Die Paralle ergibt sich aus der Verbindung vieler Erkenntnisse, welche heutiges Denken charakterisieren. Angeregt durch Quantenphysik, thermodynamisch orientierte Biologie, transpersonale Psychologie und durch ein Bündel von Wissenselementen aus Erdwissenschaften und Ökologie, verstehen sie den Kosmos heute als ein höchst komplexes Netz von Energien, die sich einmal verdichten und dann Materie heißen oder sich das andere Mal als reine Energie zeigen und die insgesamt Energie- und Materiefelder bilden. Wie beim Tanz oder beim Spiel so sind auch hier alle involviert, und alle stehen in permanenter Intro-retro-Beziehung.

Keine Kosmologie kommt ohne die Frage nach der letzten Begründung aus, nach dem wesenhaften Bezugspunkt, nach dem Band, das alles zusammenhält und harmonisiert. Thomas von Aquin würde sagen: »*Et hoc dicitur Deus*« (»Und das heißt Gott«). In der Tat, die Religionen nennen dieses unaussprechliche Etwas Gott, oder sie finden tausend andere Namen, um von dieser substantiellen Frage zu sprechen.

In der Kosmologie nach dem Muster *Welt als Pyramide* gilt Gott als das höchste Wesen und in der, in der die *Welt als Uhrwerk* interpretiert wird, als der große Ingenieur. Aber auch wenn man die *Welt als Spiel und Tanz* sieht, stellt sich die Frage: Welches Gottesbild entspricht dieser Vorstellung? Unsere Antwort kann nur sein, eine Darstellung der Gottheit zu versuchen in Einklang einmal mit unserem Weltbild und zum anderen auch mit der geistig-geistlichen Geschichte der Menschheit insgesamt.

Ökologie, wie wir sie heute verstehen, berücksichtigt Erkenntnisse jüngsten Datums, stellt neue Schwerpunkte in das Zentrum menschlichen Tuns und Denkens und will ein neues Bündnis zwischen dem Menschen und seiner sozialen, weltumfassenden und kosmischen Umwelt. Deshalb sind wir der Meinung, im Bemühen um die Beschreibung einer neuen Kosmologie hätten wir von der Ökologie auszugehen. Ökologie beinhaltet sowohl eine neue Spiritualität als auch eine neue Gotteserfahrung. Wie ist der Satz zu verstehen?

Lehrmäßige und ethische Inhalte stellen die positiv greifbare Konkretion einer spirituellen oder religiösen Überlieferung dar. Sie kleiden das religiöse Phänomen in die Gestalt eines geschichtlich-gesellschaftlichen Phänomens. Es kommt darauf an, die ursprüngliche Erfahrung, die sich hinter diesen positiven Determinanten verbirgt, nicht aus dem Blick zu verlieren. Ihr auf der Spur zu bleiben rührt an Spiritualität. Wir haben es zu tun mit einem erst-bewegenden Etwas, mit einer im wahrsten Sinne grundlegenden Erfahrung. Diese ist mehr als Ethik. Ethik entartet zu einem Kodex von Vorschriften und Verhaltensnormen, und Tiefenökologie läuft Gefahr, sich in ihrer faszinierenden inneren Symbolwelt zu verlieren, wenn beide nicht Ausdruck einer radikalen Sinnerfahrung sind, aus der Spiritualität und Mystik erst geboren werden.

2. Was ist Spiritualität?

Wenn wir hier von Spiritualität sprechen, denken wir an eine alles umfassende Grunderfahrung, in der sich jemand der Gesamtheit der Dinge innewird und ihm dabei aufgeht, dass es ein organisches Ganzes voller Sinn und Wert gibt. *Spiritus* (Geist), von dem sich ja das Wort Spiritualität herleitet, ist die Qualität jedes Seienden, das *respiriert*, das atmet. Gemeint ist also alles, was lebt: Mensch, Tier, Pflanze. Aber nicht nur das. Auch Erde und Kosmos sind belebt und mithin Träger von Geist, weil ja von ihnen das Leben kommt, weil sie alle Elemente liefern, die das Leben zum Leben braucht, und weil sie die Bewegung von Schöpung und Selbst-organisierung in Gang halten.

Spiritualität ist eine Haltung, die das Leben in den Mittelpunkt stellt, die es fördert und gegen alle Mechanismen von Herabsetzung, Lähmung und gar Mord schützt. Das Gegenstück von Geist ist, so gesehen, nicht der Körper, sondern der Tod und alles, was mit Todessystemen im weitesten Sinn des Wortes zu tun hat, mit biologischem, sozialem und existentiellem Tod (Scheitern, Demütigung, Unterdrückung). Spiritualität pflegen bedeutet allem gegenüber offen sein, was Leben vermittelt, den inneren Erfahrungsraum pflegen, von dem aus alle Dinge miteinander verbunden und aneinander rück-gebunden sind, Schubfachdenken überwinden, das Ganze erfassen und die Dinge, auch über ihre undurchsichtige und mitunter brutale Seite hinaus, erfahren als Werte, Hinweise und Symbole einer tieferen Dimension. Ein spiritueller Mann, eine spirituelle Frau ist dann jemand, der, die in der Lage ist, auch die andere Seite der Dinge zu entdecken, die Tiefenschicht zu sondieren, die sich in allen Dingen sowohl offenbart als auch verbirgt, und den Bezug zu spüren, in dem alles zum letzten Sein steht.

Einstiegspunkt für Spiritualität ist weder Macht noch Akkumulation, weder Interesse noch instrumentelle Vernunft. Spiritualität setzt ein mit emotionaler, sakramentaler, symbolischer Vernunft. Spiritualität wird geboren aus der Welt ungeschuldeter Verdanktheit, aus einem inklusiven Beziehungsnetz, aus tiefem Bewegtsein, aus dem Sinn für Gemeinschaft, in der alle Dinge miteinander stehen, sowie aus dem Gespür dafür, dass der große kosmische Organismus voll ist von Hinweisen und Zeichen für ein höchstes, letztes Wesen.

Zu erreichen ist dieses Niveau heute allerdings nur, wenn man mit dem Paradigma der Moderne hart ins Gericht geht, weil es auf instrumental-analytischer Vernunft fußt und allein dem Machtwillen derer dient, die sich ihre Mitmenschen, aber auch die Natur unterwerfen wollen. Dieses Modell gehört überwunden und als ein Aspket in ein größeres Ganzes mit hineingenommen. Die ökologische Krise offenbart eine fundamentale Sinnkrise, in die unser Lebenssystem und unser Gesellschafts- und Entwicklungsmodell geraten sind.

Wir können uns nicht weiter stützen auf Macht und Herrschaft, auf unsere verantwortungslose Gefräßigkeit, mit der wir Natur und Menschen nur so verschlingen. Wir können nicht weiter das Ansinnen haben, über den Dingen des Kosmos zu stehen. In Wirklichkeit stehen wir in einer Reihe mit ihnen und haben uns für sie einzusetzen. Die Entwicklung kann nur Hand in Hand mit der Natur verlaufen – und nicht gegen sie. Was in diesem Augenblick globalisiert werden muss, sind weniger Kapital und Markt, weniger Wissenschaft und Technik. Was grundsätzlich, und zwar in noch größerem Maßstab, globalisiert werden muss, sind Solidarität mit allen Wesen, angefangen mit den am bösesten Betroffenen, konsequente Aufwertung des Lebens in all seinen Formen, Partizipation als Antwort auf das

Bedürfnis eines jeden Menschen wie auch auf die dem Weltall innewohnende Dynamik und schließlich Ehrfurcht vor der Natur, deren Teil wir ja sind und für die wir ja auch Verantwortung tragen. Haben wir etwas von dieser Seinsdichte erreicht, können und müssen wir uns auch Wissenschaft und Technik zu eigen machen. Denn diese sind immerhin Formen, mit denen wir uns das notwenige Haben sichern, die ökologischen Gleichgewichte erhalten bzw. wiederherstellen und in vernünftiger, sparsamer, zugleich aber auch ausreichender Weise unsere Bedürfnisse befriedigen können.

Die neuzeitlichen Denker, die sich mit der Frage nach dem *ethos* im Verhältnis zwischen Mensch und Natur befassten, haben uns auf den falschen Weg gebracht. So lehrte etwa René Descartes (1596 – 1650) in seiner »Abhandlung über die Methode des richtigen Vernunftgebrauchs und der wissenschaftlichen Forschung«, der Mensch sei dazu berufen, Herr und Meister der Natur zu werden. In dem Bemühen, den Sinn von Erkennen und Wissen überhaupt zu definieren, prägte Francis Bacon (156 – 1626), die verhängnisvolle Formel: »Wissen ist Macht«. Die Natur in seine Macht bekommen, fuhr er fort, heiße sie an den Dienst von uns Menschen binden, ja, sie zu unserer Sklavin machen, ins Prokrustesbett zu zwängen und solange zu foltern, bis sie uns alle ihre Geheimnisse preisgebe.

Wir tun gut daran, das Gespräch wieder mit denjenigen zu suchen, die für eine andere, integrativere geistig-geistliche Tradition stehen und uns einen neuen, milderen Umgang mit der Natur vorgelebt haben. Zu denken ist da an Franz von Assisi (1181/82 – 1226), Pierre Teilhard de Chardin (1881 – 1955), Mahatma Gandhi (1869 – 1948), aber auch an den breiten Strom platonisch-augustinisch-bonaventurianisch-pascalianischer und existentialistischer Denker. Für alle war Erkennen nie ein Akt der Aneignung oder der Unterwerfung der Dinge, sondern immer eine Form der Liebe zu ihnen und der Gemeinschaft mit ihnen. Sie alle wussten auch das Gefühl zu schätzen als Weg zur Welt und als Möglichkeit zur Erfahrung der Gottheit. Treffend schreibt Blaise Pascal (1623 – 1662): »Glaube ist das: Gott gibt sich dem Herzen zu spüren und nicht der Vernunft.«

3. Ein Modell von Spiritualität: Tiefenökologie

Die Welt, so wie sie sich gegenwärtig darstellt (Luftverschmutzung, Kontaminierung der Böden, zwei Drittel der Menschheit in Armut usw.), ist ein Spiegelbild des Zustandes der menschlichen *Psyche.* Wir sind innerlich krank. So wie es eine äußere Ökologie gibt (das heißt: die Ökosysteme befinden sich im Gleichgewicht ... oder auch nicht), so gibt es auch eine innere Ökologie.

Das Universum mit seiner Autonomie umgibt uns nicht nur von außen, sondern es steckt auch in unserem Innern. All die Gewalttätigkeiten und Aggressionen gegen die Umwelt senken ihre Wurzeln tief in unsere mentalen Strukturen, die aber nicht erst von heute sind, sondern ihre Genealogie und ihre uralte Vorgeschichte in uns haben.

Sämtliche Dinge wohnen in uns wie Bilder, Symbole und Werte. Sonne, Wasser, Wege, Pflanzen und Tiere leben in uns als sinnträchtige Figuren und Archetypen. Alle Erfahrungen, seien sie wohltuend, traumatisch oder inspirierend, welche die menschliche *Psyche* in ihrer langen Geschichte in Kontakt mit der Natur ebenso wie mit dem eigenen Körper, mit den unterschiedlichen Leidenschaften ebenso wie mit männlichen und weiblichen Mitmenschen in der Gestalt von Vater und Mutter, von Großmutter und Großvater, von Onkeln und Tanten, von Brüdern und Schwestern gemacht hat, hinterlassen Spuren sowohl in der Wahrnehmung jedes einzelnen Menschen als auch im kollektiven Unbewussten.

In unserem Innern lagern regelrechte archäologische Schichten, zu deren Deutung und Entschlüsselung die Tiefenpsychoanalytiker inzwischen minutiöse Kodizes erarbeitet haben. Bekanntlich entwickelt sich der Prozess der Individuation in Auseinandersetzung mit den Gestalten der Eltern und Angehörigen, mit Gegebenheiten wie Haus und Umfeld, mit positiv oder negativ sinnträchtigen Daten und Gegenständen.

In einer ganz frühen Phase seiner Existenz musste der Mensch angesichts der Gefahren vonseiten der Natur und im Konflikt mit ihr, in dem er ja unbedingt überleben wollte, seinen Aggressivitätsinstinkt entwickeln, wie er umgekehrt in anderen, weniger aufreibenden Lagen auch seiner Veranlagung zu Zusammenleben und gegenseitiger Unterstützung freien Lauf lassen konnte. Auch solche Verhaltensmuster hinterlassen im Innern des Menschen wie auch in den kollektiven Reaktionen eines Volkes ihre Furchen. Des weiteren färbt auch das Auf und Ab des individuellen Personalisierungsprozesses auf die je aktuellen Verhaltensformen ab. So gibt es zum Beispiel in der Erfahrung jedes Menschen die je eigene Welt: Körper, Familie, Haus, Raum der eigenen Subjektivität usf. Diesen Raum pflegen wir und halten ihn sauber. Jenseits dessen gibt es nur noch Leere, allenfalls eine amorphe, konturenlose Landschaft. Dorthin kann ich meine Abfälle werfen, um die weitere Entsorgung brauche ich mich dort nicht zu kümmern. Offenbar haben wir das Empfinden, derartige Räume gäbe es entweder gar nicht oder dort sähe uns niemand. So erklärt sich manche ungute Gepflogenheit in unserer Kultur wie etwa die, Müll auf brachliegendes Gelände zu schütten oder in scheinbar herrenlose Teiche und Seen zu kippen.

Was Kinder nicht sehen, existiert in ihrer Psychologie nicht. Aber auch in der Psychologie von Erwachsenen finden sich Reste dieser Vorstellung, wie etwa die Idee, was man nicht mehr sehe, gäbe es auch nicht mehr. Deshalb werden toxische oder sogar nukleare Abfälle mitunter ins Meer versenkt oder irgendwo vergraben, in der illusorischen Annahme, so sei man das Zeug tatsächlich los.

Die Kultur des Kapitals, die ja heute weltweit den Ton angibt, hat sich ihre eigenen Methoden zurechtgelegt, die Menschen in ihrem Subjektsein kollektiv zu manipulieren. Bestimmte Systeme, einschließlich religiöser und ideologischer Organisationen, können sich nur deshalb halten, weil sie sich in den Köpfen der Menschen breit machen und ihr Denken von innen her umpolen. Das kapitalistische Marktsystem hat es vermocht, in alle Poren des persönlichen und kollektiven Subjektseins einzudringen, die Lebensweise der Menschen zu formatieren, bestimmte Emotionen zu wecken, den Umgang miteinander zu prägen, ja sogar Liebe und Freundschaft, Leben und Sterben entsprechend zu eichen. So wird das subjektive Empfinden ausgestreut, das Leben sei sinnlos, wenn es nicht mit bestimmten Wohlstands- und Statussymbolen verbrämt sei und sich nicht durch ein bestimmtes Konsumniveau auszeichne, zu dem bestimmte elektronische Geräte, Automarken, Kunstgegenstände und das Wohnen in bestimmten Nobelvierteln unbedingt gehörten.

Überall in der Gesellschaft produzieren die verschiedenen Systeme das ihnen angepasste Individuum. Sie rüsten es mit Kräften aus, die es zielgerichtet darin bestätigen sollen, impft ihm andererseits aber auch Abwehrmechanismen ein, die es vor entsprechenden Krisen bewahren und an der Erarbeitung von Alternativen hindern sollen. Herbert Marcuse bringt die Sache auf den Punkt, wenn er den Kapitalismus den eindimensionalen Menschen fabrizieren sieht. Denn statt den Menschen die Kontrolle über seine natürlichen Triebe zu lehren, stachelt ihn das System an, sich einigen besonders hinzugeben und diese mithin absichtlich verkürzt zu erleben, andere dagegen schlicht und einfach zu verdrängen. So wird Sexualität nur noch als bare Entladung emotionaler Erregung mittels Betätigung der Geschlechtsteile ausgegeben. Aus dem Blick gerät dabei das eigentliche Wesen der Geschlechtlichkeit, die eben nicht nur im Bett stattfindet, sondern in der ganzen Länge und Breite der menschlichen Existenz, als Chance von Zärtlichkeit, Begegnung und Erotisierung der Beziehung zwischen Mann und Frau.

Oder es wird auf die Bedürfnisse des Menschen abgestellt, die es mit Haben und Sich-Behaupten zu tun haben. Umworben wird der Trieb nach Besitz und Anhäufung materieller Güter, und Arbeit wird nur noch verstanden als Produktion von Reichtum. In dieser von Technologie geprägten Zeit muss die menschliche *Psyche* mit einer Invasion lebloser Objekte fertig werden, an denen überhaupt kein Bezug zum Menschen mehr haftet. Was auf den Markt kommt, trägt schlicht zur Vereinsamung bei. Was via Computer und Informatik an Daten um die Welt geht, transportiert kaum noch Emotionalität und Affektivität. Individualismus schießt ins Kraut. Die Menschen trocknen gefühlsmäßig aus, werden zu emotionalen Wracks, beargwöhnen sich als Gegner, und allem Sozialen begegnen sie mit Ablehnung. Was können Mitmenschen dann überhaupt noch anderes sein als Fremde, die der Befriedigung der eigenen individuellen Bedürfnisse nur im Wege stehen? Ein anders geartetes Grundbedürfnis, ohne das der Mensch nicht auskommt, gerät dabei unter die Räder: das Bedürfnis nach Sein, nach der eigenen unverwechselbaren Identität. Mit Manipulation und kollektiver Fabrikation des Subjektseins ist es dann nicht mehr getan, wie Felix Guatarri in seinem ganzen literarischen Werk immer wieder betont hat. Was vielmehr gefragt ist, sind schöpferische Kraft, Kühnheit und das Wagnis, auch schwierige, aber persönliche Wege zu gehen. Wer sich jedoch so verhält, kann in den Augen derer, die für soziale, moralische und religiöse Regulierung stehen, nur als Subversiver bezeichnet werden. Doch nur aus solcher Haltung heraus ist der Mensch in der Lage, sich der Welt des Habens zu stellen, ohne sich von ihr verführen zu lassen oder Opfer ihres Fetischismus zu werden. Treffend sagte der nordamerikanische Häuptling Seattle: »Erst wenn der letzte Baum gefällt, der letzte Fluss verseucht und der letzte Fisch gefangen sein wird, werden wir zu der Einsicht gelangen, dass man Geld nicht essen kann.«

Der Ökologie des Geistes geht es darum, in Anbetracht der Natur den wert- und gefühlsmäßigen Kern des Menschen wieder zum Zuge kommen zu lassen. Sie will den Menschen dazu befähigen, mit allen Seienden zusammenzuleben, die Botschaft, die sie allein kraft ihres Daseins ausstrahlen, an sich heranzulassen und sich zunehmend verzaubern zu lassen vom Weltall in seiner Komplexität, Erhabenheit und Größe. Sie will die positiven psychischen Energien in uns stärken, damit wir erfolgreich mit der Last der Existenz und mit den Widersprüchen unserer dualistischen, materialistischen, machistischen und konsumistischen Kultur umgehen können. Sie setzt auf die Entwicklung der magischen, schamanischen Dimension unserer *Psyche*. Der Schamane, der in jedem von uns wohnt, schwingt sich nicht nur ein in die Kräfte der Vernunft, sondern auch in die Kräfte des Universums, die sich mittels unserer Triebe und Träume, unserer Intuitionen und Visionen in uns einnisten. Jeder Mensch ist dank der ihm innewohnenden Natur ein schöpferisches Wesen. Selbst wenn er andere nachahmt oder kopiert, tut er dies aus seinen eigenen Mustern heraus und prägt ihnen damit auch immer ein Kennzeichen seines unwiederholbaren Subjektseins ein.

So gesehen ist auch der Mensch offen für die Urdynamik im Kosmos, die alles vorantreibt und diversifiziert, alles immer komplexer gestaltet und schließlich auf höchsten Ebenen der Wirklichkeit und des Lebens zu seinem Gipfel führt.

Der Geist muss sich bewusst auf diesen Prozess einlassen. Das ist seine besondere Revolution. Ohne Revolution im Kopf wird es nie zu einer Revolution im Verhältnis zwischen Mensch und Natur kommen. Das neue Bündnis zwischen Mensch und Natur wurzelt in der Tiefe des Menschen. Denn dort keimen die großen Motivationen und die geheimen magischen Kräfte, die den Menschen die Dinge mit anderen Augen betrachten lassen, ja sie selbst verändern und das Band, das aus Erde und Kosmos ein gewaltiges zusammenhängendes Netz macht, zu erahnen geben.

4. Neue Kosmologie und Spiritualität

Das ökologische und kosmologische Anliegen, so wie es aus dem heutigen Weltbild erwächst, hat durchaus Berührungspunkte mit der soeben skizzierten integrativen Spiritualität. Was uns angesichts der gewaltigen Probleme, vor denen wir heute stehen, am Herzen liegt, macht eine geistig-geistliche Revolution erforderlich.

Ein Blick auf einige Positionen, wie sie auf wissenschaftlichem Gebiet heute vertreten werden, unterstreicht die Notwendigkeit einer achtsamen Revolution. Dazu im Folgenden einige Überlegungen.

Quantenphysik und Relativitätstheorie haben gezeigt, dass Materie und Energie austauschbar und gleichgepolt sind. Streng genommen, kennt die Atomphysik den Begriff Materie überhaupt nicht mehr. Im Atom steckt ein enormes Vakuum. Und die Elementarteilchen sind nichts weiter als Energie in höchster Konzentration und Stabilisierung. Materie gibt es nur in der Tendenz. Was Albert Einstein (1879 – 1955) entdeckt hat, lässt sich auf die Formel bringen, Materie und Energie seien im Grunde zwei Aspekte ein und derselben Realität.

Je nach Wahrnehmung der beobachtenden Instanz stellen sich subatomare Teilchen bald als elektromagnetische Felder, bald als Teilchen dar. Demnach gelten die bisher allgemein vertretene lineare Logik wie auch das Prinzip der Widerspruchsfreiheit nur noch begrenzt. Ein Faktor A kann sowohl A als auch Nicht-A sein. Ganz im Stil chinesischen Denkens, nach dem die Wirklichkeit in Yin und Yang (Materie/Geist, weiblich/männlich, negativ/positiv) strukturiert ist, entdeckte Niels Bohr (1885 – 1962) das Komplementaritätsprinzip. Und Werner Heisenberg (1901 – 1976) formulierte die Unbestimmtheits- bzw. Unschärferelation, der zufolge subatomare Teilchen nicht der Kausallogik folgen, sondern sich nach dem Prinzip der Unbestimmtheit der Wahrscheinlichkeiten organisieren. Dass Wahrscheinlichkeiten zu Realitäten werden, hängt vom Beobachter ab, der aber nicht nur ein menschliches Wesen zu sein braucht, sondern auch irgendeine andere Größe in der Natur sein kann, sofern sie nur einen Bezug zu den Wahrscheinlichkeiten hat. Da sich diese Wahrscheinlichkeiten nun aber ebenso konkretisieren wie nicht konkretisieren können, lassen sie sich eben nicht beschreiben. Sinngemäß meint Werner Heisenberg: Der Akt des Beobachtens verändert per se die Funktion der Möglichkeit diskontinuierlich; aus allen möglichen Ereignissen wählt er dasjenige aus, das in der Tat passiert ist. Der Übergang vom Möglichen zum Realen erfolgte also im Akt des Beobachtens.

Stimmt Heisenbergs Erkenntnis, dann geht das beobachtende Subjekt mit ein in das beobachtete Objekt. Aber nicht nur das: In der Logik der Quantenphysik ist der Beobachter unabdingbare Voraussetzung sowohl für das Zustandekommen als auch für die Beobachtung der prägenden Merkmale eines atomaren Phänomens. Das Subjekt ist Teil der Realität. Wer Realität beschreibt, beschreibt sich selbst. Der Mensch ist konstituierender Teil des Ganzen, sein Bewusstsein definiert unablässig das Feld der Realität, das er betrachtet.

Die neue Physik wartet mit dem Begriff Welt in dem Sinn auf, dass Welt ein geeintes, unteilbares Ganzes ist. Das Weltall erschöpft sich nicht in der Summe aller existierenden Wesen. Das Weltall ist eher ein höchst komplexes Netz von Beziehungen unter allen existierenden Wesen in alle Richtungen und in allen Formen. Aus diesem Grund haben die Gesetze der Physik rein statistischen Charakter. Und Kausalität ist keine lineare Angelegenheit. Eine Größe A beeinflusst B, das seinerseits Rückwirkung auf A hat, nacheinander aber auch C berührt, vorwärts und rückwärts.

In einer solchen Betrachtungsweise ist alles dynamisch. Alles vibriert. Alles ist in prozesshaft.

Nach der Theorie der Holografie (Holografie ist eine – mittels Laserstrahlen erzielte – Art Rekonstruktion oder Fotografie der Wellen, deren Produkt dann das Hologramm ist) befinden sich die Teile im Ganzen, wie sich auch das Ganze in jedem seiner Teile befindet. David Bohm (geb. 1917), Träger des Nobelpreises für Physik, vergleicht die Ordnung des Universums mit einem

Knäuel. Alles ist mit allem verwickelt. Nichts existiert ohne Bezug. Beziehung ist die Mutter aller Dinge. Die ganze Existenz ist Holobewegung, sich in alle Richtung artikulierende Bewegung, die alle Teile miteinander verbindet. Auch die Menschen sind – je einzeln – an jeden Teil des Universums ebenso wie an das Weltall als ganzes angekoppelt. Im Grunde sind wir alle miteinander ein einziger Kosmos, in dem alles mit allem zu tun hat.

Die neue Physik eröffnet uns neue Perspektiven, die materielle Welt zu betrachten. Materie ist nicht einfach Materie im üblichen Sinn des Wortes. Materie ist *mater*, das heißt Mutter der gesamten Dynamik im Kosmos. Sie geht schwanger mit Interaktion und Intentionalität. Amit Goswami, einer der bedeutendsten Physiker der Gegenwart, vertritt die These, das Weltall habe ohne die Existenz eines höchstens Ordnungsprinzip, ohne Gott, mathematisch keinen Bestand. Deshalb ist das Universum in seinen Augen selbstbewusst.

Auch die zeitgenössische Biologie setzt uns im Blick auf das Leben neue Lichter auf. Hand in Hand mit der Quantenphysik schenkt sie Einblicke darin, wie das System lebender Organismen, aber auch das des gesamten Kosmos strukturiert ist. Dank der modernen Biologie verstehen wir heute auch die Natur besser als ein organisches Ganzes. Nur einige Aspekte sollen im Folgenden angesprochen werden.

Nichtlinearität: Grundsätzlich gesprochen, hat das alte Ursache-Wirkung-Verhältnis ausgedient. Was an seine Stelle getreten ist, ist ein bleibendes Netz gleichzeitiger, globaler Beziehungen.

Dynamik: Alle Teile eines Systems befinden sich unentwegt in Bewegung. Ein Organismus findet zu seiner Stabilität nicht auf Grund festgelegter Gesetze, sondern weil er im Stande ist, sich anzupassen und auf ein dynamisches Gleichgewicht einzulassen.

Zyklische Bewegung: Wachstum verläuft nicht linear. Verfall und Tod gehören zum Leben. Der Tod ist eine Erfindung des Lebens. Der Kreislauf ermöglicht den Fortbestand des Leben auch über Raum und Zeit hinaus und öffnet das Individuum, an dem ja das Leben hängt, für andere, höhere Stufen, die wir heute weniger wissen als allenfalls erahnen können. Die Natur ist keine biozentrierte, sondern eine ökozentrierte Sache, denn es geht ihr um das Gleichgewicht zwischen Leben und Tod, mit der Aussicht, dass nichts verloren, sondern alles erhalten bleibt.

Strukturierte Ordnung: Jedes System setzt sich aus Subsystemen zusammen und alle sind Teil eines noch größeren Systems. Der Mensch ist Teil des Systems Menschheit, die Menschheit Teil des animalischen Systems, dieses des vegetativen Systems und dieses noch einmal der Erde; doch auch diese gehört zum Sonnensystem, das seinerseits Teil des Systems Milchstraße ist, und dieses gehört schließlich zum – sich in Expansion befindenden – Weltall.

Autonomie und Integration: Jedes System ist autonom, und doch steht es zugleich auch immer in Beziehung. Oder mit anderen Worten: Jedes System hat seine eigene Identität, ist gleichzeitig aber auch offen und befindet sich mithin in einem Prozess der Integration mit allem, was es umgibt. Darwin hatte im Kampf ums Dasein das Prinzip natürlicher Auswahl gesehen. Der Stärkere überlebt, es gilt das Prinzip der Selbstbehauptung. Doch Darwins Erkenntnis benennt nicht die ganze Wahrheit. Darwins Theorie wird heute ergänzt durch Prinzipien wie Synergie, Zusammenarbeit und umfassende Solidarität, wobei gerade das letztgenannte Prinzip für das Überleben aller im Ganzen verantwortlich ist. Man darf also den Akzent nicht nur auf Unterschied und Identität legen, sondern auch Komplementarität und Solidarität mit allen wollen beachtet sein.

Selbstorganisation und Kreativität: Jedes komplexe System – wie zum Beispiel das zentrale Nervensystem – hat das Proprium, sich selbst zu strukturieren. In dem Maße, in dem es funktioniert, strukturiert es sich auch in einem kontinuierlichen Lern- und Entscheidungsprozess (*autopoiesis*). Schöpferische Kraft wohnt allen Lebewesen inne und der Sinn der Entwicklung besteht darin, die schöpferische Fähigkeit unablässig zu steigern. Der Mensch ist par excellence ein sich selbst schaffendes und sich selbst organisierendes Wesen.

Vor dem Hintergrund dieser Überlegungen wird verständlich, dass einige der renommiertesten Wissenschaftler die Erde als ein einziges komplexes System bezeichnen, als einen lebenden Superorganismus, als Gaia. Jedes Subsystem steht in Verbindung mit allen anderen Subsystemen. Das Wehen der Winde und das Fließen der Wassermassen, das Wandern der Arten und die Kreisläufe von Wachsen, Reifen, Altern und Sterben eines jeden Lebewesens, die Energie, die Sonne und Weltall spenden, alles, aber

23

wirklich alles steht in Verbindung miteinander. Mittels der Luft, die wir atmen, sind wir vereint mit allen Tieren und Pflanzen ebenso wie mit den Motoren, Fabriken und Schornsteinen unserer Industrieanlagen.

Darüber hinaus dürfen wir nicht die Beiträge von Tiefenpsychologie und transpersonaler Psychologie und der so genannten neuen Anthropologie übersehen. Ohne hier auf Einzelheiten eingehen zu können, möchten wir nur so viel festhalten: Alle diese Wissenszweige stimmen darin überein, dass der Mensch biologisch und psychologisch uralte gemeinsame Wurzeln mit dem Universum hat. Als Menschen tragen wir eine innere Ökologie in uns, das heißt: Verbindungen mit allen Energien des Kosmos durchziehen und prägen uns und lassen uns einschwingen in die Zielsetzung aller Wesen. So meint der nordamerikanische Ökologe Thomas Berry: »Der Mensch ist weniger Bewohner von Erde oder Weltall als vielmehr eine Dimension der Erde und, ohne Zweifel, auch des Weltalls. Die Art und Weise, wie sich unsere Existenz entwickelt, hängt von Unterstützung und Ausrichtung dieser universalen Ordnung ab. Im Universum trägt jedes Sein Sorge für uns.«

So herrscht unter allen Wesen eine gut tuende Konspiration (Ferguson). Man kann die Wellen nicht vom Meer trennen. Licht gibt es nicht ohne seine Strahlen, ohne seine Wärme und ohne seine Ausstrahlung. Alles ko-existiert.

Alle diese Dinge in sich verinnerlichen, sie aus Erfahrung mit Leben füllen, sich einbezogen und voller Dynamik des Universums und des Geistes, der sie durchdringt, fühlen ... das heißt ein spiritueller Mensch sein und Spiritualität pflegen. So erhellt, dass Spiritualität und Wissenschaft sich ergänzen. Wer etwas von zeitgenössischer Kosmologie hält, erkennt in unserem Planeten mehr und mehr einen gewaltigen, komplexen Organismus. Wird einem seiner Teile Gewalt angetan, leidet er, leidet sie mit ihm. Kenntnisse erwirbt man nicht nur mit Hilfe der Wissenschaft, sondern auch mit Hilfe seines Bewusstseins, seiner inneren Wahrnehmung, seiner Intuitionen und Träume, seiner Erfahrungen und Pläne.

Große Wissenschaftler geraten in Ekstase angesichts solch komplexer Realität, solch gewaltiger Kraft, die hinter der kosmischen Energie steckt. Da muss es doch ein Prinzip geben, dem es gelingt, aus diesem immensen Gesamtorganismus eine Einheit zu machen! Nicht selten entwickeln Wissenschaftler deshalb eine tiefe Religiosität, ohne sich indes damit einer bestimmten Konfession anzuschließen. Ihr Bekenntnis ist, wie etwa Albert Einstein beispielhaft zeigt, weniger so etwas wie Religion als vielmehr eine kosmische Spiritualität.

5. Die neue Kosmologie und die Gottesfrage

Dieses Prinzip, das alles ins Dasein holt und allem Orientierung gibt, nennen religiöse, weisheitliche Traditionen der Menschheit Gott. Das Wort Gott verweist auf etwas Unaussprechliches, auf eine Wirklichkeit vor aller Wirklichkeit. Streng genommen kann man von Gott gar nichts sagen, weil ja alle unsere Begriffe und Wörter erst im Nachhinein kommen und vom Weltall abgeleitet sind. Aber wir haben nun mal das Begehren, von dem zu sprechen, der vor allem Universum ist. Die Frage ist nur: Wie? Mit Fug und Recht sagen die, die Gott aus Erfahrung kennen, das heißt die Mystiker: Wer von Gott spricht, leugnet mehr von ihm, als er von ihm aussagt, behauptet mehr Falsches als Wahres. Trotzdem müssen wir mit der gebotenen Ehrfurcht und Würde von ihm sprechen, weil wir ja mit Fragen umgehen, die sich allein mit Verweis auf die Kategorie Gott – wenn auch nur annähernd – beantworten lassen.

Das Wort Gott beinhaltet das Grenzenlose alles dessen, was wir uns nur vorzustellen wagen, die höchste Utopie in Sachen Ordnung, Harmonie, Bewusstsein, Leidenschaft und Hochgefühl … eben alles, was Menschen und Kulturen bewegt. Das Wort Gott hat nur dann existentiellen Sinn, wenn es die Gefühle der Menschen in diese Dimensionen hineinführt, in Richtung grenzenloser Weite und unendlicher Fülle.

Was Wissenschaftler als Erstes fasziniert, ist die Entdeckung der Harmonie und der Schönheit im Universum. Alles scheint zu dem Zweck in die Wege geleitet worden zu sein, dass aus der abgründigen Tiefe eines Ozeans von Urenergien Elementarteilchen auftauchten, gefolgt zunächst von geordneter Materie, dann von komplexer Materie – und die ist ja Leben! – und schließlich von Materie in vollkommen gleich schwingender Syntonie, die alles zu einer höchsten holistischen Einheit zusammenfürt: das Bewusstsein.

Aus diesem Grund sagen Fachleute wie Brandon Carter, Hubert Reeves und andere, die das starke und das schwache anthropische Prinzip entdeckt haben: Hätten sich die Dinge nicht entwickelt, wie sie sich entwickelt haben (Expansion/Explosion, Aufglühen der großen roten Sterne, Entstehen der Milchstraßen, der Sterne, der Planeten usw.), dann wären wir jetzt gar nicht hier und könnten uns auch gar nicht über das Ganze unterhalten. Das heißt umgekehrt: Damit wir hier sein können, mussten im Laufe von fünfzehn Milliarden Jahren alle die kosmischen Ereignisse zusammentreffen und konvergieren, auf Grund deren Komplexität Leben und Bewusstsein erst möglich wurden.

So ist alles in allem involviert. Hebe ich einen Kugelschreiber von der Erde auf, bekomme ich es mit der Schwerkraft zu tun, welche alles, was innerhalb des Weltalls Körper ist, zu sich hin anzieht und nach unten fallen macht. Oder, um ein anderes Beispiel zu nehmen, hätte das Universum während der zehn Sekunden nach der Expansion/Explosion nicht seine kritische, notwendige Dichte bewahrt, wäre es nie zum Weltall in der heutigen Form gekommen, Materie und Antimaterie wären vergangen, und der für das Entstehen von Massen und mithin von Materie notwendige Zusammenhalt wäre nie erreicht worden.

Offenbar ist alles in einer solch wunderbar minutiösen Weise bemessen, dass ohne diese Ausgewogenheit weder die Sterne am Himmel aufgeleuchtet wären noch das Leben im Weltall je eine Chance gehabt hätte. Wäre etwa die starke Kernkraft (die für den Zusammenhalt der Atomkerne verantwortlich ist) auch nur ein Prozent stärker, könnte unmöglich Wasserstoff entstanden sein, der ja in Verbindung mit Sauerstoff Wasser ergibt, das seinerseits unerlässliche Voraussetzung für jedes bekannte Lebewesen ist. Und wäre die elektromagnetische Kraft (die Atome und Moleküle zusammenhält und damit erst chemische Verbindungen möglich macht) auch nur um ein Geringes größer, hätte nie eine DNS-Kette entstehen können und wäre es nie zu Produktion und Reproduktion von Leben gekommen.

In jedem Ding steckt das Ganze, insofern nämlich die in ihm enthaltenen Kräfte interagieren und die Teilchen sich verbinden, insofern sich die Materie stabilisiert und das Leben sich für immer neue Beziehungen öffnet und immer ausgeklügeltere Ordnungen schafft. An allem aber haftet das Markenzeichen der Natur, und unter allem steht eine Unterschrift, deren Botschaften unschwer zu entziffern ist.

Die Entdeckung, dass im Universum eine solch herrliche Ordnung herrscht, weckte in Wissenschaftlern wie Einstein, Bohm, Hawking, Prigogine und anderen Gefühle des Erstaunens und der Bewunderung. Allen Dingen wohnt eine geheime Ordnung inne, und diese ist von Anfang gesteuert von Bewusstsein und Geist. Die in allen Dingen verborgene Ordnung verweist auf eine höhere Ordnung. Das Bewusstsein ist Botschafter eines Bewusstseins jenseits dieses Kosmos und der Geist Bote eines transzendenten Geistes.

Woher kommt das Sein? Was war, bevor sich das Universum inflationär entwickelte, und noch weiter gefragt: was war vor dem Urknall? Auf diese Fragen bleibt die Wissenschaft allerdings jede Antwort schuldig. Die Wissenschaft geht von dem bereits konstituierten Weltall aus. Nur: Auch der Wissenschaftler ist Mensch und als solchen bewegen ihn durchaus derlei Fragen. So schreibt zum Beispiel Max Planck, der Vater der Quantentheorie, sinngemäß: Keine Wissenschaft vermag das letzte Geheimnis der Natur zu lüften, weil wir ja selbst letztendlich Teil der Natur und mithin des Geheimnisses sind, das wir zu klären uns bemühen.

Doch das Schweigen der Wissenschaft lässt nicht alle Wörter verstummen. Denn hallt da nicht noch ein letztes Wort von einem anderen Gebiet des menschlichen Wissens herüber, von der Spiritualität und von den Religionen her? In Spiritualität und Religion bedeuten Erkennen und Wissen kein auf Distanz zur Wirklichkeit Gehen, kein Entkleiden oder in Teile Zerlegen. Erkennen ist eine Form von Liebe, von Anteilnahme und Gemeinschaft. Wissen hat es mit Entdecken des Ganzen jenseits seiner Teile und mit Synthese diesseits der Analyse zu tun. Erkennen heißt sich innerhalb eines Ganzen entdecken, dieses verinnerlichen und darin eintauchen. In der Tat, man erkennt nur, was man liebt. Der renommierte Physiker David Bohm, der zugleich Mystiker war, meint, Mystiker könne genannt werden, wer in Fühlung stehe mit den Staunen erregenden Tiefen der Materie, aber auch der Subtilität des Geistes.

Auf dem Boden von Schrecken und Faszination sprießt – als Bemühen, den geheimen, in allen Phänomenen steckenden Kodex zu entziffern – die Wissenschaft. Tochter von Ehrfurcht und

Verehrung indes sind Mystik und Ethik der Verantwortung. Wissenschaft will das Wie der Existenz der Dinge erklären. Mystik hingegen lässt sich bis zur Ekstase hinreißen von der Tatsache, dass die Dinge überhaupt sind und existieren. Mystik verehrt den, der sich in jeder einzelnen Existenz ebenso wie im Ganzen zu erkennen gibt, sich zugleich darin aber auch verbirgt. Diesen will der mystisch veranlagte Mensch erfahren und mit diesem will er Gemeinschaft pflegen. Was Mathematik für den Wissenschaftler ist, ist Meditation für den Mystiker. So ist der Physiker zum Beispiel darauf aus, die Materie bis in ihre letztmöglichen Untereinheiten hinein zu untersuchen und ihre letzten Geheimnisse zu entziffern, bis er am Ende auf Energiefelder und auf das Quantenvakuum stößt. Dem Mystiker aber geht es darum, jene Energie aufzuspüren, die sich auf vielen Ebenen immer weiter verdichtet, bis sie am Ende zu ihrer höchsten Reinheit in Gott findet.

In Anbetracht des Universums lassen sich heute immer mehr Wissenschaftler, Weise und Mystiker von Schauder und Verehrung anrühren. Die eine wie die andere Haltung erwächst jedoch, bekanntlich, aus ein und derselben Grunderfahrung, und beide deuten in ein und dieselbe Richtung. Schauder und Verehrung verweisen auf das Geheimnis aller Dinge, das Wissenschaft und Analyse vernunftmäßig erkennen und das Spiritualität und Mystik emotional erfahren wollen. Alles konvergiert im Namen dessen, den kein Name zu erfassen vermag: in Gott.

Welche Konturen gibt das Gottesbild, das in der gegenwärtigen Kosmologie anklingt, zu erkennen? Das vom heutigen Weltbild geprägte Gottesbild erwächst aus der Kette der Verweise, die heutige Forschung aneinander zu reihen nicht umhinkommt. Von der Materie verweist sie uns an das Atom, vom Atom an die Elementarteilchen und von den Elementarteilchen an das Quantenvakuum. Dies ist der letzte Bezugspunkt, den analytische Vernunft zu markieren vermag. Das Quantenvakuum ist gleichermaßen der Mutterschoß wie der Zielhafen aller Dinge, gleichermaßen der Ozean aller Energien, das Gefäß alles dessen, was überhaupt zu geschehen im Stande ist. Vielleicht ist es auch der große kosmische Anziehungspunkt; denn manche Autoren sind auch der Meinung, das gesamte Universum werde in Richtung auf einen geheimnisvollen zentralen Punkt hin angezogen.

Doch das Vakuum gehört noch in die Ordnung des Weltalls.

Was aber geschah vor der Zeit? Was war vor dem Quanten-vakuum? Zeitlose Wirklichkeit in absolutem Gleichgewicht ihrer Bewegung, das Ganze in perfekter Symmetrie, Energie ohne Ende und Kraft ohne Grenzen.

In einem bestimmten »Moment« seiner Fülle entscheidet sich Gott, einen Spiegel zu schaffen, in dem er sich selbst schauen kann, entschließt er sich, Gefährten zu schaffen, die seinem Leben und seiner Liebe ein Pendant sind. Doch Schaffen ist Abfallen-lassen, will sagen: Gott nimmt in Kauf, dass etwas entsteht, was we-der er selbst ist noch die Merkmale trägt, die allein ihm zukommen (Fülle, absolute Symmetrie, Leben ohne Entropie, Koexistenz aller Gegensätze). Im Werk seiner Schöpfung lässt Gott etwas von seiner urbildlichen Fülle fallen. Ab-fall, De-kadenz ist in diesem Sinn also ontologisch und nicht ethisch zu verstehen.

Also schafft Gott einen winzigen Punkt, ein Milliardstel eines Atoms, das Quantenvakuum. Dahinein lässt er einen unmessba-ren Strom an Energie fließen. Enthalten sind dort nun alle nur möglichen Wahrscheinlichkeiten und Möglichkeiten, alle sind offen. Alle bewegen sich in einer universalen Woge. Der höchste Beobachter betrachtet sie und, indem er dies tut, bewirkt er, dass sich einige materialisieren und sich mit anderen zusammenfügen. Die anderen kollabieren und kehren zurück in das Reich der Wahrscheinlichkeiten. Alles expandiert und explodiert schließlich. Das fortwährend in Expansion befindliche Universum wird gebo-ren. So erweist sich der Urknall weniger als ein Ausgangspunkt denn vielmehr als ein Punkt voller Instabilität, der dank der Be-ziehungen (Bewusstsein) holistische Einheiten und immer dichter miteinander verflochtene Ordnungen hervorbringt. Damit ist das im Entstehen befindliche Weltall eine Metapher für Gott, ein Bild für Gottes Seins- und Lebensmacht.

Wenn alles im Universum ein Beziehungsnetz darstellt, wenn alles mit allem in Gemeinschaft steht und wenn sich auch das Gottesbild als von Gemeinschaftsstrukturen artikuliert erweist, dann ist das ein Fingerzeig dafür, dass das höchste Wesen grundsätzlich und substantiell Gemeinschaft, Leben in Beziehung und höchste Liebe ist.

Untermauern lässt sich diese Überlegung mit mystischen In-tuitionen und spirituellen Traditionen aus der ganzen Mensch-heit. Das Kernstück jüdisch-christlicher Erfahrung kreist um die

Aussage, Gott stehe in Gemeinschaft mit seiner Schöpfung und als persönlicher Gott sei er Leben, das sich in drei Lebenden zeige: Vater, Sohn und Heiligem Geist.

Das dynamische Prinzip der Selbstorganisation des Universums wirkt in jedem seiner Teile ebenso wie in dem Ganzen. Ohne Namen und ohne Bild. Um es jedoch aus der Namenlosigkeit hervorzuholen und um es einzuspeisen in unser Bewusstsein und unserem Bedürfnis nach Fest und Feier zugänglich zu machen, greifen nun aber die Religionen, wie erwähnt, zum Namen »Gott«. Dieser ist ein geheimnisvoller Name und ein Ausdruck unserer Ehrerbietung. Den, der im Herzen des Alls wohnt, spürt der Mensch, von Enthusiasmus gerührt, in seinem Herzen. Wortgeschichtlich betrachtet, bedeutet der Begriff En-*thu*-siasmus ja so viel wie *einen Gott in sich haben*. Oder umgekehrt, der Mensch erfährt sich, als sein Sohn bzw. seine Tochter, in ihn hineingenommen. Die christliche Überlieferung legt deshalb Wert auf die Aussage, dass dieser Gott auf uns zugekommen ist, und in dem Bestreben, einem jeden von uns möglichst nahe zu sein, sich zum Bettler gemacht hat. So lässt sich die geistig-geistliche Bedeutung der Menschwerdung Gottes umschreiben.

Das grundlegende Bemühen des Menschen zielt nicht nur darauf ab, von Gott vom Hörensagen zu wissen, sondern ihn zu erfahren. Im Augenblick eröffnet vor allem die ökologische Mentalität, insbesondere die Tiefenökologie, Raum für eine derartige Gotteserfahrung. Tiefenökologisch gestimmte Menschen tauchen ein in das Geheimnis, das alle umfasst, alles durchdringt, alles erstrahlen lässt, alles trägt und alles in seine Arme nimmt.

Doch um dahin zu gelangen, gibt es nicht nur einen Weg, und steht nicht nur ein Tor offen. Dies ist die Illusion, der der Westen erlegen ist, und da namentlich die christlichen Kirchen mit ihrem Monopolanspruch auf göttliche Offenbarung und auf Heilsmittel. Für Menschen, die einmal das Geheimnis erfahren haben, welches Gott heißt, ist alles Weg, und jedes Seiende wird zum Sakrament und zum Tor, durch das sie zur Begegnung mit ihm finden. Für sie kann dann das ganze Leben, und mag es noch so drangvoll und zwischen Chaos und Kosmos, zwischen dia-bolischen und symbolischen Dimensionen noch so verwirrend sein, zu Fest und Feier werden. Leicht wie eine Feder ist es ihnen dann, weil es beladen ist mit höchster Bedeutung.

Neubegründung der Menschenwürde von einer neuen Kosmologie her

Wie lässt sich der Kampf für Menschenrechte, zumal wenn man ihn aus dem Blickwinkel der Opfer betrachtet, sachgerecht begründen? Wir stellen die Frage bewusst aus der Perspektive jener Segmente der Menschheit, die heute nicht einmal mehr als industrielle Reservearmee eine Rolle spielen, nachdem sie der Produktionsmaschinerie der geltenden Systeme bisher nur als Brennstoff dienten und konsequent verheizt wurden. Große Teile des Menschengeschlechts sind zu einem Dasein als Lumpenproletariat verdammt. Selbst das Privileg, sich vom kapitalgesteuerten System ausbeuten lassen zu können, ist ihnen abhanden gekommen. Wer ausgebeutet wird, befindet sich immerhin noch innerhalb des Systems, wenn auch ganz an seinem perversen Rand, insofern er trotz allem einige Standards, wie Mindestlohn und soziale Absicherung (Gesundheit und Rente) genießt. Doch zahllose Menschen haben nicht einmal mehr das, weil die vorfindliche Ordnung sie schlicht vor die Tür gesetzt hat. Gott sei Dank gibt es in der so genannten Dritten Welt, in Lateinamerika und insbesondere in Brasilien Gruppen, die sich für die Rechte dieser gedemütigten Menschheit einsetzen. Sie sind kühn genug, die Frage nach den universalen Menschenrechten aus dem Blickwinkel gerade dieser Letzten und ihrer Rechte zu stellen. Wie also lässt sich solch ein Engagement begründen?

1. Begründung des Kampfes für die Menschenrechte aus der Perspektive der Opfer

Die erste und fundamentale Begründung liegt in der Würde der menschlichen Person. Die, die normalhin als die »Letzten« gelten, habe dieselbe Würde wie die vermeintlichen »Ersten«.

Was aber heißt hier Würde? Würde ist ein Wert. Und jeder Wert beinhaltet zwei Grunddimensionen: eine Haltung des Fasziniertseins angesichts des Anderen und eine vom faszinierenden Menschen ausgehende Ausstrahlung, die ihm objektv zu eigen ist.

Konkret: Ich entdecke an einem bestimmten Anderen etwas Liebenswertes, etwas Schätzenswertes. Oder noch präziser gesagt: Ich finde, dass dieser ganz »andere« Andere, dass dieser Unterdrückte und Ausgeschlossene, etwas Irreduzibles hat, etwas, was sich von nirgendwoher ableiten lässt. Ohne diese Einstellung, ohne ein Quäntchen Offenheit, Freundschaft, Bewunderung und Liebe zum Menschen, so gedemütigt er auch sein mag, bliebe mir ein Rätsel, wie ich mich für ihn einsetzen sollte. Wohlgemerkt, die Rede ist nicht davon, dass ich einen Volksgenossen oder jemanden von meiner Rasse, aus meiner Familie oder meiner Kirche liebe. Die Sache ist, jemanden als Menschen überhaupt zu bewundern und zu lieben, noch vor jeder weiteren Einsortierung als »Letzten«, Gedemütigten und Beleidigten, als Proletarier oder Bürgerlichen, als Frommen oder Agnostiker. Der Kapitalismus liebt nicht den Menschen, dem Kapitalismus geht es nur um einen Teil vom Menschen, um seine Arbeitskraft, um die Muskeln des Arbeiters und um den Kopf eines Freiberuflers, bzw. um seine Kaufkraft, da die Arbeitskraft in der Informationsgesellschaft ja immer mehr an Bedeutung verliert.

Die zweite Dimension von Würde hängt an der Ausstrahlung, an der Tiefe, die der betreffende Mensch von innen her vermittelt. Mit dem Willen ist dieses Faktum nicht zu beeinflussen. Offenbar ist die Person nur Gefäß und Trägerin dieses Wertes. Etwas, was größer ist als sie selbst, bewohnt sie. Ein Licht geht von ihr aus. Solch ein Mensch imponiert, schlicht und einfach. Etwas an ihm fasziniert sein Gegenüber und bewegt es zu Verehrung und Achtung.

Was aber ist dann mit diesem Phänomen? Offenbar besteht es in nichts anderem als im Leben selbst, und zwar insofern es sich gerade um menschliches Leben handelt. Es hängt daran, dass jemand da ist, lebendig und präsent. Alles Leben, zumal menschliches Leben, stellt etwas Unverfügbares dar, das sich nicht einfach beiseite schaffen und, in gewisser Weise, auf etwas anderes zurückführen lässt. Leben kann niemand machen. Leben können wir nur annehmen. Auf geheimnisvolle Weise erwächst es in der Schöpfung.

Leben, welcher Art auch immer, provoziert Bewunderung. Leben ist etwas Unmittelbares und zugleich Letztes. Alles, was lebt, kommt von innen. Aber es bildet auch eine nach außen hin offene Größe. So geht es mit seinem Umfeld, aus dem es alle für Erhalt und Reproduktion wesentlichen Elemente nimmt, eine Symbiose ein. Es steht in einem ununterbrochenen dialogischen Austausch mit der Umwelt. Ständig nimmt es Dinge auf und schafft andere, fortwährend organisiert es sich selbst, und unentwegt kontrolliert und synthetisiert es die assimilierten Daten. So erweist sich das Leben als *autopoiesis* (Selbsterschaffung und Selbstorganisation), wie viele Biologen heute sagen.

Jeder Mensch ist eingespannt in diesen Kreislauf des Lebens. Was sodann aber für den Menschen charakteristisch ist, ist ganz entschieden eine Präsenz. Die Kategorie der Präsenz ist grundlegend, will man die Einzigartigkeit des menschlichen Personseins beschreiben und begreifen. Präsent sein heißt nicht einfach vorhanden sein wie, sagen wir, ein Stein daliegt. Präsent sein auf der Ebene von Leben und Mensch bringt eine Verdichtung des Seins mit sich. Leben begegnet uns als ständig vorschlagendes Vor-wort, das eine Ant-wort will und Verantwortung im Gefolge hat. Vor-wort im Sinne von Vorhaben sowie Antwort und Verantwortung machen drei Kategorien aus, die etwas von der Unverwechselbarkeit des menschlichen Lebens zu erahnen geben. Als Provokation und Kommunikation bietet es sich dem Anderen an. Schlicht und einfach dank seiner Präsenz, und zwar auch dann, wenn es nichts zu sagen hat und den beiden kein gemeinsamer Code zur Verfügung hat. Das simple Faktum, dass es da ist, lebendig, Auge in Auge mit dem Gegenüber, stellt bereits Kommunikation her und spricht das vorschlagende Vor-wort, sich dem Anderen anzubieten. Vorschlag und Vor-wort wollen Ant-wort. Diese kann Ja, Nein oder »Egal« sein. Menschen können so oder so reagieren und mal so und mal so antworten. Doch an einer Antwort kommen sie nicht vorbei. Jeder hat seine Antwort zu geben. So stoßen wir an dieser Stelle auf etwas, was sich von innen heraus, dank der eigenen Kraft des Phänomens zum Zuge kommt. Verantwortung meldet sich. Wortgeschichtlich meint Verantwortung die Pflicht, die jemandem zukommt, seinem Gegenüber zu antworten, die Notwendigkeit, auf eine vorschlagendes Vor-wort eine Ant-wort zu geben.

Warum aber setzt sich menschliches Leben (und letzten Endes jede Art von Leben) auf solch unweigerliche, imperative, ja niederschmetternde Weise durch? Weil alles, was lebt, verdient zu leben. Wenn dem aber so ist, erhebt sich die weitere Frage: Wie lässt sich solch ein steiles Postulat begründen? Unsere Antwort: durch den Hinweis auf die Tatsache, dass Leben immer etwas Heiliges ist.

Und auch hier ist zu fragen: Was ist heilig? Fachleute unterscheiden zwei Grunddimensionen von Heiligkeit. Da ist zunächst die Dimension der Faszination und der Ekstase, die das Heilige auslöst. In Anbetracht des anderen halten wir inne, vielleicht bekommen wir den Mund nicht mehr zu, sperren die Augen auf und spitzen die Ohren. Erstaunt nehmen wir wahr, was er uns von vorschlagenden Vor-worten zu sagen hat. Möglicherweise kommen wir sogar in die Situation, dass wir uns gedrängt fühlen, zu schreien, zu weinen, auf die Knie zu fallen und, die Augen zur Erde gewandt, nicht aufblicken zu mögen (wie zum Beispiel angesichts von Menschen mit einem großen Charisma, sei es auf künstlerischem oder religiösem, sei es auf politischem oder ethisch-humanitärem Gebiet). Dies ist die Dimension des *fascinosum*.

Die zweite Seite des Phänomens ist die Dimension, die Respekt einflößt. Ich kann an der Sache nicht einfach vorbeigehen. Sie fordert Anerkennung und Achtung von mir. Auf keinen Fall darf ich sie berühren. Die Form, mit ihr umzugehen, ist der Ritus. Unmöglich, sie einfach links liegen zu lassen, zu irgendetwas zu zwingen oder nach Belieben mit ihr zu verfahren. Ich kann sie höchstens einladen, sich auf ein Gespräch mit mir einzulassen. Dies ist die Dimension der Verehrung und des *tremendum*, die unseren Machtwillen in Schranken weist und uns kraft ihrer selbst mitunter sogar niederschmettert.

In der Antike brachte man die Erfahrung des Heiligen am Menschen und der Würde der menschlichen Person auf die Formel: *res sacra homo* (Der Mensch ist etwas Heiliges).

So erhellt: Ob Mann, ob Frau, der Mensch ist ein privilegierter Ort, an dem sich das Heilige offenbart und zu erfahren gibt. Vor dem Heiligen gilt es innezuhalten. Angesichts seiner stößt jede Macht an ihre Grenzen, die sie nicht überschreiten darf. Alles, was Menschen an Instanzen haben, namentlich die Religion, muss die Heiligkeit des Menschen pflegen und schützen. Heiligkeit ist der menschlichen Person eingestiftet und macht deshalb auch Körper und Familie, Haus und Arbeit, menschliche Räume und Zeiten zu etwas Heiligem. Nichts mehr ist profan oder alltäglich, alles ist heilig und will mit Hilfe von Riten begangen werden.

Zusammenfassend halten wir fest: Die Menschenrechte sind Ausdruck der Würde des Menschen. Menschliche Würde wurzelt im Leben, und zwar einmal insofern es um Leben und zum anderen insofern es um menschliches Leben geht. Und menschliches Leben manifestiert seinerseits unabweisbare Heiligkeit.

Zu fragen ist schließlich noch, worauf denn diese unantastbare Heiligkeit beruhe. Was verbirgt sich dahinter? Auch zu diesem Aspekt also noch einige Gedanken.

Klopfen wir das Leben auf seine Besonderheit hin ab, werden wir entdecken, dass sein grundlegendes Charakteristikum in der Kreativität (*poiesis*) besteht. Leben entsteht, wir sagten es bereits, aus der Materie, die sich selbst organisiert. Einmal geboren, befindet sich das Leben in einem ununterbrochen Prozess des dialogischen Austausches mit seiner Umgebung. Aus ihr assimiliert es, was es braucht, um zu leben. Dabei synthetisiert es die disparatesten Elemente und bildet daraus eine holistische Einheit bzw. eine unteilbare Ganzheit.

Leben bildet stets ein organisches Ganzes. Serienproduktion, wie eine Maschine sie liefert, gibt es hier nicht. Bei der Maschine wissen wir im Voraus, wie sie funktioniert und was sie ausspuckt, denn wir kennen ja das ursprüngliche Programm, nach dem sie arbeitet. Was sie produziert, ist dann nur noch eine Frage der Stückzahl. Das Leben aber verläuft eben nicht so. Leben ist immer gut für Neues und Überraschendes, das es plötzlich hervorbringt. Die Synthese will immer erst noch gefunden werden, ist nie ein für alle Mal gegeben. Das Leben des Menschen baut sich eine Welt und eine Biosphäre auf, schafft sich einen Sinn und verweist auf eine Absicht, wobei aber alles immer offen bleibt.

Die Würde des menschlichen Lebens hängt also an seiner schöpferischen Kraft. Der Mensch schafft sich den Sinn für seine Existenz, gibt der Welt seine Richtung und gestaltet seine natürliche bzw. gesellschaftliche Umwelt nach seinen Vorstellungen. Schöpferische Kraft ist ein anderer Name für Freiheit. Freiheit ist die Fähigkeit, in ständiger dialogischer Interaktion mit dem Umfeld und mit den anderen sowohl sich selbst als auch seine Bedeutungswelt zu entwickeln.

Was ist die schwerste Gewalt, die man einem Menschen antun kann? Einmal davon abgesehen, dass man einem Menschen unter Umständen das Leben nehmen kann, besteht die böseste Gewalt gegen ihn darin, dass man ihm die Freiheit verwehrt und ihn an seiner schöpferischen Entfaltung hindert. Des weiteren könnte sie darin bestehen, dass man jemanden zum reinen Nachmachen und zum Mitmachen beim Vorhaben anderer verdonnert. Aus diesem Grund ist von Freiheit strukturierte Kreativität eine heilige, unverletzliche Sache und einer der höchsten Werte.

2. Thematische Entfaltungen der würdevollen, heiligen, schöpferischen Freiheit des Menschen

Die angedeutete Grunderfahrung lässt sich nun im Blick auf die in ihr enthaltenen unterschiedlichen Ebenen beschreiben und anhand verschiedener Ausdrucks- und Kommunikationsmittel erfassen.

a. Religiöse Ausdrucksform der menschlichen Würde

Die älteste Ausdrucksform, mit der man die Würde des Menschen zu erfassen versuchte, ist religiöser Art. So unvergleichlich die verschiedenen Religionen auch sein mögen, in zwei Punkten lassen sie sich gleichwohl auf einen gemeinsamen Nenner bringen. Erstens ist das Leben für alle Religionen ein hoher Wert. Alle wollen sie das Leben schützen und fördern, und alle lassen sie es bis in die Ewigkeit reichen. Zweitens entwickeln alle Religionen *Mit-leid* mit verletztem Leben, mit körperlich und geistig Behinderten, mit Kranken, Armen und ungerecht Behandelten. Einige Kulturen interpretieren die Geburt eines körperlich oder geistig Behinderten als Epiphanie der Gottheit. Alle adoptieren den Neugeborenen als Sohn bzw. als Tochter. Das ganze Gemeinwesen tut sich zusammen, um ihm zu schenken, was die Natur ihm verweigert hat. So verteidigen die Religionen das Leben, so wie gerade das am meisten bedrohte und verletzte Leben es fordert.

Dass allem Leben Würde eignet, ergibt sich aus der Tatsache, dass es Ausdruck des Geheimnisses des in Entwicklung befindlichen Weltalls ist. In der Sprache der Religionen heißt dieses Geheimnis *Gott*. Gott ist Schöpfer und Urheber jeder Bewegung, der inneren Dynamik der Materie ebenso wie letztlich auch des anbrechenden Lebens. Deshalb haftet allem menschlichen Leben eine Spur Göttlichkeit an. Der Mensch ist Bild und Gleichnis Gottes. Mehr noch: Da jede menschliche Person aus der Hand Gottes hervorgegangen ist, gilt sie als Sohn bzw. Tochter Gottes. Mag ihre Herkunft auch noch so bescheiden und ihre Erscheinungsform auch noch so widersprüchlich sein, daran, dass sie ihre Wurzeln im Herzen Gottes hat, der ja Vater und Mutter voller Güte ist, kann nicht der geringste Zweifel sein. Gerade in der jüdisch-christlichen Überlieferung findet dieses Verständnis zu seiner letzten Konsequenz, wenn Judentum wie Christentum gleichermaßen behaupten, der Mensch sei zum Schöpfer geschaffen worden. So wie Gott das All geschaffen und ihm Bewegung und Harmonie vermittelt hat, so muss der Mensch den Schöpfungsprozess fortführen. Weltgestaltung lautet sein Auftrag, die in der Welt verborgenen Möglichkeiten hat er hervorzuholen und zur Realisierung zu bringen. So ist das Wort, der männliche wie weibliche Mensch sei »Bild und Gleichnis« Gottes, eigentlich zu verstehen. Der Mensch ist sozusagen Gott *en miniature,* fähig, das göttliche Schöpfungswerk in die Schöpfung hinein zu verlängern, und zwar nach Art eines verantwortlichen Sohnes bzw. einer umsichtigen Tochter und nicht eines willkürlichen Despoten (wie es in der Geschichte jedoch tatsächlich passiert ist).

Von der Tatsache der göttlichen Kindschaft der Menschen leitete Mahatma Gandhi zum Beispiel denkwürdige politische Konsequenzen ab. So prangerte er etwa das britische Kolonialsystem mit seinen vielen Formen von Gewalt an und legte den Finger darauf, dass Menschen dadurch gedemütigt und in ihrer Freiheit verletzt wurden. »Wir können unmöglich zulassen, dass das einem Sohn und einer Tochter Gottes angetan wird.« Mit seinem Programm der aktiven Gewaltfreiheit schuf er Situationen, in denen die Wahrheit, dank eigener innerer Kraft, klarstellen konnte, wie sehr der Heiligkeit des Menschen Gewalt angetan wurde.

b. Philosophische Ausdrucksform der menschlichen Würde

Was für eine Kategorie, was für eine Qualität von Sein offenbart sich in der Tatsache, dass jemand ein freies, schöpferisches Wesen ist? Mit der Frage rühren wir an den Kern der Philosophie. Philosophie verfügt über kein eigenes, gesondertes Wissen, das allein ihr zugänglich wäre. Philosophie will denken, was Menschen wissen, will im Gesagten das Nichtgesagte hören und im Gedachten das Nichtgedachte erfassen. Wenn wir also sagen, der Mensch sei ein freies, schöpferische Wesen, was soll dann damit vom Menschen ausgesagt werden?

Mit der Feststellung wollen wir zum Ausdruck bringen, dass der Mensch kein Gefangener der von ihm selbst und für ihn selbst geschaffenen Lebensumstände ist; keine Geisel seiner eigenen Strukturen; kein Auftragsempfänger, der nur die Welt, in der er lebt, zu reproduzieren hätte. Wir wollen damit zum Ausdruck bringen, dass er über den Rand der Welt hinaus schauen und sich in seiner Phantasie auch eine andere Welt ausmalen kann ... mit Nischen und Fenstern, durch die der Blick auch auf andere als die altbekannten Landschaften fällt.

Schöpfer sein heißt ein in alle Richtungen hin offenes Wesen sein, in ständigem dialogischen Austausch mit sich selbst ebenso wie mit den bisher noch nichtaktualisierten Potenzen der Wirklichkeit. Das Maximum an schöpferischer Kraft ist wohl der Musiker, der Maler oder der Dichter. Kein Musiker spielt immer nur dieselbe Melodie, kein Maler entwirft immer nur dasselbe Bild, und kein Dichter wiederholt immer nur denselben Vers. Ob Musiker oder Maler oder Lyriker, immer schaffen sie neue Kombinationen mit den acht Tönen der Tonleiter, neue Motive mit den Farben des Regenbogens und neue Interpretationen der Welt mit den sechsundzwanzig bzw. dreißig Buchstaben des Alphabets. Jeder Mensch ist Schöpfer, weil er, was durch die Sinne Eingang in ihn findet, auf seine Weise assimiliert, weil er Erfahrungen synthetisiert, neue Vorhaben entwickelt und auf allem, was er berührt, Spuren seiner Einzigartigkeit hinterlässt.

Einen Menschen in seiner Kreativität behindern, in seiner Fähigkeit einschränken, seine Sicht der Dinge zu äußern, ihn zum Echo der Stimme anderer herabwürdigen oder seine schöpferische Kraft im Gestalten unverwechselbarer Dinge beschneiden ... hieße dem Grundrecht darauf, Mensch zu sein und als Mensch zu leben, Gewalt anzutun. Schlimmer als die Verletzung dieses oder jenes kodifizierten Rechtes ist der Angriff auf die Basis aller Rechte, auf die Würde, ein durch Offenheit und schöpferische Kraft strukturiertes Wesen zu sein.

c. Anthropologische Ausdrucksform der menschlichen Würde

Das Kreativsein (in der religiösen Dimension) und das Offensein (in der philosophischen Dimension) benennen den Menschen, anthropologisch betrachtet, als Person. Person heißt Sein in Beziehung. Der Mensch erweist sich als Knoten von Beziehungen. Er ek-sistiert, das heißt: er wendet sich nach außen, in alle Richtungen, aber auch in sich selbst hinein, in sein Inneres. Ohne Beziehung existiert kein Mensch. Deshalb muss man sagen, der Mensch existiere nicht bloß. Seine Existenz ist immer Ko-existenz. Ich bin mein Beziehungsgeflecht. So ergibt sich, dass meine personale Struktur im Geben, im Entgegennehmen und im Vergelten besteht. Der Mensch findet zu sich selbst, indem er aus sich herausgeht; er empfängt, indem er gibt; und indem er empfängt, wird er reicher, bietet damit zugleich aber auch den anderen die Möglichkeit, reicher zu werden, weil er ihnen ja die Chance eröffnet, etwas zu geben. Und indem er das Empfangene vergilt, spinnt er das Beziehungsnetz von Geben und Entgegennehmen. In diesem Hin- und Herspiel baut sich Personsein auf.

So betrachtet wäre nichts gewaltsamer, als den Menschen daran zu hindern, mit der Natur und mit seinesgleichen, mit den Verwandten und mit den von ihm Geliebten, mit sich selbst und mit Gott in Beziehung zu treten und Beziehung zu pflegen. Es hieße, ihn auf den Stand eines seelenlosen, ja toten Gegenstandes zu degradieren. Dagegen machen ihn Teilnahme und Anteilnahme verantwortlich für den Anderen und helfen ihm, mitzuwirken an der Erschaffung der Welt – Welt verstanden als Beziehungsspiel und unentwegter dialogischer Austausch.

d. Ethische Ausdrucksform der menschlichen Würde

Die ethische Dimension kommt ins Spiel, wenn wir uns verantwortlich wissen, und zwar nicht nur für unser eigenes Schicksal, sondern auch für das Los der anderen wie auch für die Zukunft unseres gemeinsamen Hauses, der Erde. Der Mensch tritt uns in dem Moment als ethisches Wesen entgegen, in dem er den anderen als anderen in seiner Autonomie gelten lässt, sich mit ihm solidarisiert und Mit-leid entwickelt mit seinem Leben und seiner Sache. Ethisch verhält sich, wer sich die Interessen des anderen bzw. der anderen zu eigen macht, auch wenn sie sich mit den eigenen Anliegen nicht auf einen Nenner bringen lassen. Doch der ethische Mensch steht dazu, weil er sie als gerecht und als billig betrachtet. Nur wer frei ist, kann auch ein ethischer Mensch sein, der die anderen achtet und seinen eigenen Machtwillen und seine eigene Leidenschaft in Zaum hält, damit die anderen ihre Freiheit gewahrt sehen können.

Die ethische Qualität der persönlichen Freiheit eines Menschen besteht in seiner Fähigkeit, die Freiheit der anderen zu bejahen und zu fördern. Ein ethischer Mensch wird also nicht seine Freiheit bis dahin ausdehnen, wo sie an die Grenzen der Freiheit der anderen stößt. Vielmehr wird er bemüht sein, Gemeinschaft mit deren Freiheit aufzunehmen. Voraussetzung dazu ist, ihnen Autonomie und Anderssein zuzugestehen. Anerkennung von Selbstständigkeit und Unterschied ermöglicht Gemeinschaft und Einheit mit den anderen. Daraus aber erwächst dann gegenseitige Verantwortung. Diese ist ihrerseits die Grundlage jeder Ethik der Solidarität und des Zusammenlebens.

Jemanden in seiner Beziehungsfähigkeit beeinträchtigen, ihn an der Übernahme persönlicher und kollektiver Verantwortung hindern, sein Einfühlungsvermögen für andere untergraben und seine Fähigkeit ruinieren, sich auf Leben und Sache anderer einzulassen, … heißt mit der Würde des Menschen Schindluder treiben und die Quelle sämtlicher Werte austrocknen lassen.

Schöpferisch sein, offen sein und Person sein bringt also Verantwortung mit sich für einen selbst wie auch für den anderen bzw. die andere. Es beinhaltet die Dimension, dass man den anderen immer bewusst mit einbezieht, mit ihm nach einem gemeinsamen Weg sucht und mit seinem Leiden und seiner Sache mit-leidet. Ohne Ethik hat nichts mehr Wert. Dann verbarrikadieren wir uns hinter unseren individuellen Interessen und wollen von den Belangen der anderen und des Gemeinwesens nichts mehr wissen. Ergebnis ist, dass die Würde jedes Einzelnen droht zertreten zu werden und der Wert jedes natürlichen Wesens Gefahr läuft, zum baren Genussmittel unserer Gelüste zu verkommen.

»Tu das Gute und meide das Böse!«, so kann deshalb der Hauptimperativ der Ethik eben nicht lauten. Denn so abstrakt formuliert, lässt der Satz nicht erkennen, was gut und was böse ist. Werden wir doch von subjektiven Entscheidungen hin- und hergeworfen und sind der Logik unserer eigenen Interessen ausgeliefert. Deshalb kann der Imperativ, auf eine untrügliche, glasklare Formel gebracht, nur lauten: »Du sollst den Armen befreien!« Einen Armen befreien aber setzt Mit-leiden mit ihm voraus … Liebe zu seiner Person, einschließlich seiner Würde als Person, Zuwendung zu ihm nach dem Modell des guten Samariters, der sich im Gleichnis des Evangeliums zum ausgeplünderten Reisenden am Straßenrand niederbeugt, Solidarität mit ihm in seiner erbärmlichen Lage und schließlich den Entschluss, ihm Freiheit zu ermöglichen und ihm wieder zu seiner Würde zu verhelfen. Eine Gesellschaft ohne Mitgefühl für die, denen das Leben zugesetzt hat – wie Kranke, Alte und Kinder –, ist eine Gesellschaft, die systematisch die Würde der menschlichen Person missachtet. In solch einem Gemeinwesen herrschen weder Recht noch Gerechtigkeit.

e. Politische Ausdrucksform der menschlichen Würde

Die verschiedenen Annäherungen, in denen wir oben versucht haben, die menschliche Würde zu erfassen, blieben jedoch unzulänglich, sprächen wir nicht auch die politische Dimension an, die ebenfalls mit ihr verbunden ist. Politik hat mit den verschiedenen Formen zu tun, wie Menschen an der Macht in der Gesellschaft beteiligt sind. Dank der Tatsache, dass der Mensch schöpferische, freie, verantwortungsbewusste Person ist, wohnt ein ontologischer Wunsch nach Mitsprache und Mitbestimmung, nach Anteilnahme und Teilhabe in ihm. Doch das Ganze ist alles andere als ein Gelüst, das man haben oder nicht haben kann. Der Wunsch nach Partizipation gehört zum Wesen des Menschen. Ohne Möglichkeit zu Mitsprache und Teilhabe hat der Mensch das Gefühl der Unterdrückung und des Gezwungenseins, die politischen Vorstellungen eines oder einer Fremden zu unterstützen, für den bzw. für die er sonst nichts übrig hat. Selbst für den Fall, dass jemand das Empfinden hat, er profitiere von dem Gesellschaftssystem (wie es zum Beispiel manchen Leuten zu Zeiten des Staatssozialismus nicht schlecht ging), fühlt er sich dennoch nicht glücklich, weil die Erwirtschaftung des Gemeinwohls an ihm vorbeigeht. Politisch gesehen will der Mensch nicht einfach Nutznießer sein, er will gefragt und beteiligt sein. Nun zeichnen sich die Gesellschaften, die uns die Geschichte bis heute vorgeführt hat, aber allenfalls durch schwache Mechanismen bürgernaher Partizipation aus. Nur die, die über Macht, Wissen und Haben verfügen, mischen mit. Alle anderen werden zurechtgestutzt und in subalterne Funktionen eingestielt.

Wer die menschliche Würde aus politischer Blendeneinstellung betrachtet, dem schiebt sich das ursprüngliche Anliegen des Wortes Demokratie wieder in den Blick: dass alle, auf jeweils neu zu definierenden Ebenen, an der Macht beteiligt sind, dass alle die Macht kontrollieren können und dass die verschiedenen Funktionen reihumgehen. Im Übrigen ist eine Gesellschaft als ganze nur dann gesund, wenn die Beziehungen in ihr auf Einbeziehung aller, auf Solidarität unter allen, auf Wechselseitigkeit und Komplementarität hin formatiert sind. Wo diese soziale Dynamik den Ton angibt, kann Achtung vor der Menschenwürde gedeihen, und können Bedingungen dafür entstehen, dass sie auch zum Tragen kommt und dass als Folge davon Gemeinwohl Wirklichkeit wird.

3. Begründung der Menschenwürde von der Quantentheorie her

Unsere bisherige Überlegungen hatten ein klassisches Weltbild zur Grundlage, gestützt im wesentlichen auf newtonsche Physik und moderne Phänomenologie. Ausgangspunkt waren das menschliche Bewusstsein und alles, was in ihm vorgeht an raum-, zeit- und psychemäßigen Beziehungen. Zunehmend setzt sich jedoch ein neues Weltbild durch, auf der Basis von Quantenmechanik, neuer Biologie und transpersonaler Psychologie. Es greift zurück auf die subatomaren Teilchen, auf die Urenergien, aus denen das ganze Weltall konstruiert ist, und schließlich auf das Universum der Archetypen, die sowohl das persönliche als auch das kollektive Unbewusste bevölkern. Merkwürdigerweise bestätigt nun gerade diese Kosmologie die Ergebnisse unserer vorigen Gedankengänge. Ihr Wert besteht im Aufweis, dass das, was wir im

Bereich von Anthropologie, Religion, Ethik und Politik als konstitutiv herausgefunden haben, der Wirklichkeit in seiner radikalsten Ausdrucksform entspricht. Die Wahrheit des Bewusstseins trifft sich mit der Wahrheit der Dinge. Die Logik der Vernunft verschwistert sich mit der Logik von Energien und subatomaren Teilchen. Aus diesem Grund sind wir der Ansicht, die Menschenwürde erfahre gerade von der Quantentheorie her ihre letzte, überzeugende Begründung. In einigen Pinselstrichen also hier eine Skizze dieses Weltverständnisses, so begrenzt und fragmentarisch unsere Sprache und Darstellungsweise auch sein mögen.

a. Das Weltbild der Quantentheorie

Nach der Relativitätstheorie Albert Einsteins sind Masse und Energie austauschbar. Gemessen am Gesamt des Universums nimmt die Masse/Energie einen verschwindend kleinen Raum ein. Für atomare, subatomare und auf der Quantentheorie aufbauende Physik gibt es Materie nur in der Tendenz. Die Elementarteilchen, welche Atom, Kern und Protonen bilden, sind nichts anderes als Energie in höchster Verdichtung und Stabilisierung. Ja, sie sind in Wirklichkeit längere, verlängerte Energiewellen.

Die Quantenmechanik ihrerseits (der Ausdruck *Quanten-*, in Anlehnung an das lateinische *quantum*, stammt von Max Planck und soll die Menge an Energie benennen, die die Atome in bestimmten Abständen ladungsweise ausstrahlen) behauptet, alles könne in der Form von Wellen elektromagnetischer Energie oder materieller, subatomarer Teilchen beschrieben werden. Beide, Welle und Teilchen, sind demnach Ausdrucksformen ein und derselben Wirklichkeit. Sie treten immer gleichzeitig auf. Das Teilchen hat sein Moment von Welle, und die Welle hat ihr Moment von Teilchen. Das eine wie das andere sind zeitgleiche, komplementäre Dimensionen. Was Dimension Welle und was Dimension Teilchen ist, lässt sich nie gleichzeitig entscheiden. Im subatomaren Bereich herrscht eine bemerkenswerte Unschärferelation. So kann zum Beispiel das Elektron sowohl Welle als auch Teilchen sein; aber es kann nie ganz als Welle und nie ganz als Teilchen auftreten, sondern immer nur als eine Verbindung aus beiden. Der Begriff zur Beschreibung dieses Phänomens heißt »Wellenladung«.

Die Quantenphysik stellt die Wirklichkeit wie folgt dar: Auszugehen ist von einem Hintergrund reiner Energie, von einem abgrundtiefen Ozean kosmischer Energie. Aus diesem tauchen Teilchen auf, die allerdings nur einen winzigen Augenblick existieren, oder Wellen, die sich auch nur in milliardsten Teilen einer Sekunde zeigen, um dann beide, Teilchen und Wellen, in den unerschöpflichen Quellgrund der Energie wieder einzutauchen. Was gemeinhin Quantenvakuum heißt, ist in Wirklichkeit die Aufgipfelung aller Virtualitäten und Wahrscheinlichkeiten des Universums. Alles ist ein kosmischer Tanz von Energien, ein Energiefeld, das alles durchdringt und alles umfasst. Das Weltall ist ein geeintes, unteilbares Ganzes. Es bildet ein höchst komplexes Netz von Beziehungen in alle Richtungen und in allen Formen. Alles hat mit allem in all seinen Punkten zu tun. Ohne Beziehung gibt es nichts.

Wenn die Dinge in ihrem Ursprung also so sind (Urenergie, Teilchen/Welle), wie kommt es dann zu den Dingen, wie wir sie heute vorfinden? Wie kommt es von den quantischen Ereignissen zu den physischen Elementen?

An dieser Stelle nun tritt das Bewusstsein auf den Plan. In der Quantenphysik, so wie Max Planck, Niels Bohr, Albert Einstein, Paul Dirac und Wolfgang Pauli sie vertreten hatten, war das Bewusstsein nicht vorgekommen. Ja, man war sogar der Ansicht gewesen, das Weltbild der Quantentheorie stünde in einem dermaßen großen Widerspruch zur herkömmlichen Kosmologie, dass man sie, die Quantentheorie, besser gar nicht verbreiten sollte. Die Leute würden nur verwirrt davon. Bekannt ist das Dictum eines Niels Bohr: »Wenn die Quantenphysik jemanden nicht empört und ratlos macht, ist das ein Zeichen dafür, dass er sie nicht verstanden hat.«

Erst Werner Heisenberg entdeckte, wie wichtig auch das beobachtende Subjekt ist. Die Schnelligkeit und die Position eines Teilchens lassen sich nicht gleichzeitig bestimmen. Nur das eine oder das andere geht. Im selben Augenblick, in dem wir die Geschwindigkeit eines Teilchens messen, hat sich seine Position bereits verändert; bestimmen wir die Position des Teilchens, entschwindet uns seine Schnelligkeit. So erhellt, dass in der subatomaren Welt radikale Unbestimmtheit, bleibende Unschärfe herrscht.

In seinem bekannten Buch *Physik und Philosophie* (1959) schreibt Heisenberg sinngemäß: Der Akt des Beobachtens verändert per se die Funktion der Möglichkeit diskontinuierlich; aus allen möglichen Ereignissen wählt er dasjenige aus, das in der Tat passiert ist. Der Übergang vom Möglichen zum Realen erfolgte also im Akt des Beobachtens.

Wer sich so äußert, räumt ein, dass das beobachtende Subjekt das beobachtete Phänomen mit beeinflusst. Doch nicht allein das. Die Quantenmechanik besagt auch, dass der Beobachter sowohl für die Konstituierung als auch für die Charakteristika eines atomaren Phänomens unerlässlich ist. So werden Elektronen, die ja gleichzeitig Teilchen und Welle sind, in der Beobachtung, so zauberhaft es klingt, entweder zum Teilchen oder zur Welle, je nach der Erfahrung, die das beobachtende Subjekt machen will.

Das Subjekt ist also in die Konstituierung des Realen involviert. Beschreiben wir die Wirklichkeit, beschreiben wir uns folglich auch selbst, weil wir ja in die Wirklichkeit einbezogen sind. Die Welt ist keine Ansammlung unterschiedlicher Objekte, sondern eine Netz von Beziehungen zwischen den verschiedenen Teilen eines geeinten Ganzen. Der Mensch ist konstituierender Teil dieses Ganzen und er bestimmt fortwährend des reale Feld, das wir beobachten. In den Worten der bekannten Quantenphysikerin Danah Zohar heißt das: »Realität passiert, wenn wir sie sehen; wie Realität passiert, hängt davon ab, wie wir sie sehen.«[1] Das mit Bewusstsein ausgestattete Sein ist Mit-schöpfer des Weltalls; das Subjekt begibt sich in einen Dialog mit seinem Umfeld und gibt einer der vielfältigen Möglichkeiten der Wellen- bzw. Teilchenfunktion ihre konkrete Gestalt.

Ist also der bewusste Beobachter am Entstehen der Wirklichkeit beteiligt, dann wird die Frage nach dem Bewusstsein für die Physik zu einem fundamentalen Datum. Manche Autoren betrachten das Bewusstsein geradezu als Brücke zwischen Alltagsleben (Materie mit ihrem Gewicht und Maß, in ihrem Raum und in ihrer Zeit) und quantischer Realität (Energie in der Gestalt von Teilchen und Welle).

---

1 *D. Zohar*, The quantum self. Human nature and consciousness defined by the new physics, New York 1990. Hier nach der brasilianischen Ausgabe übersetzt: O ser quântico, São Paulo 1991, 45. 48.

Ohne hier auf die Dinge detaillierter eingehen zu können, können wir mit den Quantenphysikern gleichwohl sagen, das Wesentliche des Bewusstseins sei seine relationale Einheit, seine unteilbare Ganzheit. Charakteristisches Merkmal des Bewusstseins ist, dass es jede Art von Erfahrung synthetisiert und als eine Einheit darstellt, die das ganze Beziehungsnetz zu einem Knoten zusammenbindet. In der Sprache der Quantenphysik bedeutet das, dass alle Wellen so gleichmäßig schwingen und sich so perfekt überlagern, dass sie eine einzige Welle bilden. Oder dass die zahllosen Teile, die ein geordnetes System ausmachen, sich wie ein Ganzes verhalten, verschmelzen und zu einem einzigen Ganzen werden. Sie überlagern sich dermaßen deckungsgleich, dass sie ihre Individualität völlig einbüßen (Bose-Einstein-Kondensation vom Typ Fröhlich) und sozusagen ein einziger Gleichklang aus vielen Stimmen werden. Passiert dies, erwacht das Bewusstsein.

b. Erwachen des Bewusstseins im Zuge der Evolution des Universums

Doch wann kommt es zu diesem Phänomen? Und wo findet es statt, allein auf der Ebene des Menschen? Im Sinne der Quantentheorie lautet die Antwort: Alles, was existiert, prä-existiert, und alles, was präexistiert, ko-existiert. Wie alles Seiende hat auch das Bewusstsein seine Genealogie und seine uralten Wurzeln. Auf einer langen Evolutionsstrecke hat es sich – aus elementaren Beziehungsformen heraus – entwickelt. Entsprechenden Untersuchungen zufolge ist an allen lebenden Wesen das Phänomen zu beobachten, dass sich die Wellenfunktionen überlagern und dass es auf Grund dessen zu einem relationalen Ganzen kommt. Eine Amöbe und selbst ein Krebs weisen ein gewisses Maß an Bewusstsein im Sinne eines beziehungsmäßigen Totums auf. Steigt man den Wurzeln des Bewusstseins nach, landet man bei den Elementarteilchen. Bewusstsein ist keine Eigenschaft der Materie, wohl aber – seiner ganzen Substanz nach – Beziehung zwischen zwei oder mehreren Materieteilchen.

»So wäre die elementarst mögliche Form ein ganz primitives Bewusstsein, das auf zwei Teilchen mit übereinander gelagerten Wellenfunktionen beruht. Alles oberhalb dieses Stadiums wie die zahlreichen Stadien und Grade des Bewusstseins hinge dann an den vielen Formen und Ebenen der Beziehungen, die ihrerseits noch einmal von den vielen Arten und Graden der Struktur abhingen. Damit unterscheidet sich unser menschliches Bewusstsein aber nicht artmäßig von dem Bewusstsein, das mit den elementarsten Formen des Lebens bzw. mit der elementaren Materie gegeben ist, sondern lediglich gradmäßig und der Komplexität nach.«[2] Der Unterschied ist also gradueller und nicht prinzipieller Art.

Von Anfang an, das heißt von dem Augenblick an, in dem sich die Wellen zwischen zwei Elektronen zum ersten Mal überlagerten, als es also zur ersten Beziehung zwischen zwei elementaren Seienden kam, da meldete sich auch das Bewusstsein in seiner primitivsten Form. Das Elektron funktioniert als Beobachter. Es nimmt Beziehung auf zum Umfeld. Es agiert und reagiert und transportiert akkumulierte Erfahrung. Der so in Gang gekommene Prozess trägt zum Entstehen der Wirklichkeit bei, wie sie uns heute begegnet. Das Bewusstsein bewegt sich in Richtung immer höherer Entwicklungsstufen, wird zunehmend komplexer und erweist sich als immer schöpferischer, bis es schließlich die menschliche Ebene erreicht. Hier nun findet der selbst-bewusste Beobachter zum Höchstmaß an schöpferischer Kraft und an Möglichkeit, an der Gestaltung der Welt mitzuwirken.

Des weiteren sind wir Ausdruck der letzten Struktur alles Seienden mit seiner Teilchen-Welle-Dualität. Die Dimension des Teilchens verdichtet sich in uns und es entsteht, was Körper heißt. Die Dimension Welle in uns gebiert den Geist. So sind wir zugleich Teilchen und Welle (Körper und Geist). Die Hunderte von subatomaren Teilchen treten in zwei Grundformen auf, als Fermionen und als Bosonen. Die Fermionen bilden ein Konglomerat von Teilchen, die die Materie konstituieren (Elektronen, Protonen und Neutronen). Ihre Wellenfunktionen überlagern sich nur wenig. Das bringt dann mit sich, dass die Materie eher etwas Festes ist als Beziehung. Die Bosonen (Photonen, Gluonen und Gravitonen) sind Beziehungsteilchen. Die Wellenfunktionen überlagern sich und schaffen infolgedessen die Einheit des relationalen Universums. Sie haben weniger Dichte, dafür aber sind sie mehr Kommunikation. Bosonen sind von Anfang an da. Bosonen

2   D. Zohar, O ser quântico, 124.

sind Partner der Schöpfung. Was unsere Körperlichkeit betrifft, rangieren wir auf der Seite der Fermionen; was unseren Geist anlangt, stehen wir auf der Seite der Bosonen. Damit sind wir eine Realität, die sich zugleich als komplementär behauptet und konkret vorzufinden ist (Körper), die sich gleichzeitig aber auch offen hält und ein komplexes Beziehungsgeflecht auf allen Ebenen unserer Existenz unterhält (Geist).

Im quantentheoretischen Verständnis wie auch in der Leseweise der neuen Biologie, die ja beide miteinander im Gespräch sind, ist Materie nicht mehr etwas Statisches und Lebloses. Materie ist etwas Aktives und Lebendiges, besitzt sie doch Reaktionsvermögen und inneres Leben. In jedem Teilchen eines Wesens ist eine Geschichte von Milliarden von Jahren, von Mutationen und von Interaktionen mit anderen Teilchen gespeichert. Alles dies führte zu unumkehrbaren Veränderungen, in denen wir jedoch Spuren des Pfeils der Zeit, der Evolution und der Geschichte sehen. »Demnach zeichnet sich alle Materie des Weltalls aus durch Reaktivität, durch Kreativität und, in diesem Sinn, durch Dialog.«[3]

Dank dieser Dynamik läuft die ganze Schöpfung offenbar in eine gezielte Sinnrichtung. Sie tendiert dahin, immer komplexere, immer interaktivere Formen hervorzubringen. Zumal in den lebenden Wesen schält sich ein zunehmend klarerer Sinn heraus. Dieser zeigt sich in immer ausgeklügelteren Akten von Dialog und Schöpfung. Lebende Wesen sind offene organisationsmäßige Komplexe, die sich nicht in einem starren Gleichgewicht (Ilya Prigogine spricht von »dissipativen Strukturen«), dafür aber in ständiger Symbiose mit ihrem Umfeld und in einem ununterbrochenen dynamischen Fluss hin und her befinden. Doch das ganze Spiel hat nichts Willkürliches und unterliegt auch weder Zufall noch Zwang (gegen Jacques Monod), sondern ist etwas Spontanes, Frisches und Schöpferisches. Es manifestiert eine in wachsendem Maße grandiose Selbstorganisierung, Selbstregulierung und Schönheit. Chaos ist eine kreative Sache und bringt immer komplexere, kreativere Ordnungen hervor. Leben strebt danach, sich unentwegt zu vermehren und zu einer immer größeren holistischen, panrelationalen Einheit zu werden. Oder anders gesagt: Leben befindet sich in einem fortwährenden Prozess der

3   R. Weber, Diálogos com cientistas e sábios, São Paulo 1988, 227.

Verinnerlichung und mithin der Bewusstwerdung und der Seiner-selbst-Bewusstwerdung.

Diese Kreativität zeigt sich in eminenter Weise in der menschlichen Person. Der Mensch befindet sich in einem ständigen dialogischen Austausch mit der Welt um ihn herum. Er aktualisiert Möglichkeiten in der Natur und macht aus ihnen Geschichte. Aber er arbeitet auch an sich selbst und schafft sich seine eigene Geschichte, in Auseinandersetzung mit dem gesamten Universum, dessen Bewohner und Teil er ist. Auch die subjektive Seite an ihm gibt er weiter, indem er den anderen bzw. die andere willkommen heißt und sich für die Welt in ihrer Werthaftigkeit insgesamt offen hält. Jeder Mensch ist verantwortlich für die Welt, insofern er mittels Kontaktaufnahme zu ihr dazu beiträgt, sie zu schaffen. Das Bewusstsein ist die Grunddynamik, kraft deren sich das Weltall weitet. Je mehr Bewusstsein und Intensität des Dialogs mit der Welt wachsen, desto mehr beschleunigt sich der Evolutionsprozess, desto zahlreicher werden die Komplexitäten, und desto deutlicher zeichnet sich – in der Fülle der Differenzen – der Sinn der Einheit ab. Desto näher kommt das Universum seinem Punkt Omega.

Aus dem Gesagten erhellt, dass sich der Mensch, quantentheoretisch gesehen, als Wesen in Beziehungen erweist. Er hat seinen Ort in einem All aus Energien, die sich gleichzeitig und komplementär als Teilchen und Welle gerieren, lebt mit diesen Gegensätzen zusammen und bringt sie gleichwohl zu einer dynamischen Einheit zueinander. Andererseits, die Gegensätze – die ja keine Widersprüche sind, weil sie sich nicht gegenseitig annullieren – ergänzen sich auch und verhelfen dem Lebensfluss zu größerer Ausdrucksstärke.

Das unverwechselbare Charakteristikum des Menschen besteht darin, dass er selbst-bewusst ist. Dank dieser Tatsache konstituiert er ein relationales Ganzes und fasst das Weltall in sich zusammen. Mittels des Bewusstseins gibt er sein wesensmäßiges Merkmal zu erkennen: dass er Schöpfer ist. So steht er mit dem Weltall ununterbrochen in Austausch und ist im Stande, immer komplexere, immer reichhaltigere Einheiten und Zusammenhänge zu schaffen.

c. Der geschaffene Mensch als Schöpfer

So tritt uns also der Mensch als Mitschöpfer des Kosmos entgegen. Die Physikerin Danah Zohar, der wir neben David Bohm, Ilya Prigogine, Fritjof Capra und anderen, wohl am meisten das quantentheoretische Weltbild zu verdanken haben, meint: »Das quantentheoretische Weltbild überwindet die Dichotomie zwischen Geist und Körper, zwischen Innerem und Äußerem. Sie zeigt, dass die sowohl für den Geist grundlegenden Elemente (Bosonen) als auch die für die Materie konstitutiven Grundeinheiten (Fermionen) aus einem gemeinsamen quantischen Substrat erwachsen (aus dem Vakuum, das indessen überhaupt nicht leer, sondern ganz und gar voll ist, weil es sich ja um einen Ozean kosmischer Energien handelt) und dass sich beide in einem sich gegenseitig begründenden Dialog befinden, dessen Wurzeln bis auf den Kern der Schöpfung aller Dinge zurückreichen. Mit anderen Worten: Geist ist Beziehung und Materie das, womit Beziehung aufgenommen wird. Keines von beiden könnte, allein für sich, sich entwickeln oder irgendetwas darstellen. Beide zusammen erst geben uns Mensch und Welt.«[4]

Wer erkennt, dass das Ganze eine Einheit bildet und dass alle Wesen in Verbindung miteinander stehen, wird sich des grundlegenden Gefühls der universalen Geschwisterlichkeit nicht erwehren können, dass er der Schöpfung mit Ehrfurcht und allem, was innerhalb der Schöpfung zu leiden hat, mit Mit-leid zu begegnen hat. Deshalb fällt es uns schwer zuzusehen, wie einige, die das Ganze egoistisch zum Vorteil eines Teils zerschlagen, die Erde verletzen und ihre Bewohner peinigen. Wir fühlen uns verantwortlich für das dynamische, koexistente, harmonische Ganze. Alle haben das Recht darauf, in Solidarität miteinander zu leben und sich in ein größeres Ganzes mit hineingenommen zu fühlen.

Wer könnte nach diesen Überlegungen an der eminenten Würde der Schöpfung, vor allem aber des Menschen noch zweifeln? Denn gerade im Menschen finden die Energien des Kosmos wie auch der Sinn des Weltalls zu ihrer vollen Be-haupt-ung. Kraft seines Bewusstseins, dessen Anfänge letztlich im Urknall wurzeln, interagiert das Universum und manifestiert immer komplexere

---

4   D. Zohar, O ser quântico, São Paulo 1991, 292.

Beziehungseinheiten. Seine größte Würde ist Mitschöpfer des Kosmos zu sein. Genau das aber war auch schon die Einschätzung der Religionen ebenso wie sowohl der ältesten als auch der modernsten Denker der Menschheit, wie wir bereits zu Beginn dieses Aufsatzes erkannten, als wir davon sprachen, der Mensch, ob Mann, ob Frau, sei als Geschöpf auch Schöpfer, sei Offenheit und Person, sei ein Knoten von Beziehungen, trage Verantwortung für sein eigenes Schicksal wie auch für das der anderen und sei schließlich Mitarbeiter bei der politischen Gestaltung der Geschichte.

Aus all dem Gesagten folgt, dass man dem Menschen keine größere Gewalt antun kann, als ihn daran zu hindern, sein Bewusstsein und seine Freiheit zu betätigen, wenn er sich anschickt, immer offenere und immer inklusivere Beziehungen herzustellen. So wird aber auch klar, wie viel sich in unseren Gesellschaften und in unseren Modellen von Gemeinwesen ändern muss, wollen wir uns denn auf der Höhe der menschlichen Berufung bewegen. Der Kampf um die Menschenrechte, gerade aus der Perspektive der Opfer, ist ein politischer Kampf, der die gesellschaftspolitischen Ursachen, die zur permanenten Verletzung der Menschenwürde führen, ausmerzen soll. Doch das geht nicht, ohne dass ein neuer Mann und eine neue Frau auf den Plan treten, die sich mit Geist und Herz dazu bekehrt haben, beim Schöpfungsakt mitzuwirken, aber auch den Sinn für den großen organischen Gesamtzusammenhang wie auch für universale zärtliche Geschwisterlichkeit gegenüber allen geschaffenen Wesen zur Geltung zu bringen. Sollte ihr Geist lauter und ihr Herz voller Liebe sein, dann wird ihr Verhältnis zum Universum aller Seienden, angefangen mit den Leidenden, von Mit-leid bestimmt sein, und sie selbst werden sich dafür verantworlich wissen, dass alle ungerecht blutenden Wunden geheilt werden.

Nur, soll der Kampf universale Geltung haben, müssen die, die ihn führen, als erste Zielgruppe die Letzten im Auge haben – die, die in der Geschichte schon immer gedemütigt und verletzt worden sind. Erst nach den Letzten können sie dann auch die Vorletzten und die Vorvorletzten und schließlich alle anderen in den Blick nehmen, so dass die schöpferische Kraft in ihnen befreit und das Gefühl zerstörter Geschwisterlichkeit wiederhergestellt werden kann. Zielvorstellung ist eine Gesellschaft, in der es weder

Erste noch Letzte, sondern nur noch einfach Bürger und Bürgerinnen, Brüder und Schwestern gibt.

So verfolgen also die Gruppen, die aus der Blendeneinstellung der Verarmten, Versandeten und Ausgeschlossenen den Kampf für die Menschenrechte führen, eine ausgesprochen befreiende, ja messianische Aufgabe. Und da diese ja auch alle Menschen sind, wirken auch sie mit an der Erschaffung des Universums. Doch warum hindert man sie daran, an einer menschlichen Welt, in der sie leben wollen, mitzuschaffen? Warum zwingt man sie, an einem Gesellschaftsmodell mitzuwirken, das Menschen noch immer vor die Tür setzt oder anderen unterwirft, welche die Instrumente sozialer und politischer Partizipation allein sich selbst anzueignen wissen?

Wir werden nicht umhinkommen, auch für uns einen großen Exodus ins Auge zu fassen und uns durch das Rote Meer von Ausgrenzung und Ausschluss hindurch in die Welt der Einbeziehung und der Einladung zu wagen. Der Weg vom üblichen Wiederholen zum eigentlichen Schaffen liegt vor uns. Es gilt, den Rubikon zu überschreiten – unseren Rubikon, an dessen diesseitigem Ufer wir noch gefesselt sind in der Vorgeschichte unserer selbst, um auf der anderen Seite dann das verheißene Land jener Menschen zu betreten, die ein Netz von Leben, von Sinn für Zusammenarbeit und von sich ergänzenden Differenzen zusammenhält und die sich gemeinsam ein vollends menschliches Reich schaffen. In ihm kann der Pfeil der Schöpfung immer weiter empor fliegen, einer organischen, in höchstem Maße seligen Einheit entgegen … und die nennen wir Gott.

Der westliche und der östliche Weg der Gotteserfahrung

Ganz augenfällig tun sich die Menschen mit religiösen Lehren, theologischen Reflexionen und theoretischen Diskursen über Gott und das Heilige immer schwerer. Zugleich spitzen sie aber die Ohren, wenn die Rede auf die Erfahrung kommt, die manche mit Gott machen. Offenbar wollen die Leute Gott zunehmend selbst spüren bzw. selbst jene Erfahrung machen, in der sie Gott sozusagen auftauchen sehen. Die Frage beschäftigt sie: Wie kann man Gott erfahren, wie ihm begegnen? Kann man mit Ijob sagen: »Früher hatte ich nur vom Hörensagen von dir vernommen [das heißt: durch Religionen, Kirchen und Kultdiener]; jetzt aber haben meine Augen dich geschaut und ich habe dich erfahren« (vgl. Ijob 42,5)? Ganz besonders aber wollen die Menschen wissen: Wie lässt sich Gott heute erfahren?

Viele Wege führen zu Gott. Im Grunde jedoch bündeln sich alle Wege zu zwei Modellen: zum persönlichen Weg der Gemeinschaft mit Gott, die das All mit beinhaltet; und zum Weg der Gemeinschaft mit dem All, die Gott mit beinhaltet. Der erste Weg ist die westliche, der zweite die östliche Variante. Im Folgenden wollen wir die eine wie die andere Grundstruktur betrachten.

1. Der persönliche Weg der Gemeinschaft mit Gott, die das All mit beinhaltet

In diesem Fall gehen wir davon aus, dass die Menschen von ihrer familiären Sozialisation und ihrem kulturell-religiösen Umfeld her eine gewisse Vorkenntnis von Gott haben. Doch das Ganze ist zunächst einmal nur eine diffuse Glaubensahnung. Nun tendiert aber jede Glaubensahnung dahin, sich sowohl ein Bild als auch eine Lehre von Gott zu machen. Die Lehre besagt, dass Gott im All und dass das All in Gott ist. In der christlichen Theologie heißt diese Lehre Pan-en-theismus, die auf keinen Fall mit Pantheismus verwechselt werden darf. Der Pantheismus löst Gott im

All auf und macht das All zu Gott. Der Panentheismus dagegen hält am Unterschied zwischen All und Gott fest, berücksichtigt aber die gegenseitige Anwesenheit des einen im anderen. Mit anderen Worten: Kraft der gegenseitigen Präsenz des einen im anderen hat das All in Gott seine Existenz und Konsistenz; denn Gott ist Schöpfer und Erhalter der Dinge; und das All ist durchatmet von der Anwesenheit Gottes.

Derartige Aussagen setzen ein Glaubensleben voraus, das sich als Vertrauen in Gott und als Ganzhingabe an ihn manifestiert, wobei Gott noch einmal verstanden wird als Sinn von Weltall, Geschichte und Existenz, ja, als Zusage von Leben auch über das Leben hinaus. Doch die Frage bleibt: Wie komme ich über das rein theoretische Wissen hinaus, und wie kann ich Gott, denn ich bereits intellektuell und emotional akzeptiere, dann auch wirklich erfahren?

Der Weg vom Wissen zur Erfahrung führt über die Radikalisierung der persönlichen Ich-Du-Beziehung. Ein strukturiertes ›Ich‹ baut sich immer aus Begegnung, Beziehung und Gemeinschaft mit dem ›Du‹ auf. Dank dem ›Du‹ entdeckt sich das ›Ich‹ dann auch selbst. Wenn ein Kind das Sprechen lernt, spricht es zunächst von sich in der dritten Person: »Anna hat Hunger, Anna ist müde, Anna will zu Mama, Anna will zu Papa …«. Die kleine Anna hat sich noch nicht als einzigartiges ›Ich‹ selbst entdeckt. Erst in Fühlung mit Eltern, Geschwistern, Onkeln, Tanten und Großeltern erarbeitet sie sich ihr ›Ich‹. Erwacht das persönliche Bewusstsein des kleinen Mädchens, dämmert ihm sein persönliches, unaustauschbares, einzigartiges ›Ich‹, und das Kind erlebt eine gewaltige Revolution. So erhellt: Der Mensch braucht das ›Du‹, um ›Ich‹ zu werden.

Gotteserfahrung zeichnet sich für den Menschen dann ab, wenn er die Ich-Du-Beziehung radikal, das heißt bis in seine letzten Wurzeln hinein, ernstnimmt, wenn er Gott wahrnimmt als das absolute Du, als den radikal Anderen, als das unübergehbare Gegenüber. Was einem in diesem Zusammenhang widerfährt, liegt auf der Ebene von Gefühl, Betroffenheit und Verliebtsein und nicht von Gedanken und Verstand. Gedanken erfahren nicht. Gedanken übersteigen Erfahrung. Gedanken läutern und synthetisieren Erfahrung. Das ›Ich‹ fühlt sich geliebt und liebt seinerseits. Es fühlt sich von Faszination und Erhebung erfasst. Wer mehr davon wissen will, braucht sich nur mit Verliebten zu unterhalten.

Gott, in dieser relationalen Weise erfahren, rufen Menschen dann mit persönlichen Namen an und nennen ihn Vater und Mutter, Herrn und Freund, Felsen und Quelle, Kraft und Leben.

Radikal gedacht, lässt sich sagen: Der Mensch braucht ein absolutes ›Du‹, will er sich denn seines tiefen, ganz persönlichen, ja heiligen ›Ichs‹ bewusst werden. Vermittels eines göttlichen ›Du‹ erlangt das menschliche ›Ich‹ unauslotbare Tiefe und heilige Unableitbarkeit.

Die Ich-Du-Beziehung findet ihren höchsten Ausdruck im Wort der Liebe. Das gilt, so lehrt uns die Erfahrung, auch in Bezug auf das göttliche ›Du‹. Das göttliche ›Du‹ teilt sein einladendes, liebevolles Wort mit. Dieses offenbart und erfüllt das menschliche ›Ich‹. Der Mensch entdeckt nämlich, dass er stets von Gott umgeben ist. Es dämmert ihm, dass er Hörer des Wortes ist. Das Wort offenbart, was Gottes Anliegen und primäre Absicht ist: Weggefährten in Liebe und Leben zu haben. Gott will Zusammenleben und Gemeinschaft mit allen, die mit ihm in Beziehung treten und sich ihm mitteilen wollen. Es gehört zum Wesen der Liebe, sich verbreiten, ausstrahlen und alle und alles um sie herum anstecken zu wollen. Die Erfahrung, von Gott in Ich-Du-Beziehung geliebt zu werden, ist die Grundlage für den Weg zur Gotteserfahrung. Sich darauf einlassen, von Gott geliebt zu werden, aus der Logik dieser Liebe zu handeln und liebevoll den Willen Gottes zu tun, darin besteht die Einzigartigkeit dieser Erfahung.

Erst in späteren Schritten formalisiert sich besagter Weg der Gotteserfahrung in Lehren, Begriffen und machtvollen Bildern. Doch allesamt sollen sie die Intensität der Ich-Du-Beziehung festhalten.

Nun hat aber jede Ich-Du-Beziehung ein Spezifikum: das Gefühl der Ausschließlichkeit. Aber darin steckt auch ein Risiko. Denn Menschen, die eine derartige Erfahrung machen, oder Gruppen, die sich als Gegenüber im liebevollen Dialog mit Gott wissen, halten sich leicht für die Erwählten bzw. für etwas Besonderes. Alle anderen kämen erst an zweiter Stelle, heißt es. Getrieben vom Bewusstsein der Erwählung, neigen viele dann dazu, die anderen zu missionieren. Und schon breitet sich Machtwille aus, als hätten sich die anderen der eigenen Überzeugung zu unterwerfen. Konkret sieht das dann so aus, dass die Betreffenden die anderen in den Genuss derselben Art von Ich-Du-Begegnung mit Gott bringen oder dass sie ihnen notfalls denselben Stil von Begegnung aufzwingen wollen. Fundamentalismus und Fanatismus lauern an allen Ecken. Nicht auszuschließen, dass sie sich zu religiösen Kriegen auswachsen. An Beispielen dafür mangelt es in der Geschichte nicht.

Wer sagt, seine Form der Gottesbegegnung sei die einzig wahre und die Art und Weise, wie andere Gott erführen, sei es nicht oder sei allenfalls eine unvollkommene, begibt sich auf den Pfad des Krieges gegen diese Menschen. Im Namen seiner eigenen Wahrheit bestreitet er allen anderen die Wahrheit. Der Same des Zwistes ist gelegt, die Lunte des Religionskrieges schwelt.

Derartige Verhaltensweisen sind krankhafte Manifestationen eines ursprünglich guten, gesunden Kerns: der Ich-Du-Beziehung zu Gott. Mission heißt nämlich nicht zwangsläufig Eroberung und Unterwerfung. Mission kann auch bedeuten, dass man etwas entdeckt von der Beziehung, die andere Menschen und andere Völker mit Gott unterhalten, und von dem Ich-Du-Dialog, den sie mit Gott führen. Wo auf den Ausschließlichkeitsanspruch verzichtet wird, beginnen alle voneinander zu lernen. Alle fühlen sich aufgebaut und bauen andere auf. Alle konvergieren in der Verschiedenartigkeit ihrer Gotteserfahrungen.

Wir hatten gesagt, dies sei der abendländische Weg. Die Begründung dafür ist, dass ja gerade im historisch-kulturellen Raum des Westen die subjektive Fähigkeit des Ich-Du-Wir-Dialogs entwickelt wurde ... allerdings auch bis zum Exzess entwickelt wurde. Gleichfalls im Westen kam es zu den Pathologien im Exklusivanspruch, in der Ablehnung der Verschiedenartigkeit und im Verständnis von Mission – Mission praktiziert als imperiale Eroberung.

2. Der Weg der Gemeinschaft mit dem All, die Gott mit beinhaltet

Wer sich dagegen auf den transpersonalen Weg macht, geht von der Überzeugung aus, dass die Dinge ein zusammenhängendes, organisches, differenziertes Ganzes bilden. Das Problem besteht in der Frage, wie sich das Verschiedene mit dem Ganzen zur Einheit verbindet. Wie kann der einzelne Teil im Ganzen und wie das Ganze im einzelnen Teil stecken? Die Frage ist so etwas wie der rote Faden, der sich auch durch die ganze Überlieferung des Tao zieht. Immerhin heißt Tao ja auch das All-Eine. Die Antwort, die immer wieder auf die Frage gegeben wird, lautet: Es kommt darauf an, die Erfahrung von Nichtdualität zu machen. Nur so findet das Verschiedene seinen Platz im Ganzen. Wer so lebt, erfährt schließlich eine radikale, unauflösbare Einheit. Die Upanischaden verweisen auf das ganze Weltall und sagen: »Du bist alles das«. Damit wollen sie sagen, das ›Du‹ könne sich mit allen Dingen verbinden und wieder eins werden mit ihnen. Im Folgenden möchten wir versuchen herauszufinden, was dieser Gedanke bedeuten mag.

Wer sich heute mit moderner Physik, mit erweiterter Evolutionstheorie, mit offenen Systemen oder mit der Bedeutung des Chaos für das Entstehen neuer Ordnungen befasst, weiß, dass alles von Energien und Kräften durchdrungen ist und dass sich diese sowohl im Weltall als auch in jedem einzelnen Ding, in biologischen Prozessen wie vor allem auch im dynamischen Tiefenkern eines jeden Menschen finden. Die Erfahrung, dass jedes einzelne Dinge im Ganzen aufgehoben ist, können wir erleben, wenn wir unsere inneren Energien in der Form höchster Konzentration und größtmöglicher Bewusstseinserweiterung aktivieren und wenn wir uns in der Folge bemühen, uns des »Ich« so weit wie möglich zu entäußern. Was damit erreicht werden soll, ist, dass alle Dinge in uns widerhallen können. Dank dieses Widerhalls fühlt sich der bzw. die Einzelne dann als Stern oder Stein, als Baum oder Tier oder als der Andere. Alle Distanz ist überwunden. Alles ist wieder eingegangen in das differenzierte dynamische Eine. Die finale Einheit ist das Ergebnis eines Prozesses der Identifizierung mit dem Andersartigen und eines Bemühens, mit dem von einem selbst Verschiedenen in Identität zu kommen. Der Mensch wird identisch, das heißt identifiziert sich mit dem Anderen. Schritt für Schritt geht er einen Weg der Annäherung an das Andersartige und der Durchdringung des von ihm selbst Verschiedenen, bis er sich mit ihm identifiziert.

Dass so etwas möglich ist, bezeugen alle Mystiker des Ostens wie des Westens. Ohne der christlichen Dogmatik Abbruch zu tun, schließt Johannes vom Kreuz (1542–1591) seine Darlegungen zum Thema Spiritualität mit den Worten: »Die geliebte Seele sieht sich in den Geliebten verwandelt.« Ja, der Meister geht noch einen Schritt weiter und sagt: »Wir sind Gott mittels Teilhabe.«

Im Horizont solcher Erfahrung meldet sich das Wort Gott an bzw. melden sich vergleichbare Begriffe an. Gott ist der Ausdruck, der die Erfahrung des lebendigen, geeinten Alls vermittelt. Gott gibt sich weniger in präzisen persönlichen Namen zu erkennen als vielmehr in Bezeichnungen, die das offene Gesamt anzielen. Erfahren wird Gott in dieser Annäherung als letzter Grund und tiefste Wurzel, als Urquelle, als Alpha und Omega und als Licht, das alles durchhellt und durchsichtig und anziehend macht.

Für jemanden, der die Dinge in dieser Weise als Einheit erfährt, kann alles sakramentalen Charakter gewinnen, das heißt kann alles zum Gefäß der Anwesenheit Gottes werden. Seine bzw. ihre Haltung ist von Achtung und Verehrung, kurz von einem Ja zu allen Dingen geprägt. Ist doch alles Träger des Geheimnisses der Welt, und geht doch alles schwanger mit Gott.

Spiritualität, so gesehen, speist sich aus ehrfurchtsvoller Betrachtung der Dinge, aus Achtsamkeit und zärtlichem Umgang mit ihnen, nicht aber aus Inbeschlagnahme und Manipulation. Es geht darum, mit Hilfe der fünf Sinne unseres Körpers zu gewahren, wie Gott in allen Dingen geboren wird, in Klängen und Farben, in Gefühlen und Wahrnehmungen, mit denen wir ja auf alles, was uns umgibt, reagieren. Kanäle, durch die uns diese Art von Spiritualität zuteil wird, sind darüber hinaus aber auch unsere geistig-geistlichen Sinne wie Intuition und inneres Sehen, wie Gespür für Einheit und wie Rast in der Hast.

Alles muss uns Anlass sein, in die Realität einzutauchen, insofern sie das Göttliche durchschimmern lässt. Gott im Gesamt der Dinge wie in jedem einzelnen seiner Teile erfassen bringt uns zur Erleuchtung (*satori*), zur tieferen, inneren Heiterkeit und zur Integration mit dem Weltall (*nirwana*).

Wie der westliche Weg so ist aber auch dieses Modell nicht frei von Risiken. Alles, was gesund ist, kann auch krank werden. Denn ein erleuchteter, vergeistigter Mensch, der sich nicht wirklich rückhaltlos entäußert, läuft Gefahr, esoterischen Positionen und bedenklichen Weltanschauungen zu verfallen, die nichts weiter sind als eine Alchemie von Elementen ohne die Grundlage eines transparenten, spirituellen Weges.

Mystik steht in der Gefahr zu Mystizismus zu entarten. Hinzu-
kommt mitunter, dass Gurus und vermeintliche spirituelle Meister, die mit ihren Aktivitäten nur auf Einfluss und Verbindungen
aus sind, einzig lukrative Geschäfte im Sinn haben. Solches Verhalten ist ein untrüglicher Fingerzeig dafür, dass Mystik zu Mysti-
fizierung verkommen ist – und Gott zum Fetisch in der manipu-
lierenden Hand von Leuten, deren Interessen mit spirituellem
Leben im eigentlichen Sinn des Wortes nichts zu tun haben.
Schließlich verkommt angebliche Mystik, der es an erster Stelle
um Macht und Anerkennung geht, auch leicht zu so etwas wie
Fanatismus und Fundamentalismus.

Aber warum sprechen wir im Falle des transpersonalen Weges
von östlicher Annäherung? Der Grund liegt darin, dass östliche
Menschen in der Regel die große Reise nach innen bereits getan
und sich als einfühlsam genug erwiesen haben für die Erfahrung
des einen, organischen, differenzierten Ganzen. Gerade im Osten
kennen die Menschen höchst ausgeklügelte Wege, auf denen sie die
Nichtdualität zu erfahren und in den grenzenlosen Ozean der
transbewussten, transpersonalen Verwirklichung des menschlichen
Wesens einzutauchen vermögen. Natürlich kann auch der östliche
Weg zum Irrweg werden, zumal wenn er unvermittelt in den Westen
verpflanzt wird. Von sozialer Gerechtigkeit und von der Sache der
Armen abgekoppelt, wird er dann bisweilen als Allheilmittel für
alle nur möglichen Probleme der Menschheit angepriesen.

3. Östlicher und westlicher Weg ergänzen sich

Die beiden Annäherungswege schließen sich nicht aus, sondern
ergänzen sich. Vor allem das Christentum entwickelte den dialogischen Weg, der ganz wesentlich auf dem Wort aufbaut. Das Wort
ist in diesem Verständnis alles. Das Wort, das sich offenbart,
kleidet sich in die Gestalt der jüdisch-christlichen Schriften; wird
es gedacht, nimmt es die Form der Theologie an; wird es gefeiert,
haben wir es mit Liturgie zu tun; wird ihm Gehorsam geleistet, begegnen wir ihm im Gewand der Moral; und verinnerlicht es der
Mensch, wird es zu Spiritualität.

Doch immer wieder und unentwegt ergeht die Einladung, vom
Gedanken zum Leben zu kommen, vom Glauben – verstanden als

persönlichem Ja zu einem bestimmten geoffenbarten Inhalt – zur Erfahrung des Geoffenbarten … und von den vielen Wörtern zu dem einen Wort.

Doch was heute, in einer Zeit von Zerstörung, von sich überstürzenden Veränderungen und von unerhörter Beschleunigung der Geschichte, Not tut, liegt auf der Linie einer Mystik des Ganzen. Da scheint gerade der östliche Weg eine angemessene Antwort zu bieten, von der sich Millionen und Abermillionen Menschen faszinieren lassen.

Der Mensch will etwas von der unantastbaren, heiligen Einheit der nahezu unbegrenzten Vielfalt spüren. Was wir an Vielförmigkeit wahrnehmen, ist nicht einfach so dahingeworfen, eines neben dem anderen, ohne Zuordnung zueinander. Ein geheimer Faden verbindet alles und bewirkt, dass sich alle Dinge, trotz ihrer Widersprüche, in einen gewaltigen umfassenden dynamischen Prozess einordnen. Die Dinge, so vielfältig sie sind, müssen doch kraft eines machtvollen Zentrums zusammen-gebunden und ebenso daran rück-gebunden sein! Und dieses Zentrum nennen wir Gott. Dieses Zentrum schenkt uns innere Einheit und sensibilisiert uns für alle Erscheinungsformen von Leben, Bewegung und Ausstrahlung, die es im Weltall nur gibt. Des Weiteren lässt uns dieses Zentrum an den Brüchen leiden, denen wir in der Form von ungerechter Aggression gegen Erde und Ökosysteme, gegen Wälder und Tiere und insbesondere gegen Arme und Unterdrückte, Männer wie Frauen, begegnen. Wer aus diesem Mittelpunkt heraus lebt, spürt Kräfte in sich am Werk, welche der im Innern erfahrbaren Einheit auch nach außen hin greifbare Gestalt geben.

Der erste, westliche Weg ist vor allem eine Sache für Propheten, für Männer und Frauen des Wortes und des Dialogs. Die andere, östliche Annäherung spricht eher Mystiker an, Frauen und Männer des ehrfürchtigen Schweigens und der Wahrnehmung des Ganzen. Beides ist unerlässlich. Wo Osten und Westen sich umarmen, erwächst eine neue Spiritualität, in welcher die Unterschiede zusammenfließen. Eines der Zeichen unserer Zeit besteht denn auch in der Begegnung zwischen Ost und West, zwischen dem inneren Suchen und der Reise nach außen. Heute ist eine umfassendere Erfahrung des Menschlichen, aber auch des Göttlichen, das allen Dingen anhaftet, möglich geworden.

Spiritualität erfordert ein prophetisches Engagement, das nicht nur aus Empörung geboren wird, sondern auch aus der mystischen Erfahrung der Gemeinschaft mit dem Göttlichen ebenso wie mit allen Dingen. Wenn es darum geht, ein neues Zivilisationsparadigma, das mitleidensfähiger, zärtlicher und geschwisterlicher als das bisherige sein soll, zu eröffnen bzw. zumindest zu bekräftigen, dann ist notwendige Voraussetzung dafür womöglich gerade diese Art von Spiritualität. Denn sie trägt dazu bei, eine für den Planeten Erde mitsamt all seinen Stämmen vielversprechende Zukunft zu eröffnen.

Männlichkeit im Horizont des neuen Zivilisationsparadigmas

In der generellen Krise der Paradigmen kam auch eines der langlebigsten Muster nicht ungeschoren davon. Die Rede ist von der Vorstellung von Männlichkeit. Doch was heißt »männlich«, wenn es um die Geschlechterfrage geht? Und warum steht auch die Männlichkeit auf dem Prüfstand? Die Krise des Männlichen ist aufs Engste verquickt mit dem herrschenden Kulturparadigma, das seit der Jungsteinzeit immer von den Männern bestimmt wurde. Welche Bilder stecken hinter dem gewaltigen Zivilisationsprozess, der, wie es scheint, im Augenblick an einem seiner Höhepunkte angelangt ist?

Zwei Gestalten sind zu erkennen. Da ist zum einen der Adam der Bibel, der das Anliegen hat, die Erde und alles, was sie transportiert, zu beherrschen. Und da ist zum anderen der Prometheus des griechischen Mythos, der, indem er sich des Feuers bemächtigt, sich zum Herrn des Zivilisationsprozesses aufschwingt. Kern des Ganzen sind Macht und Herrschaft in der Verfügbarkeit des Mannes.

Machtwille und Streben, sich andere zu unterwerfen, konstituieren das anthropologische Modell, an das wir uns seit der Jungsteinzeit klammern. Sich der Kräfte der Natur bemächtigen, in den Weltraum expandieren wollen, andere Völker erobern und sich untertan machen … das ist der große Traum, der alle mobilisiert, in deren Händen die Mittel der Macht, des Verfügens und des Wissens liegen.

1. Das patriarchale Paradigma von Macht und Unterwerfung

Als sich Europa im 16. Jahrhundert auf den Kurs der imperialistischen Expansion begab und damit die materielle Grundlage für die Neuzeit legte, breitete es damit auch das Projekt von Macht und Unterwerfung weltweit aus. Zugleich baute sich ab der Zeit auch der merkantilistische und industrielle Apparat allmählich auf. Die philosophischen Fundamente für das Unternehmen hatten die Vordenker des westlichen Kanons bereits gelegt. So lehrte zum Beispiel René Descartes (1596–1650), der Mensch habe Meister und Herr der Natur zu sein. Und für Francis Bacon (1561–1626), Vater der wissenschaftlichen Methode, war das Labor so etwas wie eine Folterkammer des Inquisitors. Man müsse – schrieb er – die Natur zwingen, unter Druck setzen und foltern, bis sie alle ihre Geheimnisse preisgebe. Von Bacon stammt auch der Satz »Wissen ist Macht«. Und Macht galt als Fähigkeit, sich Natur und Menschen zu unterwerfen.

Radikaler Anthropozentrismus schießt ins Kraut. Der Mensch bringt die Natur mit all ihren Fasern unter seine Herrschaft. Doch es geht hier nicht eigentlich um Anthropozentrismus, sondern um patriarchale Herrschaft, weil ja das Projekt der Unterjochung aus dem Kopf des Mannes stammt und von der Hand des Mannes in die Tat umgesetzt wurde. Die Frau wurde vom Mann beiseite geschoben und mit der Natur identifiziert. Die eine wie die andere, Natur wie Frau, meinte er, müsse er sich unterwerfen. So entpuppte sich diese Art von Anthropozentrismus als Androzentrismus.

Die philosophische Interpretation tat sich mit der wissenschaftlichen Annäherung zusammen. Auf der Basis von Mathematik, Physik und heliozentrischer Astronomie lieferten Galileo Galilei (1564–1642), Nikolaus Kopernikus (1473–1543) und Isaac Newton (1643–1727) das neue Weltbild dazu. Die Vermählung zwischen Theorie und Praxis führte zur modernen Kosmologie, die, bis Quantenphysik und neue Biologie ins Gespräch kamen, den Ton angab und die ihrerseits die zeitgenössische Kosmologie gebar.

Was charakterisiert die moderne Kosmologie? Die moderne Kosmologie ist materialistisch und mechanisch, linear und deterministisch, dualistisch und reduktionistisch, baut auf Atome auf und denkt in Schubfächern.

So gesehen besteht das Weltall aus wesentlich statischer und lebloser Materie. Es funktioniert wie eine Maschine, die seit ewig rotiert. Die Gesetze sind deterministisch und machen es möglich, sämtliche Phänomene mathematisch genau zu beschreiben. Die Logik verläuft absolut linear; denn, wo eine Wirkung zu beobachten ist, fehlt nicht die entsprechende Ursache. So komplex auch die Wirklichkeit ist, sie wird zurückgeführt auf ihre einfachsten Elemente. Die Logik ist reduktionistisch, weil sie die Erkenntnisfähigkeit der Menschen allein im Blick auf das wissenschaftliche Moment gelten lässt und weil sie die Fähigkeit der Natur, sich kreativ zu regenerieren, nur dann ernst nimmt, wenn sie technisch manipuliert wird. In diesem Denkansatz sind alle Systeme aus denselben Grundelementen (aus nicht weiter teilbaren, leblosen Atomen) zusammengesetzt, unvermengt, nebeneinander lagernd, ohne jede Beziehung unter- und miteinander, und was sie an Prozessen an den Tag legen, ist nichts weiter als Mechanik. Des Weiteren ist die Logik dualistisch, insofern sie Materie und Geist auseinander dividiert, Mann und Frau, Religion und Leben, Wirtschaft und Politik, Gott und Welt. Vom Geist will man in dieser Denkweise nichts wissen oder schiebt ihn allenfalls in die Sphäre des Privaten ab. Was zählt, ist Materie, die allerdings jeder Ausstrahlung und eigenen Zielstellung entbehrt und allein dem Entwicklungsprojekt des Menschen zu dienen hat, wie dieser es sich denkt.

Wie gesagt, diese reduktionistische, gespaltene Betrachtensweise wirkte sich auf den menschlichen Geist aus wie ein Besteck von Seziermessern. Jedes Gespür für die Wunder der Natur wurde uns amputiert, und jeder Einfühlung für das Staunen, zu dem das Weltall einen ja sonst unwillkürlich stimmt, wurden wir beraubt. Mit einem Mal standen wir absolut illusionslos dar. Kann es etwas Schlimmeres geben als jede Regung zu verlieren für Magie, Glanz und Ausstrahlung des Lebens, der Menschen, der Dinge und des Universums?

Auf gesellschaftlichem Feld gewann der Machtwille Gestalt in einem geradezu besessenen, maßlosen Streben nach Bereichung, nach Eroberung bisher unbekannter Länder und Unterwerfung fremder Völker. Konkret wurde das Ganze in Kolonialismus und Imperialismus und in der Globalisierung einer materiellen Monokultur. Was Charles Robert Darwin (1809–1882) in Sachen Evolution der Arten und natürliche Auswahl lehrte, wurde auf die Ebene der Gesellschaft übertragen: Nur der Stärkere überlebt. Und darunter verstand man, vermeintlich schwächere Klassen und angeblich weniger entwickelte Völker müssten Gruppen und Nationen, die in der Selbsteinschätzung stärker waren, unterstellt werden.

Auf Grund der Tatsache, dass das geltende Entwicklungsparadigma auf Gewalt über Natur, Klassen und schwächere Länder fußt, stellte sich jedoch mittlerweile heraus, dass es das physikalisch-chemische Gleichgewicht der Erde bedroht, indem es die Waldgebiete des Planeten zerstört, Atmosphäre und Flüsse verschmutzt, Böden und tiefere Erdschichten vergiftet und – auf eine Formel gebracht – die Lebensqualität für die Menschen wie für die gesamte Biosphäre ruiniert. Deshalb darf heute nicht mehr allein die Rede sein von Produktivkräften, sondern wir haben uns auch sehr gezielt mit den destruktiven Kräften zu beschäftigen, die sich inzwischen wie eine gegen das Leben auf der Erde gerichtete, regelrechte Todesmaschine aufführen.

Die Lage hat sich heute dermaßen zugespitzt, dass die Möglichkeiten des herrschenden Zivilisationsparadigmas nicht mehr im Stande sind, mit den Problemknoten fertigzuwerden, zu denen sich die negativen Auswirkungen auf das ökologische Gleichgewicht verhaspelt haben. Ganz im Gegenteil: Die Situation wird immer dramatischer und die zerstörerischen Kräfte greifen immer weiter um sich.

2. Das neue Paradigma der Rück-bindung

Doch mit dem Entstehen von Quantenphysik, Relativitätstheorie, neuer Biologie, Ökologie und kritischer Philosophie geriet das hier zur Debatte stehende Zivilisationsmodell bereits seit Beginn des 20. Jahrhunderts mehr und mehr unter den Einfluss von Erosionskräften. Ein neues Paradigma meldete sich an. Die Vertreter dieses nunmehr holistischen, systemischen, inklusiven, panrelationalen und spirituellen Verständnisses betrachten das Universum nicht mehr als eine Sache oder als eine Aneinanderreihung von Sachen und Gegenständen, sondern als ein Netz von Beziehungen zwischen allen Dingen. Alles ist mit allem inter-retroverbunden, in alle Richtungen, und bildet ein gewaltiges kosmisches Interdependenzgewebe. Jedes Wesen hängt vom anderen ab, trägt und stützt das andere, hat Teil an der Entwicklung des anderen, speist sich aus demselben Ursprung wie das andere, hat mit demselben Abenteuer zu tun wie das andere und strebt einem mit dem anderen gemeinsamen Ziel zu.

Das Weltall (angefangen mit den altertümlichsten Energien und elementarsten Teilchen bis hin zum menschlichen Geist) bildet eine Gemeinschaft von Subjekten, weil jede einzelne seiner Komponenten – wie auch das Universum selbst als organisches Ganzes – die Charakteristika eines Subjektes trägt: Geschichtlichkeit, Innerlichkeit und Zielstrebigkeit. Das ganze Universum bewegt sich in einem gewaltigen, unbeschreiblich formenreichen Evolutionsprozess, der sich auf vielfältige Weise manifestiert, sei es als Materie und Energie, sei es als Information und Komplexität, sei es als Bewusstsein und Innerlichkeit.

In der nunmehr geltenden Kosmologie haben wir es nicht mehr mit einem atomistischen Universum zu tun, das aus gesonderten Teilchen bestünde und dessen Komplexität in seine je kleineren und einfacheren Komponenten aufgebrochen werden müsste, sondern mit einem Weltall, das ein relationales Ganzes bildet und in dem alles in Inter-retro-Bezügen mit allem steht und das Ganze größer ist als die Summe seiner Teile. Bei entsprechend gründlicher Betrachtung erweist sich auch die Materie nicht mehr als etwas Statisches und Totes, sondern als ein Tanz von Energien und Beziehungen in alle Richtungen. Die Erde hört auf, ein Konglomerat von toter Materie (Erdteile) und leblosem Wasser (Ozeane) zu sein, und wird zu einem lebendigen Superorganismus, in dem sämtliche Elemente – Felsen und Lebewesen, Atmosphäre und Bewusstsein – zu einem organischen, dynamischen, strahlenden und zielgerichteten Ganzen verbunden sind und das, einschließlich unser selbst, seinerseits Teil eines noch größeren Ganzen ist. Vom Weltall lässt sich fortan also nur noch in Begriffen wie Kosmogenese und Expansion reden.

Das angedeutete Verständnis bietet die Grundlage für neue Hoffnung, für größere Weisheit und für ein alternatives Zivilisationsprojekt. Denn statt des Gefühls von Verloren- und Bedrohtsein, das das Szenarium heute unwillkürlich aufkommen lässt, vermittelt es das Empfinden von Dazugehörigkeit und Verheißung und einer besseren Zukunft.

Drei Säulen sozusagen tragen die neue Kosmologie, die sich da abzeichnet: a.) ökologisch nachhaltiger Umgang mit Erde und Gesellschaften, auf der Basis eines neuen brüderlich-schwesterlichen Bündnisses mit der Natur wie auch zwischen den Menschen selbst; b.) biologische und kulturelle Vielfalt, auf der Grundlage des Erhalts aller Unterschiede und der Achtung davor ebenso wie der Bejahung und der Entwicklung aller Kulturen; und schließlich c.) Partizipation und Gemeinschaft in den gesellschaftlichen Beziehungen und in den Regierungsformen im Geist der Demokratie – Demokratie verstanden als universaler Wert in allen Lebensbereichen (Familie, Schule, Gewerkschaften, Kirchen, Basisbewegungen und Staat) und unter Einbeziehung des ganzen Volkes.

Doch das neue Paradigma konnte sich noch nicht allerorten durchsetzen. Vielfach halten sich die Menschen nach wie vor an das atomistische, mechanische, deterministische und dualistische Muster der Moderne, mag es theoretisch wie praktisch inzwischen auch noch so sehr in Frage gezogen werden. Und zwar halten sich die Menschen deshalb noch immer daran, weil es im Sinne der herrschenden Klassen wie auch jener Institutionen funktioniert, die deren Reproduktion sichern (Schulen, Universitäten, Bankwesen). Alle diese Einrichtungen halten sowohl kleine Leute als auch Menschen eines gewissen Bildungsstandes in Unwissenheit bezüglich des neuen Weltbildes. Wie eh und je vermitteln sie ein globales System, in dem Herrschaft im Weltprospekt und planmäßige Aggression gegen die Biosphäre ganz obenan stehen.

Dessen ungeachtet verleiht die ökologische Krise dem neuen Paradigma Aktualität und Brisanz. Für die herrschende Ordnung kommt es einer subversiven Bedrohung gleich. Wir brauchen eine neue Revolution, eine zivilisatorische Revolution. Ihrer ganzen Substanz nach wird sich die daraus entstehende Zivilisation von allen Mustern unterscheiden, von denen wir seit der Revolution der Jungsteinzeit Kenntnis haben. Denn ihre Grundlage und ihre Inspiration wird sie aus der neuen Kosmologie von Rück-bindung, Synergie und Logik der Komplexität und Panrelationalität beziehen.

Damit das alles Wirklichkeit werden kann, müssen wir uns allerdings umstellen in unserer Art und Weise zu denken, zu empfinden, zu bewerten und zu handeln. Was wir dazu brauchen ist eher Weisheit als Macht, eher Demut als Arroganz, eher Willen zur Synergie als Selbstbehauptung, eher von »uns« als von »ich« reden zu wollen, eher die Fähigkeit zur Integration zwischen dem männlichen und dem weiblichen Prinzip als die Verewigung des Geschlechterkampfes. Erst wenn sich die Menschen diese Einstellungen angelegen sein lassen, werden sie gerettet werden können und auch selbst im Stande sein, ihren strahlend schönen Planeten zu retten.

Die Krise, in der wir stecken, ist in unseren Augen die einer Geburt, eine neue Ebene der Hominisierung erblickt das Licht der Welt. Planetarisierung bricht an. Eine einzige Weltgesellschaft zeichnet sich ab. Die Noosphäre, von der Pierre Teilhard de Chardin (1881–1955) schon in den dreißiger Jahren des soeben zu Ende gegangenen Jahrhunderts träumte, meldet sich an. Endlich und schließlich entdeckt die Menschheit, dass sie eine einzige Art ist, eine einzige Familie mit einem Geist und einem Herzen, und dass sie bei aller Vielfalt der Kulturen, Weltanschauungen und Deutungen des Geheimnisses von Mensch und Universum doch auf dem Weg der Konvergenz ist.

Wir weigern uns, uns vorzustellen, die viereinhalb Milliarden Jahre, die es zur Entstehung der Erde bedurfte, endeten in Vernichtung. Krisen und Schmerzen sind Vorboten einer prächtigen Morgenröte. Niemand wird sie aufhalten können. Die Welt liegt in Geburtswehen mit einer neuen Zivilisationsrevolution, und deren erste Schreie sind nicht zu überhören. Aus einer Epoche der Veränderung führt uns der Weg in eine veränderte Epoche.

3. Wiederentdeckung des weiblichen Prinzips

Macht ist eines der Hauptmerkmale des Männlichen, das allerdings sowohl im Mann als auch in der Frau steckt. Macht in der Form von herrscherlicher Unterdrückung jedoch ist eine Pathologie. Deshalb multipliziert unsere von Herrschaft und Unterwerfung stigmatisierte Kultur in nahezu allen Bereichen das männliche Prinzip, und inflationiert patriarchales Auftreten und Machismo allenthalben. Ergebnisse des Patriarchats sind auch die Form, wie wir Wissenschaft handhaben, sowie das Modell, nach dem wir Entwicklung praktizieren. Beide verkürzen und fragmentieren die Sachverhalte und können weder mit der Frau noch mit der Natur etwas anfangen. Unter diesem Gesichtspunkt führte die auf Herrschaft abzielende Macht zur Entmenschlichung nicht nur des Mannes, sondern auch der Frau. Die Männer verdrängten in sich die Dimension der *anima* und untersagten es den Frauen, die in ihnen wohnende Dimension des *animus* zu realisieren.

Was nicht anders denn als Irrweg gekennzeichnet werden kann, macht also deutlich, dass das Problem des Männlichen heute in Negation und Repression bzw. Nichtintegration des Weiblichen besteht. Will der Mann voll Mensch werden, muss er die weiblichen Anteile in sich reanimieren und die männlichen umerziehen. Erst wenn dies in die Wege geleitet ist, vermögen Mann und Frau zivilisatorische und humanitäre Beziehungen aufzunehmen, welche das gleichermaßen weibliche wie männliche Geheimnis des Menschen Wirklichkeit werden lassen.

Eine der großen zivilisatorischen Aufgaben, wenn nicht die für unsere Tage dringlichste Herausforderung besteht in der Wiedererlangung des weiblichen Prinzips. Allerdings möchte ich darauf hinweisen, dass ich nicht von der Kategorie Weiblich bzw. Männlich spreche, sondern vom weiblichen bzw. männlichen Prinzip. Mit einer sexistischen Geschlechterideologie auf der Grundlage des biologischen Geschlechts will ich entschieden nichts zu tun haben, weil diese mit den sozialen und kulturellen Kategorien des Männlichen und des Weiblichen in dualistischer und sich gegenseitig ausschließender Weise umgeht. Überdies verteilt sie Rollen, Werte und Gegenwerte unerbittlich: Schöpferische Kraft, Aktivität und Gewalt sieht sie auf der Seite des Männlichen, während Passivität, Empfänglichkeit und Gewaltfreiheit vorgeblich auf die Seite des Weiblichen gehören.

Mit dieser das jeweils andere Geschlecht vor die Tür setzenden Betrachtungsweise müssen wir Schluss machen und Sexualität neu, will sagen: ontologisch, verstehen. Geschlechtlichkeit ist nicht etwas, was der Mensch hat, sondern was er ist. Das männliche Prinzip hat es nicht nur mit dem Mann zu tun, sondern auch mit der Frau; und das weibliche Prinzip wird nicht nur in der Frau greifbar, sondern auch im Mann. Weiblichkeit, so verstanden, steht für das Prinzip von Leben und Kreativität, von Empfänglichkeit und zärtlicher Zuwendung, von Innerlichkeit und Spiritualität, sowohl in der Frau als auch im Mann. Weiblichkeit bedeutet mithin ein inklusives, im Keim befindliches Prinzip, das für die Wirklichkeit des Menschen schlechthin konstitutiv ist.

Gelingt es der Menschheit, das weibliche Prinzip – neben dem männlichen – wieder zur Geltung zu bringen, bekommt sie die Chance, zu einer neuen Ganzheit zu finden, indem sie nämlich die alten Verzerrungen im Verhältnis zwischen Mann und Frau hinter sich lässt und das biologische Geschlecht, zu dem jemand nun mal gehört, übersteigt. Dieser Schritt würde nicht nur den Menschen, zumal den Frauen, Befreiung bringen, sondern auch der Natur und darüber hinaus all jenen Kulturen, die nicht nach dem Muster von Macht und Herrschaft strukturiert sind und heute noch mit dem Schwachen und Gebrechlichen, also mit dem Weiblichen im kulturellen Sinn, in einen Topf geworfen werden.

Die Wiederentdeckung des weiblichen Prinzips schafft die Möglichkeit eines Prozesses ganzheitlicher und wirklich einbeziehender Befreiung, weil das Geschehen ja jetzt mit dem unterdrückten Weiblichen einsetzt. Auf Grund der Tatsache, dass der Unterdrückte eine umfassendere Wahrnehmung hat als der Unterdrücker – denn er hat diesen ja auch als Menschen im Blick –, kommt dem Unterdrückten ein historisches und epistemologisches Privileg zu. Dagegen lässt der Unterdrücker den Unterdrückten draußen vor, weil er ihn ja für eine Sache oder allenfalls für ein minderes menschliches Wesen hält, das ihm untergeordnet und von ihm abhängig ist. So hat Befreiung beim Unterdrückten zu beginnen und beim Unterdrücker zu enden. Erst dann können sich beide, als Menschen, auf gemeinsamem Boden treffen und gemeinsam, so gleich und so unterschiedlich sie auch sind, Gesellschaft und Geschichte gestalten.

Sollte das weibliche Prinzip tatsächlich neu zur Geltung kommen, wird sich jede maskulinisierende Kultur gezwungen sehen, ihr Gründungsparadigma zu überprüfen. Denn, wie gesagt, dieses beruht auf Macht und Herrschaft, die ja heute weithin in der Krise stecken. Doch Krisendenken im Rahmen desselben Paradigmas kann die Sache nicht lösen. Gift, das tötet, kann nicht das Medikament sein, das heilt. Wer allein für Alternativen und Heilmittel zuständig sein kann, sind die, denen man bisher jedes Denkvermögen absprach, weil sie angeblich nicht im notwendigen Maße vernunftbegabt und produktiv waren. Nun ließen uns aber gerade die, die sich als die Aufklärer ausgaben, in das gegenwärtige Zwielicht geraten. Ausgerechnet die, die Vernunft, Wissenschaft und Technik bis in die letzten Ecken der Welt tragen wollten, lieferten uns Elend, Zerstörung und Untergang aus.

Heilung und Befreiung sind unter diesen Umständen nur vom weiblichen Prinzip zu erwarten, weil es sich in einem anderen Paradigma bewegt und nach einer anderen Logik vorgeht. Eckpunkte dieses Paradigmas sind Leben und nicht Macht, Achtung vor dem Leben und Verehrung des Lebens und nicht Aggression und Herrschaft. Und die Logik des Lebens besteht weder in Reduktion noch Isolierung, so dass die einzelnen Wesen aus ihrer realen Umgebung herausgerissen und in sich selbst untersucht oder dass Zellen, Gene und Mikroorganismen völlig außerhalb ihres Ökosystems analysiert werden müssten. Die Logik des Lebens ist gepägt von Komplexität, von einem Netz von Interaktionen in alle Richtungen und nach allen Seiten sowie von Synergie und Panrelationalität.

Das Weibliche besteht mithin in der Fähigkeit, mit dem Komplexen umzugehen, Synthesen zu bevorzugen, sich um das Leben zu kümmern, das Geheimnis der Welt zu verehren, die Dinge in Einklang mit der Natur zu entwickeln und diese nicht unter die eigene Kontrolle bringen zu wollen sowie als Gegengewicht zum *esprit de géometrie* den *esprit de finesse* zu pflegen.

Da sich das Weibliche an die Logik des Komplexen hält und von seiner ganzen Natur her immer Menschen und Dinge einbeziehen will, stellt es den einzigen Weg dar, den die Menschheit in Richtung auf einen zukunftsfähigen Planeten und ein friedliches, solidarisches Zusammenleben zwischen Nord und Süd zu gehen vermag.

Die Wiederentdeckung des weiblichen Prinzips bedeutet eine Herausforderung für das machistische Prinzip, dessen Entwicklung und technisch-wissenschaftliche Handhabung zu Unterwerfung, Zerstörung, Vergewaltigung, Enteignung und Verrandung nicht nur der Natur, sondern auch der Frau führten, die heutzutage beide weithin als überflüssig gelten. Dagegen fördert das weibliche Prinzip ein politisches Ökosystem des Lebens, gibt der Natur das ihr zustehende Gewicht zurück und holt die Bedeutung der Erde als Große Mutter und lebendigen Superorganismus, als Gaia und Pachamama wieder in den Blick. So wird das weibliche Prinzip zu einem gewaltfreien Weg der Deutung und Veränderung der Welt. Es verstärkt alle synergetischen Prozesse, welche die Vielfalt achten und innerhalb dieser nach allseits interessierenden Konvergenzen schauen, das heißt nach dem ebenso für die Menschen wie für Gesellschaft und Kosmos wichtigen Gemeinwohl.

Der Mann, der die Dimension der *anima* in sich sowohl zum Schwingen bringt als auch integriert, verkörpert neben Kraft auch Zärtlichkeit, neben Arbeit auch ungeschuldete Verdanktheit, neben Verstand auch Gefühl und neben *Logos* auch *Pathos* und *Eros*. Als solcher legt er dann mehr Menschlichkeit und mehr Bezugsfähigkeit an den Tag, weil er die Fesseln abgeschüttelt hat, die ihn bis dahin entmenschlichten und die manche Männer auch weiterhin mit Frau und Natur auf wenig menschliche Weise umgehen lassen. Ein anderer Mensch geworden, kann er sich jetzt – dialektisch und spannungsgeladen, dynamisch und offen für neue, überraschende Synthesen – Hand in Hand mit der Frau für mehr Menschsein einsetzen.

4. Archetypen bei der Integration von Männlich und Weiblich

Mit Ideen allein ist es nicht getan. Was wir brauchen, sind anregende Realsymbole, die die gesuchte paradigmatische Zuordnung zwischen Weiblichem und Männlichem in ihrer Existenz tatsächlich gelebt haben. Jede Kultur kennt solche Modelle, anhand derer sich jeder und jede wie im Spiegel betrachten kann, die sich wie Samen vervielfältigen lassen und die die Menschen dann veranlassen, ihren je persönlichen Mythos zu realisieren. In unserer westlichen Kultur haben wir namentlich zwei Gestalten, die zu Archetypen mit großer Ausstrahlung wurden, weil sie für Integration und Synthese stehen: Jesus von Nazaret und Franz von Assisi.

Was an Jesus auffällt, ist das faszinierende Zusammenspiel von Zärtlichkeit und Kraft. Wenn der Mann aus Nazaret einerseits mit der Entschiedenheit eines Propheten auftritt und die Manipulation des Religiösen und des Gottesbildes im Interesse der etablierten Macht anprangert, dann zeigt er – Kindern und Kranken, Ausgebooteten und Verrandeten gegenüber – andererseits eine typisch weibliche, ja, mütterliche Zärtlichkeit. Im Gegensatz zu den kulturellen Gepflogenheiten seiner Zeit duldet er Frauen als Jüngerinnen in seiner Runde, unterhält zärtliche Kontakte zu seinen Freundinnen Maria und Marta und legt gegenüber der öffentlichen Sünderin[1] eine geradezu skandalöse Freizügigkeit an den Tag, indem er ihr gestattet, den erotischen Gestus der Salbung seiner Füße mit wohlriechendem Öl an ihm zu vollziehen und ihre Tränen dann mit ihren Haaren von seinen Füßen abzutrocknen. Die Gottesbezeichnung, die er benutzt – *Abba* heißt in der Kindersprache der damaligen aramäischen Kultur so viel wie *lieber Papa*, – zeigt unübersehbare Züge einer Mutter. Denn zum Ausdruck bringen will Jesus mit seinem *Abba* offenbar, dass Gott unermesslich barmherzig und grenzenlos gütig ist, weil er ja »seine Sonne aufgehen lässt über Böse und Gute und es regnen lässt über Gerechte und Ungerechte« (Mt 6,45).

Auch Franz von Assisi (1181/82–1226) – mit Beinamen »der Erste nach dem Einzigen« und »der letzte Christ« – lebte in der Nachfolge Christi eine Integration des Weiblichen und des Männlichen, wie sie selten zu beobachten ist. Wenn er alle Elemente in der Schöpfung Brüder und Schwestern nannte, hatte man nie zuvor im Westen solche Rührung angesichts der Natur gesehen. Zu Klara von Assisi (1194–1253) unterhielt er eine innige Liebesbeziehung, die – wenn auch durch die *Agape* verklärt – dennoch nicht der affektiven Dichte des *Eros* entleert war. Die Aufgabe der Koordinierung seiner Gemeinschaft war ihm eine mütterliche Pflicht. In dieser Einschätzung ging er so weit, dass er seinen Nachfolgern ans Herz legte, in der achtsamen Sorge um die Bedürfnisse der anderen sich wie Mütter zueinander zu verhalten. Auch das, was sich im Prozess der Individuation wohl am schwierigsten integrieren lässt, der Tod, gelang ihm, genial zu integrieren, rief er ihn doch als Bruder an, und selbst noch auf dem Sterbebett unterließ er es nicht zu singen.

Sowohl Jesus von Nazaret als auch Franz von Assisi sind Archetypen unseres kollektiven Unbewussten. Als solche können wir uns auf sie berufen, ja, als solche können sie, in Anbetracht einmal der Paradigmenkrise und zum anderen unseres Bündnisses mit der Erde, auch heute noch in uns Gestalt gewinnen. Und als solche können sie uns sogar zu Alternativen inspirieren, welche der ganzen Menschheit nur gut tun.

---

1 Häufig wird – allerdings zu Unrecht – angenommen, die Sünderin sei »Maria Magdalene« gewesen. Grund dafür ist offenbar allein die Tatsache, dass sich im Lukasevangelium an die Geschichte von der Begegnung Jesu mit der Sünderin (Lk 7,36-50) die Erzählung anschließt, Jesus habe in seiner Begleitung auch Frauen gehabt, unter anderen eben Maria von Magdala (Lk 8,1–3).

Auch in der brasilianischen Kultur lassen sich Männer ausmachen, die die Funktion von Archetypen haben bzw. die als Archetypen der Integration in uns wirksam sind. Einer davon ist ohne Zweifel Chico Mendes[2], Märtyrer der Völker des tropischen Regenwaldes wie der Ökologie. Wie kein Zweiter war er in den Amazonas-Wald integriert, zugleich aber auch engagiert im Aufbau streitbarer Gewerkschaften und im Widerstand gegen die Vernichtung der Lebensvielfalt in diesem Raum. Chico Mendes war furchtlos wie ein Prophet und zärtlich wie eine Mutter. Mochten die Konflikte auch noch so gefährlich werden und die Todesdrohungen sich vielfach wiederholen, immer strahlte er Milde, Heiterkeit und Frieden aus.

Auf religiösem Gebiet sei auf die Gestalt von Dom Hélder Câmara[3] verwiesen, auf den größten Propheten der Dritten Welt. Klein und schwächlich von Gestalt, steckte er mit seiner gewinnenden Zärtlichkeit und seinem ausstrahlenden Wohlwollen alle an, die ihm begegneten. Wenn er dann aber, bei seinen großen Reden, die Hand erhob und den Finger gegen das Meer von Ungerechtigkeiten an den Verdammten der Erde streckte, war er Kraft und Energie in Person.

Im Bereich der Künste sticht der Sänger, Dichter und Schriftsteller Chico Buarque de Holanda[4] hervor. Wie sich durch alle sei-

---

2 Eigentlich: Francisco Alves Mandes Filho (1944-1988). Anführer der Urwaldbevölkerung im nordwestbrasilianischen Bundesstaat Acre. Gummizapfer und Gewerkschaftsführer in Xapuri (Acre). Initiator von Kampagnen des gewaltfreien Widerstandes gegen die großflächige Abholzung des Amazonasurwaldes. Chico Mendes vertrat die nachhaltige, zukunftsfähige Nutzung des Waldes. Am 22. Dezember 1988 wurde der engagierte Christ (beim siebten Attentat auf ihn) vor seinem Haus in Xapuri von Pistolenschützen im Auftrag des Großgrundbesitzers Darli Alves da Silva ermordet.

3 Brasilianischer Erzbischof, eine der Symbolgestalten der Kirche der Armen und des lateinamerikanischen Befreiungschristentums. Geboren am 7.2.1909 in Fortaleza (Ceará), gestorben am 27.8.1999 in Recife (Pernambuco); nach der Priesterweihe 1931 kurzzeitig Anhänger der (faschistischen) ›integralistischen Aktion‹, 1936 Mitarbeiter in der Abteilung Erziehung des Stadtstaates Guanabara (=Rio de Janeiro), 1952 Weihbischof in Rio, 1964 – wenige Tagen nach dem Putsch der brasilianischen Militärs – Erzbischof von Olinda und Recife, 1985 Emeritierung. Engagement in Armenvierteln in Rio, 1952 Gründer der Brasilianischen Bischofskonferenz CNBB und deren erster Generalsekretär bis 1964, 1955 Mitgründer des Lateinamerikanischen Bischofsrates CELAM; Schwerpunkte seiner Pastoral als Bischof: Gerechtigkeit, Gewaltfreiheit, Kirche an der Seite der Armen, Frieden, Mystik des Alltagslebens; von den Militärs verfolgt und von vatikanischen Stellen verkannt, Hoffnungsträger vieler Christen. Sein Nachfolger in Recife (1985), der Kirchenrechtler José Cardoso Sobrinho, nahm inzwischen viele Neuerungen Câmaras zurück.

4 Eigentlich: Francisco Buarque de Holanda. Geboren 1944 in Rio de Janeiro. Namhafter Vertreter der Música Popular Brasileira. Etliche seiner sehr populären Lieder wurden von der Militärregierung verboten. Politisch verfolgt, ging er 1969-1970 für zwei Jahre ins Exil nach Rom. Auch als Dramatiker und Romancier tätig. Seine Bücher sind in verschiedene Sprachen übersetzt worden.

ne Lieder und Texte deutlich das Anliegen der Integration des Männlichen und des Weiblichen hindurchzieht, so strahlt seine ganze Gestalt auch etwas vom Dialog zwischen diesen beiden Dimensionen des Menschseins aus. Seine Verse, Schriften und Melodien lassen den Traum einer gelungenen Synthese zwischen dem Männlichen und dem Weiblichen erahnen. Etwas davon ist daneben auch an seiner zärtlichen und geschwisterlichen, zugleich aber mutigen und starken Gestalt insgesamt abzulesen. Ähnliches ließe sich u. a. auch von Caetano Veloso[5] sagen.

Auf lateinamerikanischer Ebene dürfen unter diesem Gesichtspunkt weltweit bekannte Namen wie Che Guevara und José Marti nicht übersehen werden. Che Guevarra[6] gilt als der absolute Revolutionär, rückhaltlos der Befreiung der Unterdrückten verpflichtet und bedingungslos der Emanzipation der Armen verschrieben. Zugleich aber konnte er das berühmte Motto prägen: *»hay que endurecer, pero sin perder la ternura jamás – Hart muss man werden, darf aber nie die Zärtlichkeit verlieren«*. Was José Marti[7] angeht, ist dieser eines der größten Genies auf lateinamerikanischem Boden; Dichter, Schriftsteller, Pädagoge, Autor der Essaysammlung *»Nuestra América – Unser Amerika«*, Stratege und Kämpfer für die Befreiung Kubas und des Großen Vaterlandes, bis er schließlich 1895 mit der Waffe in der Hand fiel. Zugleich offenbaren aber seine Gedichte, seine Gestalt und sein intellektuelles Werk eine Einfühlung und eine Liebenswürdigkeit, wie sie nur jemandem

5   Brasilianischer Sänger und Komponist. Geboren 1942 im Bundesstaat Bahia. Mit seiner Schwester Maria Bethânia und mit Gilberto Gil, Tom Zé, Gal Costa u.a. einer der wichtigsten Erneuerer der Música Popular Brasileira. Von den Militärs verhaftet, ging er nach London ins Exil, von wo er 1972 nach Brasilien zurückkehrte. Auch als Literat tätig. Verheiratet mit der Schauspielerin Giulietta Masina.

6   Eigentlich: Ernesto Guevara Serna. Geboren 1928 im argentinischen Rosario. Ursprünglich Arzt, ging er 1953 zunächst nach Guatemala, um die dortige Regierung Arbenz Gusmán zu unterstützen, und ein Jahr später nach Mexico, wo er sich den kubanischen Brüdern Fidel und Raul Castro im Kampf gegen den Diktator Batista als Guerillakämpfer anschloss. Nach dem Sieg der Revolution in Kuba am 1.1.1959 zwei Jahre Präsident der kubanischen Nationalbank und sodann bis 1965 Industrieminister. Bei dem Versuch, auch in Bolivien eine revolutionäre Bewegung aufzubauen, wurde er dort 1967 erschossen.

7   Geboren 1853 in Havanna. Da er sich für die Unabhängigkeit Kubas von Spanien einsetzte, zunächst zu Zwangsarbeit verurteilt und dann mehrere Male nach Spanien deportiert, lebte er seit 1881 in New York. Von dort aus Veröffentlichung von Briefen, Gedichten und politischen Abhandlungen in Organen mehrerer lateinamerikanischer Länder. Vorbereitung der Invasion Kubas zusammen mit anderen Unabhängigkeitskämpfern, zugleich aber auch Ablehnung der Annexion der Insel durch USA. Im April 1895 in Kuba eingetroffen, fiel er schon einen Monat später in Boca de Dos Rios. Als Folge des Spanisch-Amerikanischen Krieges unterstellte Spanien 1898 Kuba dem Protektorat der USA. Seit 1902 (bedingte) Unabhängigkeit des Inselstaates von den Vereinigten Staaten.

möglich sind, der im Laufe seines Personalisierungsprozesses das Männliche und Weibliche in höchstem Maße zu integrieren vermochte.

Zusammen mit vielen anderen Namen, auch in anderen Ländern und auf anderen Erdteilen, markieren die genannten Männer modellhafte Bezugsgrößen für alle, die sich bemühen, den Traum einer Synthese zwischen Männlichem und Weiblichem Wirklichkeit werden zu lassen, so oft diese auch angestrebt und so selten sie auch erreicht wird. Ihre Biografien zeigen, dass es durchaus möglich ist, unter den Verhältnissen und in den Grenzen des geschichtlichen Augenblicks das Utopische vorwegzunehmen. Deshalb sind sie zu Archtetypen im Sinne von Veränderung und Synthese geworden.

So ist der männliche Mensch dazu aufgerufen, der *anima* in ihm wieder das Bürgerrecht einzuräumen und Hand in Hand mit dem *animus* in ihm seine Geschichte der Integration, der Panrelationalität und der Synergie in Angriff zu nehmen. So gesehen definiert er sich weniger durch seine geschlechtliche Verfassung (verheiratet, ledig, geschieden, heterosexuell, gleichgeschlechtlich, bisexuell usw.) als vielmehr durch die Charakteristika seiner Personalität: weiblich/männlich, solidarisch, kooperativ, antiautoritär und offen für neue Synthesen. Dann wird er das Gefühl haben, ein spirituelles Wesen zu sein, das im Stande ist, mit der Tiefe in ihm in Dialog zu treten, die Botschaft, die von dort kommt, wahrzunehmen und das Wort der Offenbarung zu erfassen, das in tausend Echos in den Kulturen sowie in den geistig-geistlichen und religiösen Überlieferungen der Menschheit zum Ausdruck kommt.

Hat der Mann die Verschiedenartigkeit zwischen Männlich und Weiblich dann endlich integriert, vermag er einen Lebensstil auszustrahlen, der weniger von zerreißenden Konflikten als vielmehr von Unschuld (= nichtdestruktive Macht) und von Chancen zum Glück geprägt ist – alles natürlich in Syntonie mit der Frau, mit dem Planeten Erde und mit dem ganzen Universum.

Tod und Auferstehung in der neuen Anthropologie

Der Sinn, den wir dem Tode geben, geben wir auch dem Leben; und der Sinn, den wir dem Leben geben, geben wir auch dem To- de. Doch der Sinn, den wir dem Leben beimessen, hängt mit ei- nem größeren Ganzen zusammen, das wir Kultur nennen. Kultur ist der kollektive Raum, in dem Menschen diesen oder jenen Sinn für das Leben entwickeln, und mag er auch noch so transzendent sein. Deshalb kennen Menschen nicht weniger viele Sinnge- bungen für das Leben, wie es unterschiedliche Kulturen gibt.

1. Tod als kulturbedingte Erfahrung

Für die Bororó-Indianer im brasilianischen Bundesstaat Mato Grosso ist das Leben der absolute Souverän. Tote gehen stets mit den Lebenden Hand in Hand. Die Toten sind nie abwesend. Man kann sie bloß nicht sehen. Aus diesem Grund ist Sterben durchaus kein Unheil. Sterben ist lediglich der Übergang auf die andere Sei- te ein und desselben Lebens.

Für uns westliche, moderne Menschen ist das Leben alles. Tod ist Zusammenbruch. Nichts bleibt. Die andere Seite ist allenfalls eine offene Frage. Auch wir selbst haben keine besondere Vorstel- lung vom Tod in der Tasche. Wir halten uns vielmehr an die ver- schiedenen Deutungen, wie sie uns die unterschiedlichen Kultu- ren liefern: Seelenwanderung, Auflösung, Fortleben der Seele, Eingehen in die kosmischen Energien, Auferstehung usw.

Für die Griechen verwirklichte sich der eigentliche Sinn des Le- bens erst jenseits des Todes, in der Welt reiner Geistigkeit. Men- schen sterben, um mehr Leben und ein besseres Leben zu haben. Daher war es für Sokrates auch ein Glück, sterben zu dürfen, und mit den Richtern, die ihn zum Tode verurteilten, konnte er nur Mitleid haben, denn die Armen mussten ja noch weiter leben, im Gefängnis der Materie. Im Tod befreit sich nämlich der Geist vom Körper, um ganz er selbst zu sein, in reiner Geistigkeit.

Christliche Vorkämpfer, die sich für die Befreiung landloser Bauern einsetzen, haben keine Angst, von den Großgrundbesitzern umgebracht zu werden. Sie verstehen das irdische Dasein als Ort, an dem sich die Utopie des Reiches Gottes verwirklicht, welche ihrerseits Leben und Freiheit ist, anfanghaft hier und in Fülle in der Ewigkeit. Tod ist Übergang zur Fülle des Reiches Gottes. Damit aber verliert der Tod seine Dramatik, weil im selben Augenblick die Auferstehung stattfindet. So kann der Mystiker Bischof Pedro Casaldáliga[1] sagen: Für Christen lautet die Alternative Leben oder Auferstehung.

Zeiten ruhiger, intensiver Religiosität lassen in der Regel Metaphysik und Sicherheit gedeihen und hoffnungsträchtige Bilder von Leben und Tod entstehen. Im Laufe der Geschichte waren es gerade die Religionen, die an den großen existentiellen Krisen der Einzelnen wie auch von Völkern und Nationen arbeiteten. Religionen formulieren Antworten auf die großen Fragen des Menschen und greifen dabei im Allgemeinen auf Mythen und ausdrucksstarke Symbole zurück, die vom Leben jenseits dieses Lebens sprechen.

Doch eine schwierige Frage bleibt: Wie sollen wir uns dem Thema Tod in unseren Tagen nähern, wo doch heute alle stabilen Sinngeber dahin, die Religionen in zersetzenden Verdacht geraten, die Mythen entzaubert (und damit schlicht aufgehört haben, Mythen zu sein) und sämtliche Modelle zur Deutung der Welt relativiert sind? Der Tod ist in die Ecke eines Problems individueller Subjektivität abgestellt worden. Jeder muss sich selbst mit ihm arrangieren. Niemand kann seinen Tod jemandem anders zuschieben. Jeder muss entweder seinem Tod selbst einen Sinn beimessen oder aber jedwede Hoffnung auf ein Jenseits begraben. Jeder muss mit sich selbst fertig werden, so sehr sind wir geistig-geistlich zu Waisen geworden.

Mittlerweile tun sich viele schwer, sich die großen Mythen und klassischen Bilder vom Leben im Jenseits als Selbstverständlichkeiten oder als von allen kulturell akzeptierte, nicht hinterfragbare Werte zu eigen zu machen. Ablesen lässt sich die Tatsache an der Atmosphäre spiritueller Leere, bedrückender Ängste, beklem-

---

1 Dom Pedro Casaldáliga, 1928 in Katalonien geboren, seit 1971 Bischof von São Félix do Araguaia im Bundesstaat Mato Grosso. Einer der ganz entschieden befreiungstheologisch orientierten Bischöfe Brasiliens, zugleich aber auch Dichter und Mystiker.

mender Absurditätserfahrungen und anderer psychosozialer Verwirrungen. Wir leben in tragischen Zeiten. Was uns fehlt, ist Wegweisung. Wir haben den Leitstern aus dem Auge verloren.

Wie können wir in einer solchen kulturellen Konstellation als Christen und Christinnen unsere Hoffnung auf ein Leben jenseits des Lebens vermitteln? Und wie können wir glaubwürdig den Satz im Glaubensbekenntnis sprechen: »Ich glaube an die Auferstehung der Toten und an das ewige Leben«?

Auf den Satz im Credo hin können wir unser bestätigendes Amen nur dann sprechen, wenn wir uns ernsthaft mit den Fragen, die geistig rege Menschen heute weithin umtreiben, auseinander setzen und einige großenteils akzeptierte anthropologische Neuentwürfen erörtern.

2. Der Mensch: Ellipse, nicht Kreis

Der Mensch ist ein Ganzes, das – ökologisch betrachtet – innerhalb eines anderen, größeren Ganzen angesiedelt ist, und dieses ist das Universum rings um uns herum. »*Membra sumus corporis magni – Wir sind Glieder eines großen Körpers*«, sagten die Stoiker. Alles spielt sich innerhalb eines gewaltigen Evolutionsprozesses ab. Und innerhalb dieses Prozesses hängt alles vom Gleichgewicht zwischen Leben und Tod ab. Der Tod kommt nicht von außerhalb dieses Geschehens. Er haust in jedem Seienden. In einem evolutionistischen Verständnis des Kosmos ist Leben ohne Tod ganz und gar undenkbar. Das Leben ist sterblich. Es ist so strukturiert, dass es sich Schritt für Schritt verbraucht, bis es am Ende stirbt. Doch das Gleichgewicht wird damit nicht aufgehoben. Neues Leben wächst mannigfaltig nach. »*Mors tua, vita mea – Dein Tod gereicht mir zum Leben*«, lehrten die Philosophen der Antike.

So gesehen ist der Tod nicht, wie Christen meinen, die Folge der Sünde. Tod gab es auch schon vor der Sünde des Menschen. Folge der Sünde ist die konkrete Art und Weise, wie wir den Tod erfahren. Nicht mehr als ein natürliches Ding, sondern als etwas Widernatürliches, als verräterische Ungewissheit, die Angst auslöst, als unwiederbringlichen Verlust des Lebens. Diese existentielle Befindlichkeit drang ins menschliche Bewusstsein ein, weil die Menschheit – nach jüdisch-christlichem Verständnis – das sterbliche Leben nicht anzunehmen wusste als göttliches Geschenk, das sich auch als Geschenk an die anderen in Liebe und Freundschaft zu manifestieren hat. Sünde besteht darin, »für sich alleine« leben zu wollen (vgl. 2 Kor 5,15). Einsamkeit, die Solidarität verdrängt, lässt einen den Tod erfahren als Anschlag auf das Leben und als Zerstörung von Leben. Einsamkeit auf dieser Seite weckt die Idee von Einsamkeit auch auf der anderen Seite. Daher die Angst, ja, das Entsetzen vor dem Tod.

Denkbar ist jedoch auch, dass ein Mensch die Sterblichkeit des Lebens bejaht und sich dem Ruf stellt, der dem Leben innewohnt und der ihn in Richtung Gemeinschaft und Liebe auf den Weg schickt. Ein solcher Mensch fürchtet den Tod nicht. In seinen Augen gehört der Tod zum Leben und ruiniert es nicht. Für ihn ist der Tod eher Bruder als Henker. Wie Franziskus kann man sterben mit dem Lied auf den Lippen: »Komm, mein Bruder, komm, Bruder Tod! Bring mich zur Quelle des Lebens! Geleite mich zum Herzen des Vaters voller Güte! Führe mich in den Schoß der Mutter voll unendlicher Zärtlichkeit!«

Konkret, unabhängig von sämtlichen nachträglichen Interpretationen entdeckt sich der Mensch als Knoten von Beziehungen in alle nur möglichen Richtungen (Antoine de Saint-Exupéry). Das Wesen des Menschen besteht in der Fähigkeit zur Beziehung, zu grenzenloser, unbeschränkter, immerzu offener Beziehung. Unter dem Gesichtspunkt der Subjektivität erweist sich das Relationsvermögen des Menschen als fortwährend wache Lebensenergie. Es gibt viele Namen dafür: Libido, Eros, Prinzip Hoffnung, *Kundalini* (Kraft der kosmischen Schlange auf Sanskrit) und *Karma-Charisma*. Sei's drum! Alle Bezeichnungen belegen nur, dass der Mensch, ob Mann, ob Frau, von einem unstillbaren Trieb bewohnt ist, der ihn zu einem offenen Wesen macht, immer noch nicht zufrieden, immer voller Pläne, immer auf der Suche nach neuen Formen von Gleichgewicht, immer eintauchend in das Universum seiner inneren Existenz, immer wie Abraham im Aufbruch zu unbekannten, neuen Horizonten, immer noch nicht erfahren genug. Wäre dem nicht so, wie ließe sich dann erklären, dass der Urmensch, zumindest seit der Steinzeit, seine Höhlen verließ und sich in die weite Welt wagte? Und weshalb verlassen wir heute die Erde und wagen uns bis zu den Sternen?

Andererseits, greifbar wird dieser Knoten von Beziehungen nur in der Enge von Raum und Zeit. Der Trieb ist grenzenlos, kann sich aber nur begrenzt realisieren. Ein Gleichheitszeichen zwischen Impuls und dem, was er erlangt, ist undenkbar. Aus diesem Grund ist der Mensch auch nie ein Kreis mit der glänzenden Vollkommenheit und mit der immer gleichen Entfernung vom Mittelpunkt. Eher schon lässt sich der – weibliche und männliche – Mensch mit einer Ellipse vergleichen, bei der ja die Summe der Entfernungen von zwei Punkten, den beiden Brennpunkten, immer gleich ist. Denn auch beim Menschen sind zwei existentielle Kurven zu beobachten.

Der erste Brennpunkt der Ellipse bezeichnet die äußere Existenz des Menschen. Gemeint ist die biologische Kurve. Wie jedes andere Wesen der Biosphäre auch wächst der Mensch, entwickelt sich, erreicht die Klimax seines Lebens, steigt das Gebirge seines Dasein wieder hinab und stirbt am Ende. Auf den Weg des Lebens macht er sich mit einer enormen Ladung Energie im Gepäck. Doch diese wird nach und nach verbraucht, bis sie schließlich erschöpft ist. Anders gesagt: Im selben Augenblick, in dem der Mensch geboren wird, beginnt er auch zu sterben. So stirbt er in Raten ganz allmählich, bis das Sterben dann ein Ende hat. Was gelten da schon tausend Tricks, das Leben zu verlängern? Eines Tages hat auch der am ältesten gewordene Mensch der Welt zu sterben, und er stirbt mit Sicherheit. In ihrem Roman *Alle Menschen sind sterblich* (1946) zeigt Simone de Beauvoir (1908–1986), wie absurd es ist, wenn ein sterbliches Leben wie das unsere Unsterblichkeit erlangen soll. Wir würden ewig altern, ohne indes je sterben zu können, wie in der guten alten Zeit, als wir noch starben. Das wäre die Hölle. Denn nichts in dieser Welt vermag die Struktur des Wunsches zu befriedigen, der wie ein unstillbarer Hunger den Menschen bewohnt. Der Tod gehört nun einmal zu meinem menschlichen Leben dazu, so intensiv ich auch immer noch weiter leben möchte und nach einem Leben in Ewigkeit verlange.

Dessen ungeachtet realisiert sich der Mensch auch im anderen Brennpunkt der Ellipse. Hier geht es um die persönliche Kurve, um die innere Existenz. Die Dynamik des inneren Seins läuft umgekehrt zu der des äußeren Seins, von der wir soeben sprachen. Das Anfangsgepäck eines gerade empfangenen Embryo ist winzig, gerade mal wie ein Same. Aber sobald der Embryo zu wachsen beginnt, fängt auch sein Gepäck an sich zu entwickeln. Das persönliche und kollektive Bewusstsein meldet sich allmählich. Das Empfinden fängt zaghaft an, die Vernunft erwacht langsam, der Wille zeichnet sich ab, das Bewusstsein bricht an, und das Herz trifft sich mit dem Schlagen anderer Herzen.

Der Mensch ist innerhalb seiner, aber auch unentwegt außerhalb seiner, bei den anderen, in der Welt, auf den Sternen, im Herzen Gottes. Und dieses Wachsen im Verständnis der Dinge, im Willen, in Gemeinschaft mit ihnen zu kommen, im Streben nach Vollkommenheit, nach dem Schönen und Edlen kennt weder Grenzen noch Ende. Wir können unbegrenzt wachsen. Deshalb dürfen wir auch niemals sagen: »Bis hierher habe ich dich geliebt; weiter werde ich dich nicht lieben. Bis hierher habe ich alles, was ich getan habe, tadellos zu machen mich bemüht; jetzt ist Schluss damit.« Wachsen und Streben lassen sich durch keine Barrieren aufhalten. Im Prinzip können sie sich wie eine asymptotische Kurve steigern. Allein der Himmel ist im Stande, ihnen eine Grenze zu setzen.

Die erste Kurve, die biologische, nimmt ab und stirbt Schritt für Schritt, bis sie am Ende ein für alle Mal stirbt. Die zweite indessen, die personale, wird Stück für Stück geboren und wächst fortwährend, bis sie schließlich definitiv geboren wird.

Der Mensch, so wie er leibt und lebt, ist die Koexistenz dieser beiden Kurven und bildet die gespannte, dialektische Einheit beider, die aber nie in zu einem sachgerechten Gleichgewicht findet. Denn in dem Bemühen, sein Energiepotential zu erhalten und so lange wie nur irgend möglich zu leben, konzentriert er sich einesteils auf sich selbst. Anderenteils wandert er aber auch aus dem eigenen Mittelpunkt aus und geht den anderen entgegen, ja, er kann sogar deren Perspektive übernehmen und damit zu seinen eigenen, persönlichen Interessen in Widerspruch geraten.

In der philosophischen Überlieferung des Abendlandes heißt diese Einheit im Menschen Leib und Seele. Der Mensch ist beseelter Leib bzw. verkörperte Seele. Im ursprünglichen Verständnis (zu dem aber die spätere dekadente Interpretation, in der Leib und Seele substantiviert und als Gegensatz zueinander betrachtet wurden) ist Leib der ganze Mensch im umfassenden Sinn (also Leib + Seele), insofern es um die biologische Kurve geht und insofern der Mensch an Enge und Zwänge seiner irdischen, räumlich-zeitlichen Existenz gebunden ist. Aber auch Seele bezeichnet den ganzen Menschen im umfassenden Sinn (also Seele + Leib), insofern diesmal die personale Kurve im Mittelpunkt steht und insofern der Mensch von einem unersättlichen Tropismus bewohnt ist, der ihn immer wieder bewegt, in allem das Unbegrenzte, Unendliche und Unvergängliche zu suchen.

Der greifbare Mensch ist die spannungsgeladene, schwierige, unauflösbare Einheit dieser beiden Kurven und dieser beiden Brennpunkte in der menschlichen Ellipse. Leib ist also keine Größe, die der Mensch hat, sondern eine Wirklichkeit, die er ist. Deshalb sollte man vom – männlichen wie weiblichen – Menschen insofern Leib sprechen. Jedoch: Auch wenn ich meinen Körper als meinen Körper und mithin als einen Teil meines Ichs empfinde, spüre ich doch auch, dass ich nicht ganz von ihm her definiert bin. Ich fühle, dass ich weder mit ihm ganz identisch noch ganz von ihm verschieden bin. Natürlich bin ich mein Körper; aber ich bin auch mehr als mein Körper. Mittels meines Körpers bin ich in der Welt und bin ich Teil der Welt, aber ich fühle auch, dass ich über die Welt hinaus reiche. Mittels des Wunsches und des Verstandes, des Willens und des Herzens lebe ich auf den Sternen und strecke mich aus nach den Enden des Weltalls, wenn nicht darüber hinaus.

Ähnliches gilt von der Seele. Ich habe keine Seele. Ich bin Seele. Seele ist meine gesamte Existenz, insofern sie die Verwurzelung in Raum und Zeit sprengt und sich für das Ganze und Grenzenlose öffnet. Die Seele überspringt jede vorgegebene De-finition. Aus diesem Grund sollten wir vom – weiblichen wie männlichen – Menschen insofern Seele sprechen.

Erich Fried (1921 – 1988) hat ein treffendes Bild für das, was die Rede vom Menschen insofern Seele meint. In einem seiner *Warngedichte* heißt es:

Ein Hund	und der sagen kann
der stirbt	daß er weiß
und der weiß	daß er stirbt
daß er stirbt	wie ein Hund
wie ein Hund	ist ein Mensch.[2]

2   E. *Fried*, Warngedichte, München 1964, hier Fischer Taschenbuch 2225, Frankfurt am Main 1997, 134.

Das Wissen um sich führt dazu, dass der Hund sein Hundsein transzendiert. Transzendieren aber, das ist es, was das Wesen des Menschen insofern Seele ausmacht. Es geht nicht einfach darum, außerhalb der Welt zu sein. Es geht darum, innerhalb der Welt ... sich über sie hinaus zu strecken. Mensch insofern Seele bedeutet: in allem, was einen umgibt, immer wieder eine Bresche zu öffnen und durch sie hindurch noch etwas anderes erspähen.

So gehört es zum Menschen, in der Welt zu sein, ja Welt zu sein, wie es ebenso zum Menschen gehört, über die Welt hinaus zu langen und die andere Seite der Welt zu ahnen. Was wir hier feststellen, ist ein transkulturelles Phänomen, das jedermann nachvollziehen kann.

3. Non omnis moriar – Der Tod ist niemals ganz

Wenn dieses die Struktur des Menschen ist, was passiert aber dann, wenn der Tod eintritt?

Manche beschreiben den Tod als Trennung von Leib und Seele. Der Körper kommt ins Grab, die Seele in die Ewigkeit. Doch in diesem Fall wäre der Tod ja gar nicht total; beträfe er doch nur eine der Kurven, einen der Brennpunkte in der Ellipse des Menschen, die biologische Seite. Nun gibt es aber, wie wir gerade sahen, keine fleischlose Seele und keinen unbeseelten Körper. Anderenfalls handelte es sich ja gar nicht um einen menschlichen Körper, sondern um eine Leiche. So erhellt: Man kann den Tod nicht als Trennung von Leib und Seele definieren, weil es da nichts zu trennen gibt. Der Einheit des Menschen kann der Tod nichts anhaben, so komplex und so dialektisch wie sie ist.

Auch wenn Leib und Seele unterschieden werden müssen, trennen lassen sie sich nicht. Leib und Seele sind keine parallel zueinander verlaufenden Realitäten, die sich dichotomisch auseinander nehmen ließen. Was sich im Tod voneinander trennt, sind nicht Leib und Seele, sondern Zeit und Ewigkeit. Das heißt: eine begrenzte und an diese Art von zeitlich-räumlichem Leben gebundene Existenzweise und eine andere Art von Leben, die von einem offenen, unbegrenzten Verhältnis zur Materie gekennzeichnet ist und in die hinein der Mensch mit dem Tod gelangt. In dieses neue Verhältnis begibt sich, wer in die Ewigkeit kommt.

Ewigkeit ist keine Verlängerung der Zeit in die Dimension des Unendlichen. Ewigkeit ist keine größere Menge, sondern eine andere Qualität, unter dem Siegel der Fülle. Im Tod geht der Mensch in ein Verhältnis zur Materie ein, das keine Grenzen (die das Stück Materie markiert, das ich meinen Körper nenne) mehr kennt, sondern er begibt sich in ein pankosmisches Verhältnis zur Materie insgesamt.

Im Tod büßt der Mensch insofern Seele seine Körperlichkeit nicht ein. Körperlichkeit gehört ja wesentlich zu ihm. Folglich verlässt er auch nicht die Welt. Sondern er macht sie sich auf eine radikalere Weise als bisher, das heißt auf universale Weise zu eigen. Kontakt pflegt er fortan nicht mehr nur mit einigen Seienden, wie in der Vergangenheit, als er durch die Raum-Zeit-Maschen dieser Welt vagabundierte, sondern mit dem Gesamt von Kosmos, Räumen und Zeiten. Wenn ein Mensch stirbt, dann geht er ins Herz des Weltalls ein, in die Dimension aller Dinge, in der alles mit allem in Beziehung steht und von der aus sich das Universum erweist als das *eine* Weltall, das aber dank seiner Energien, Gesetze und individuellen Existenzen große Pluralität bereit hält.

Sterben ist wie geboren werden. Kommt ein Mensch zur Welt, macht er eine bedrohliche Krise durch. Die Möglichkeiten im Mutterschoß sind erschöpft. Das Kind muss geboren werden; sonst stirbt es. Es lässt alles hinter sich. Doch es kommt in eine größere Dimension als die, in der es im Schoß der Mutter zu leben hatte. Ähnlich verhält es sich mit dem Tod. Im Tod gerät der Mensch in eine letzte Krise. Die Möglichkeiten des biologischen, räumlich-zeitlichen Lebens sind ausgekostet. Er verabschiedet sich von allen Beziehungen, die er bisher mit Welt, Gesellschaft und Familie hatte. Dafür geht er eine neue Form von Beziehung ein. Jetzt umarmt ihn das Gesamt der Dinge.

War es aber nicht diese Totalität, nach der der Mensch insofern Seele in seinen Träumen und Nachtwachen verlangte? Bildete die größte Dynamik seiner inneren Existenz nicht gerade die Sehnsucht nach Fülle und Verewigung aller seiner grundlegenden Erfahrungen? Ohne an Grenzen zu stoßen und ohne frustriert zu werden, kann jetzt der Knoten der Beziehungen in alle Richtungen Wirklichkeit werden. Mit dem Tod sind alle Einschränkungen durch die räumlich-zeitliche Welt gefallen. Befreit, begegnet er nunmehr dem in realer Fülle, nach dem er sich in potentieller Fülle sehnte. Der auf Grenzenlosigkeit hin strukturierte Wunsch findet jetzt seine volle, ihm rundum entsprechende Befriedigung.

Mit Fug und Recht lässt sich deshalb der Tod als der *vere natalis dies* (als der eigentliche Geburtstag) des Menschen bezeichnen. Seit Millionen von Jahren befand er sich im Prozess des Geborenwerdens. In dem Rhythmus, in dem die Materie die Evolutionsskala emporstieg, beugte sie sich auch über sich selbst, das heißt verinnerlichte sich. Je weiter sie sich aber verinnerlichte, desto bewusster wurde sie, und desto mehr öffnete sie sich nach innen und nach außen, öffnete sie sich für neue Welten der inneren und der äußeren Archäologie, für fortwährend offene Horizonte, bis sie sich schließlich im Absoluten polarisierte. Im Tod wird der Mensch am Ende geboren.

Sterben ist, so betrachtet, ein Segen des Lebens. Nicht sterben hieße dazu verdammt werden, Durst zu haben, ohne je sprudelndes Wasser zu sehen zu bekommen, Hunger zu haben, ohne je Brot auf dem Tisch zu haben, Knospe zu sein, ohne je erblühen zu können, oder aufgesprungene Knospe, ohne indes je zur Reife gelangen, Duft ausströmen und das Universum erfreuen zu können.

4. Volle Menschwerdung: Auferstehung im Tod

Um das Auf-den-Plan-Treten des neuen Menschen zu bezeichnen, schuf christliche Theologie die Kategorie des neuen Menschen (*novissimus Adam*, wie Paulus sich in 1 Kor 15,45 ausdrückt): Auferstehung. Auferstehung meint allerdings nicht Wiederbelebung einer Leiche, die damit in das begrenzte Leben zurückfände, das sie zuvor lebte und das dann ja auch immer noch unter dem Zeichen der Sterblichkeit stünde. Auferstehung weist vielmehr auf die volle Verwirklichung der menschlichen Existenz hin. Alles wird unmittelbar, gegenwärtig und integriert: das Ich, Körper und Seele, Kosmos und Gott. Auferstehung signalisiert damit das Ziel des Prozesses der Menschwerdung. Auferstehung ist Revolution innerhalb der Evolution. Erst auf dem Höhepunkt des aufsteigenden, komplexer werdenden und konvergierenden Evolutionsprozesses ist der Mensch voll Mensch. Erst dann gelten die prophetischen Worte aus dem Buch Genesis: »Und Gott sah, dass alles gut war, dass alles sehr gut war«.

So verstandene Auferstehung geschieht im Tode. Mit dem Tode finden die Koordinaten von Raum und Zeit ein Ende. Deshalb macht es keinen Sinn, jemanden zu irgendeiner Form von Warten auf das Ende der Zeiten zu bewegen. Für den Menschen, der gerade stirbt, ist alle Zeit vorbei. Nach Art bleibender Gegenwart beginnt die Ewigkeit. Auferstehung findet im Tode statt, weder vorher, weil er dann ja noch von der Zeit umgeben wäre, noch nachher, weil er dann schon in der Ewigkeit stünde. Im Tode, sei also noch einmal unterstrichen. Das heißt: präzis in dem Augenblick, in dem der Prozess des sterblichen Lebens endet und der des vollen Lebens beginnt. Zum Vergleich denke man an den Moment, in dem der Uhrzeiger von einer Sekunde auf die andere springt. Auch diese Zwischenzeit ist Zeit, auch wenn die Uhr sie gar nicht misst. Allerdings ist die Auferstehung im Tode noch nicht ganz die Fülle. Im Tode steht zwar der personale Kern mit allen seinen Beziehungen wieder auf. Doch solange das Gesamt aller Beziehungen (das ja den Menschen sowohl insofern Körper als auch insofern Seele ausmacht) auch seinerseits nicht zur Fülle findet, sollte man vermeiden zu sagen, der Mensch sei voll und ganz auferstanden. Dasselbe gilt auch von Auferweckung und Auferstehung Jesu. Solange die Brüder und Schwestern Jesu, solange die menschliche und kosmische Geschichte nicht ganz vollendet ist (das alles gehört ja zu seiner Existenz), hat seine Auferstehung immer noch eine offene Zukunft, ist seine Auferweckung noch nicht voll realisiert. Erst wenn die ganze Schöpfung verklärt ist, wird die Auferstehung vollkommen sein.

Unsere Überlegungen, die sich übrigens auf das Beste stützen können, was zeitgenösssiche Theologie zu bieten hat, lassen einen optimistisch dem Tode entgegensehen, weil sie ihm den Charakter des letzten Wortes nehmen. Tod zielt auf Leben auf einer höheren Stufe ab. Unsere Überzeugung erhärtet das christliche Glaubensbekenntnis zur Auferstehung, weil diese weniger auf einer noch so vernünftigen anthropologischen Analyse beruht als vielmehr auf dem Zeugnis eines konkret Auferweckten, auf dem auferstandenen Jesus von Nazaret. Die Autoren des Neuen Testaments verstehen die Auferweckung Jesu nicht nur als Rechtfertigung der Sache des Mannes aus Nazaret und als seine Verherrlichung. In ihren Augen ist sie darüber hinaus eine Verheißung für alle Menschen. Christus wird beschrieben als »der Erste der Entschlafenen« (1 Kor 15,20), der »Erstgeborene von vielen Brüdern und Schwestern« (Röm 8,29), dem wir folgen werden, das heißt, nach dessen Modell auch wir auferweckt werden.

5. Wie stehen die Toten auf?

Wer sich auf unsere Überlegungen einlässt, wird sich einer gewissen Neugier nicht erwehren können: »Wie werden die Toten auferweckt? Was für einen Leib werden sie haben?« (1 Kor 15,35)

Bevor wir irgendeine Antwort wagen, sei daran erinnert, dass unsere Darstellung (das heißt unsere Metaphysik) immer ihre Grenzen hat. Und so forsch wir auch alle durch die Realität der Welt gesteckten Grenzen übersteigen, an die Erfahrung, wie Leben jenseits des Lebens aussieht, kommen wir nicht heran. Auch die Berichte »klinisch Toter«[3], so spektakulär sie auch sein mögen, liegen noch im Bereich des de facto Erfahrbaren und lassen sich in menschlicher Sprache wiedergeben. Völlig zu Recht qualifiziert Paulus deshalb die von uns und anderen gestellte Frage als abwegig (vgl. 1 Kor 15,36), weil sie unsere gesamte Vorstellungskraft sprengt.

Dessen ungeachtet kommen wir nicht daran vorbei, uns, wenn auch stammelnd, einen Begriff von der Sache zu machen. Im 15. Kapitel seines ersten Briefs an die Gemeinde in Korinth (1 Kor 15,35–58) befasst sich Paulus mit der Frage. Im Lichte des Christusereignisses versucht er, ein Bild davon zu entwerfen. Um zu vermitteln, wie man sich den auferstandenen Menschen zu denken habe, schafft er die Formel vom »geistigen Leib« (1 Kor 15,44: *sóma pneumatikón*, das in der Einheitsübersetzung mit »überirdischer Leib« verdeutscht ist). Mit der Begriffsverbindung will der Apostel zum Ausdruck bringen, dass der männliche bzw. weibliche Mensch insofern Leib (der also eingespannt ist in das Gewebe seiner Bezüge zur Welt) die Merkmal des Menschen insofern Seele bekommt (der also fähig ist, sich Unendliches zu wünschen, alle Grenzen zu übersteigen und in Gott einzugehen).

Kraft der Auferweckung bzw. Auferstehung werden unserer greifbaren Wirklichkeit (Körper) die Charakteristika der geistigen

---

3   *E. Kübler-Ross*, Interviews mit Sterbenden, Stuttgart-Berlin; *R. A. Moody*, Leben nach dem Tod, Reinbek bei Hamburg 1977.

Seele zuteil. Kraft des Geistes aber wohnen wir auf den Sternen, überspringen alle Entfernungen, dringen bis ins Herz des Weltalls vor und kommunizieren sogar mit Gott selbst. Kraft der Auferstehung also sieht sich unser Körper (Mann bzw. Frau insofern Leib), der ja bisher immer an diese Art von Welt gebunden war, endlich befreit. Jetzt befindet er sich auf Augenhöhe mit dem Geist (Mann bzw. Frau insofern Seele), erfreut sich uneingeschränkter Allgegenwart im Kosmos und hat Teil an der Seinsweise Gottes, den die Bibel – als Gegenfolie zum »Fleisch«, das heißt zur Seinsweise der Geschöpfe, einschließlich des Menschen – »Geist« nennt. Als Geist wohnt Gott in allem und durchdringt alles. Dank der Auferstehung geht der Mensch von der fleischlichen Existenzweise in die geistige Existenzweise über. So gewinnt er Teil an Gott, ja am Leben Gottes selbst. Fachtheologen nennen diesen Übergang von der einen Seinsweise in die andere Auferstehung oder auch Geburt des »neuen Adam« (vgl. 1 Kor 15,45). Die Auferweckung nimmt unserem Wunsch seine bisherigen Grenzen, lässt ihn voll Wirklichkeit werden und gibt ihm die Qualität der Fülle. Auferstehung ist Vergöttlichung der Menschheit bzw. – umgekehrt – Vermenschlichung der Gottheit.

Aber von der Auferstehung lässt sich noch mehr sagen. Der Körper mitsamt seiner Weltverhaftung ist konstitutiv für unsere wesenhafte Identität. Infolgedessen sind wir von der Welt (von der Summe der Beziehungen) geprägt, wie auch die Welt von uns geprägt ist. Die beiden Kurven kreuzen sich: der äußere Mensch tangiert den inneren Menschen und umgekehrt. Im Rahmen dieses Hin-und-Her-Spiels entwickeln wir Schritt für Schritt unsere Identität. Unser Körper ist nicht bloß eine Anhäufung von belebten Molekülen, Energien oder tantrischen Cakras. Unser Körper ist alles, was wir zusammengetragen und an Beziehungen aufgenommen haben, mit den verschiedensten Realitäten, mit denen wir's zu tun hatten. Er ist in Wirklichkeit unsere ganze – immer in den Werdegang von Gesellschaft und Kosmos eingewobene – Geschichte. Wie man in der Pupille des Auges, in den Linien in der Hand oder in den Furchen des Gesichtes die Geschichte eines Menschen lesen kann, so ist es auch mit dem Leben: die Welt, die wir geprägt haben und die uns geprägt hat, trägt bei zur Konstituierung unseres Körpers. Mittels der Milliarden von Jahren alten Elementarteilchen und Urenergien, die ja in die Struktur unseres Körpers mit eingehen, werden wir selbst zu kosmischen Wesen, die mit dem ganzen Universum in Verbindung stehen. Auseinandersetzungen und Freuden, Tränen und Kampfeswunden (vgl. Joh 20,21: die Wunden am Körper des auferstandenen Herrn) Siegesschreie und Feste mit Freunden, Küsse voller Liebe und freundschaftliche Umarmungen, Spuren, die man an den Dingen hinterlassen hat, eine Landschaft, an der man hängt, Heim und Geburtsort, die Stelle, an der ich mich mit einem geliebten Menschen getroffen habe, das Bild, das wir vor uns sahen, und die Ideale, die uns mobilisiert und andere begeistert haben … das alles und noch viel mehr gehört zu dem, was unseren Körper bedeutet.

Alles dies kommt dank der Auferstehung zu seiner Fülle. Aber nicht nur Mann und Frau insofern Leib, sondern auch Frau und Mann insofern Seele – beide immer schwanger mit Möglichkeiten und Potentialitäten, von denen nur einige wenige im Laufe unserer zeitlichen Existenz verwirklicht werden konnten – sehen sich auf Grund der Auferstehung endgültig zum Überschwang erfüllt.

Sterben und im Tode auferstehen können also nicht einfach bedeuten, dass die Seele zu Gott hinübergeht. Sterben und auferstehen heißen vielmehr, dass das Gesamt des Menschen bei Gott ankommt, und der ist die Quelle allen Glücks und die Potenzierung allen Seins. Mit der Auferstehung im Tode gelangt ein Teil der mittels des Menschen personalisierten Welt am Ziel an, am Gipfel, am Punkt Omega.

So erhellt, dass Auferstehung ein lebenslanger Prozess ist. Allmählich auferstehen wir, im selben Rhythmus, in dem wir auch allmählich sterben. Im Tode explodiert und implodiert die Auferstehung und verleiht dem menschlichen Leben eine Verwirklichung, die es nie erreicht hätte, wäre es weiterhin an die Grenzen des Hier und Heute gebunden geblieben. Was wir hier anzudeuten versuchen, ereignet sich ganz offensichtlich nicht außerhalb der Welt, sondern im Einklang mit der Welt und diese in ein Jenseits führend, in dem der Mensch zur unbeschreiblichen Gemeinschaft mit dem findet, der das Leben und die Quelle allen Lebens ist.

So ist Sterben keine Wanderschaft in Richtung einer Grenze, hinter der alles zu Ende wäre, sondern eine Wallfahrt einem Ziel entgegen, das die erreichte Fülle ist. Das ist der Grund, weshalb wir nicht leben, um zu sterben. Wir sterben, um aufzuerstehen. Um mehr und besser zu leben.

ETHIK DES LEBENS

Die Gewalt der kapitalistischen Gesellschaft und des Weltmarktes

Allenthalben in der Welt nimmt die Gewalt zu, namentlich in den Ländern der so genannten Dritten Welt, einschließlich Brasiliens. Was an Überfällen auf der Straße oder in Wohnblocks, an Entführungen und Geiselnahmen, an Morden an verlassenen Kindern und an Massakern seitens bestimmter Gruppen, ja selbst von Seiten einiger polizeilicher Kreise begangen wird, ist nicht mehr als Kette von Einzelfällen zu erklären. Eine eingehende Untersuchung des Phänomens lässt erkennen, dass die angedeuteten Missstände mit dem gesellschaftlichen Ganzen in Verbindung stehen. Dieses ist geprägt von einer geradezu piratenhaften Form des Kapitalismus, der sich die Arbeitskraft schlicht und einfach zur Beute nimmt. Die Zahl derer, die draußen vor bleiben, nimmt ständig zu, wie die Zahl derer, die sich überhaupt den Luxus noch leisten können, sich vom System des Kapitals ausbeuten zu lassen, unentwegt zurückgeht. Auch wenn dieses mir meine Arbeitskraft gegen einen Spottpreis abkauft und mich elendig entlohnt, habe ich gleichwohl den winzigen Vorteil, dass es mir von Gesetzes wegen immer noch ein Minimum an sozialer Sicherheit bietet. Dagegen leben an die 35 Prozent der brasilianischen Bevölkerung außerhalb jedes sozialen Prozesses. Günstigsten Falls bewegen sie sich auf dem informellen Markt, ohne jedoch in irgendeiner Weise an den sozialen Errungenschaften teilzuhaben, die sie ruhig in die Zukunft schauen lassen könnten. Die Situation kann, will man objektiv sein, nicht anders bezeichnet werden denn als Zustand der Gewalt. Doch das ganze Szenario hat weniger mit direkten Akten von Gewalt zu tun als vielmehr mit bestehenden und fortbestehenden Strukturen von Gewalt. Im Folgenden soll der Versuch gemacht werden, auf sechs Wegen die Gründe zu beleuchten.

1. Geschichtliche Gründe: Ursünde – die koloniale Vergangenheit

Brasilien wurde aus einer Ursünde geboren, aus der Gewalt von Eroberung und Invasion. Wir waren eine Kolonie und sind in gewisser Weise noch immer eine Kolonie. Kolonialismus beinhaltet einen Akt extremer organisierter, systematischer, fortwährender Gewalt. Eine ganze Nation mitsamt Bevölkerung und Kultur, das heißt mit allem, was sie hat, wird der Vernichtung durch eine andere Nation anheimgegeben. Der Kolonisierte muss erleben, wie seine Kultur eingefroren wird. Er wird gezwungen, den Anderen, seine Wertvorstellungen und seine Weltanschauung, seine Gesellschaftsstrukturen, seine Gottesbilder und seine Frömmigkeitsformen innerlich zu assimilieren.

Jede totalitäre Macht schafft eine Gegenmacht, die sowohl symbolisch als auch real sein kann. Kolonialistische Unterwerfung ist noch von keinem Volk friedlich hingenommen worden. Die Geschichte Brasiliens ist voll von Erhebungen, von gescheiterten Erhebungen zwar, die aber in keinem einzigen Fall ganz zu unterdrücken waren.

In seinem Buch *Conciliação e reforma – um desafio histórico-cultural*[1] (1965) erzählt José Honório Rodrigues die Geschichte Brasiliens aus dem Blickwinkel der Opfer. Dahin ist der Mythos, der Brasilianer sei ein friedliches, herzliches Wesen.

Der Verfasser beobachtet in der brasilianischen Geschichte folgendes Paradox: »Die herrschende Mehrheit, ob konservativ, ob liberal, war immer entfremdet, hielt nie etwas von Fortschritt, bekämpfte stets das eigene Volk und lebte permanent in einer anderen Zeit … Die Führungsschichten lebten nie versöhnt mit dem Volk. Nie haben sie in ihm ein Geschöpf Gottes gesehen und nie sind sie ihm mit Anerkennung begegnet. Das Volk sollte sein, was es nicht ist. Weder haben sie seine Tugenden wahrgenommen noch es wegen seines Dienstes am Vaterland bewundert. Mit tausend verächtlichen Namen haben sie es gerufen: Esel und Kamel, seine Rechte haben sie ihm bestritten und sein Leben am Boden zerstört. Sobald sie sahen, dass es sich wieder aufrichtete, haben sie ihm Stück für Stück die Billigung versagt und sich ver-

---

1 Versöhnung und Reform – eine historisch-kulturelle Herausforderung.

schworen, es an den Platz zurückzuweisen, der ihm nach seiner Meinung auch heute noch gebührt.«[2]

Umgekehrt verdanken wir die größten Errungenschaften dem Engagement des Volkes:

»… die sprachliche und politische Einheit, die territoriale Ausdehnung und Zusammengehörigkeit, die kulturelle Homogenität, die rassische und religiöse Toleranz. Beim Volk, und nicht bei den mächtigen Eliten, herrschte der Geist der Versöhnung, der die rassischen und sozialen Antagonismen milderte. Wenn die Masse von Ureinwohnern und Schwarzen, von Mestizen und kleinen Leuten vom Land in ihren menschlichen Beziehungen grundsätzlich auf Versöhnung hin gestimmt war, dann war sie in ihrem politischen Verhalten hingegen unversöhnlich. Alle diese Menschen erwiesen sich als ausgesprochen widerspenstig. Dieser Zug ließ viel Blut fließen, so dass Capistrano Abereu sagen kann, bis gegen Ende der Kolonialzeit sei das Volk wieder und wieder kastriert, wieder und wieder zur Ader gelassen worden«.[3]

Was nun die jüngere Geschichte Brasiliens angeht, setzt sie die Vergangenheit des Landes nahtlos fort. Auch sie wird annähernd ausschließlich von Weißen geschrieben. Schwarze, Ureinwohner, Mulatten, Frauen und Arme insgesamt kommen in ihr nicht zu Wort, und kommen sie doch einmal zu Wort, finden sie kein Gehör.

Eine weitere Erschwernis besteht darin, dass die Gesellschaft mitsamt ihrem Produktionssystem auf der Sklavenhaltung beruhte. Sklaverei ist die schlimmste Art von Gewalt, die eine Gesellschaft überhaupt kennen kann: den Mitmenschen herabzuwürdigen auf die Ebene einer Sache, eines Stücks, eben des Sklaven, über dessen Leben und Tod man herrschaftlich verfügt. Vierhundert Jahre ware praktisch durch Sklavenhaltung geprägt. Gerade mal gut ein Jahrhundert hatten wir seit der Abschaffung der Sklaverei im Jahre 1888, um deren perversen Folgen zu überwinden. Aber Sklavenhaltung ist kein Knoten, der geöffnet werden muss. Sklavenhaltung ist ein bösartiger Tumor, der mit einem Mal herausgeschnitten werden muss.

Untersuchungen zur städtischen Sklavenhaltung haben die Her-

2   *José Honório Rodrigues*, Conciliação e reforma – um desafio histórico-cultural, Rio de Janeiro 1965, 16.
3   *José Honório Rodrigues*, Conciliação e reforma, 30.

kunft einiger heute noch zu beobachtender kultureller, polizeilicher Verhaltensweisen aufgedeckt. Wenn jemand in der Stadt zum Beispiel für eine Arbeit auf der Straße einen Sklaven mietete, dann beauftragte er mit der Bewachung die Polizei. Das ist die Erklärung, weshalb unsere Polizei bis auf den heutigen Tag gegenüber jedem Schwarzen grundsätzlich misstrauisch ist und mit Gewalt gegen ihn vorgeht, sobald sie ihn fasst.[4] Wichtig in diesem Zusammenhang ist vor allem das Buch von Jacob Gorender *A escravidão reabilitada*[5]. Der Verfasser setzt sich darin kritisch mit der modernen sozialhistorischen Buchproduktion zum Thema auseinander, welche die Sklavenhaltergesellschaft in relativ wohlwollenden Tönen schildern möchte. Demnach habe es Rebellion, Aufstand und Anpassungszwang weitaus weniger gegeben, so dass sich das Sklavenhalterregime als vergleichsweise gerecht, ja mild gezeigt habe, wie uns insbesondere Gilberto Freyre mit seiner patriarchalen Grundeinstellung in seiner Studie *Herrenhaus und Sklavenhütte*[6] weismachen will. Dieses mystifizierende und zur Rückfälligkeit gerade reizende Phantasiegebilde zerstört Gorender mit unwiderlegbaren Fakten.

Auf dem Werdegang des brasilianischen Staates zu einer freien städtischen Gesellschaft ist die Gewalt auch deren prägendes Merkmal im Verhältnis zu Arbeiter- und Gewerkschaftsbewegung. Misshandlung und Folter gegen Arbeiter und Gewerkschaftsführer waren an der Tagesordnung. Handelte es sich um brasilianische Staatsbürger, wurden sie an entlegene Orte verbannt, wie etwa auf die Ilha Grande (Große Insel) vor der Küste des Staates Rio de Janeiro oder auf die Insel Fernando Noronha weit im Atlantik vor der Nordostspitze des Landes. Handelte es sich um Ausländer, wurden sie in ihre Herkunftsländer abgeschoben. Die Gesellschaft legt einen absurden Widerspruch an den Tag: Einerseits ist sie außer Stande, jedem Bürger und jeder Bürgerin einen Arbeitsplatz zu verschaffen; andererseits sperrt sie, wegen angeblichen Herumtreibens, alle ein, die auf der Straße angetroffen werden und keine

4 Vgl. *Leila Mezan Algranti*, O feitor ausente (Der abwesende Aufseher), Petrópolis 1988; *Ronaldo Vainfas*, Ideologia e escravidão: os letrados e a sociedade escravista no Brasil colonial (Ideologie und Sklaverei: die Gebildeten und die Sklavenhaltergesellschaft im kolonialen Brasilien), Petrópolis 1986.
5 *Jacob Gorender*, A escravidão reabilitada (Die rehabilitierte Sklaverei), São Paulo 1990.
6 *Gilberto Freyre*, Herrenhaus und Sklavenhütte. Ein Bild der brasilianischen Gesellschaft, München 1982. Unter dem Titel ›Casa-Grande e Senzala‹ erschien das Werk in Brasilien bereits 1933.

gültigen Arbeitspapiere vorweisen können. Vernünftigerweise steht es allein dem Staat zu, rechtmäßig Gewalt zu gebrauchen. Doch im angedeuteten Fall ist der Einsatz von Gewalt ungerecht und pervers und widerspricht dem Rechtscharakter des Staates, soll er denn – im Sinne des Ergebnisses eines Sozialpaktes zwischen Bürgern und Bürgerinnen – ein Rechtsstaat sein.

Lange Zeit wurde die soziale Frage als Fall für die Polizei verhandelt ... und nicht für die Politik. Noch heute verhaftet und misshandelt die Polizei an manchen Orten Leute, die in eine der drei folgenden Kategorien fallen: Arm, Schwarz und Prostituierte. Das Bedrückende daran ist, dass die geschichtlich gewachsene Gewalt – verstanden als Herrschaft über den anderen und die andere, bis hin zu ihrer Versklavung – das kollektive Subjektgefühl unserer Eliten geprägt hat. Diese sind schlicht der Ansicht, das einfache Volk sei nichts wert und Schwarze könne man nur mit Gewalt behandeln, weil dem ja immer so war, und eigentlich bräuchte man ihnen auch nichts zu geben, nicht einmal den Mindestlohn, denn die ganze Geschichte hindurch hätten sie ihren Herren ja immer umsonst zu dienen gehabt. In ihren Augen ist Lohn ein Akt der Hochherzigkeit seitens des Unternehmers und hat mit Gerechtigkeit nichts zu tun. Der Mechanismus der Gewalt besteht primär in den mentalen Strukturen der herrschenden Klasse.

Auf eine Formel gebracht: Gewaltsam war die Eroberung dieses Erdteils, gewaltsam die Begegnung mit den indianischen Ureinwohnern, gewaltsam der Umgang mit den Schwarzen, gewaltsam der Verkehr mit den organisierten Arbeitern, und gewaltsam ist das Verhältnis zu allen Armen, bis auf den heutigen Tag.

2. Kulturelle Gründe für die Gewalt

Die heute in Brasilien und darüber hinaus herrschende Kultur wurde dem Volk von denen, die im Laufe der Geschichte das Sagen hatten, aufgezwungen. Deshalb ist sie eine Kultur der Herrschaft. Kernstück, das sie strukturiert, ist – und Sozialphilosophen wissen das schon lange – eben der Wille zu Macht und Herrschaft. Um sich ihre Überlegenheit zu sichern, schraken die Herren nicht vor brutaler Gewalt zurück; aber sie griffen auch zu sanfter Gewalt, um ihrer Vorherrschaft nicht verlustig zu gehen. Wo diese Art von

Kultur den Ton angibt, ist der Gebrauch von Gewalt gesellschaftlich kein Problem.

Als Antwort darauf gibt es nur drei Möglichkeiten: Erstens: Wer überleben will, muss sich entweder unterwerfen, bis dahin, dass er seine eigene Geschichte verrät. Oder er geht zweitens in den Widerstand, rebelliert und taucht unter und muss als Folge davon mit der Möglichkeit von Verfolgung und Verhaftung, von Folter und Mord rechnen. Dritte mögliche Einstellung gegenüber der Gewalt: Tarnung, Theater oder Schlitzohrigkeit, das heißt: um zu überleben, spielt man mit, nutzt zugleich aber sämtliche sich bietenden Freiräume, Nischen und Widersprüche des Zwangssystems, um auf diese Weise die eigene Identität zu retten und zu bewahren.

So baute sich eine Kultur der Angst auf, die heute weithin die Szene bestimmt. In wohlhabenden Kreisen manifestiert sie sich als Kultur der Sicherheit. Man denke nur an die Zäune und Absprerrungen allenthalben oder an all die Parallelheere, mittels deren sich die Begüterten schützen wollen. Nur, dass gerade sie die eigentlichen Urheber des Grundkonflikts in der Gesellschaft sind. Und auf der anderen Seite bilden dann die Banden und Organisationen mit ihren Überfällen das organisierte Verbrechen. Die eine und die andere Seite bedingen sich dialektisch.

Aber da ist auch die Kultur der Korruption derer in Nadelstreifen. Die Welt des organisierten Verbrechens macht nicht Halt vor der Unternehmerschaft, dringt in die Welt des Marktes ein und findet sich selbst im Apparat des Staates. Politik, so betrieben, kommt nicht umhin, Presse, Justiz, Kontrollbehörden und Polizei zu bestechen.

Eine andere Art von Gewalt geht – umgekehrt dazu – von all den kriminellen Organisationen aus, die sich mit Verbrechen und Spiel, mit Drogen und Waffenhandel, aber auch mit Geschäften mit Importgütern bereichern. Hier wollen Einzelne das schnelle Geld machen und nichts anderes als genießen können. Grundsätzlich gelten zwei Regeln: die brutale Gewalt immer potenterer und ausgeklügelterer Waffen und möglichst viel Geld, mit dem angeblich alles zu haben ist.

Durch Brasiliens Großstädte streift heute eine Vielzahl von Banden. Sie sind zentral gesteuert. Es herrscht absolute Hierarchie, und selbst die jeweiligen Bosse haben noch höheren Kommandostellen zu gehorchen. Diese entscheiden über Leben und Tod der

Mitglieder in den verschiedenen Gruppen. Es gilt die Logik bedingungsloser Unterwerfung: Widersetzt sich jemand, tritt die Mechanik der physischen Liquidierung in Kraft. Es wird gemordet, weil einige meinen, Mut und Bereitschaft zeigen zu müssen. Es wird gemordet aus reiner Lust am Morden. Es wird gemordet, um dem Freund einen Feind vom Halse zu schaffen und um ihm damit einen Gefallen zu tun oder nur um ihm zu imponieren. Es wird gemordet, weil jemand einen »Bock geschossen« hat, weil er abwesend war oder »Mist gebaut« oder weil er die Machtverhältnisse in den Banden durcheinander gebracht hat. Vom Chef zum Untergebenen herrscht rücksichtslose Herrschaft bzw. totale Abhängigkeit. Regelrechte Kriege zwischen den Banden löschen eventuell sogar die eine oder die andere Seite mit Stumpf und Stiel aus. Die Logik, die herrscht, ist die bedingungsloser Liquidierung. In einem Viertel von Rio de Janeiro mit 150 000 Einwohnern wurden im Laufe von dreizehn Jahren 722 junge Leute im Alter zwischen dreizehn und fünfundzwanzig Jahren umgebracht.[7]

3. Politische Wurzeln der Gewalt: eine Gesellschaft, die Leute vor die Tür setzt

Das vorfindliche Gesellschaftsmodell beruht auf der gewaltsamen Ausbeutung des Mehrwerts der Arbeit ebenso wie auf der Ausgrenzung eines gut Teils der Bevölkerung. Eigentlicher Hintergrund des Konflikts ist der Widerspruch zwischen Kapital und Arbeit, der zu einem zügellosen Klassenkampf führt. Doch seit Anbeginn unserer Geschichte haben die Herren im Laufe dieses Kampfes kein einziges Mal ihre Macht eingebüßt. Kein Gebiet, das nicht von Gewalt infiziert wäre:

- In der Wirtschaft wirken sich sowohl das niedrige Lohnniveau als auch die Privatisierung der öffentlichen Haushalte gewalttätig aus.

---

7 Vgl. *Alba Zaluar*, A crimininalização de drogas e o reencantamento do mal, in: Revista do Rio de Janeiro Nr. 1 (1993), 8–15, näherhin 12.

- In der Politik kommt es zu so etwas wie einer Staatsbürgerschaft zweiter Klasse, insofern Parteien, die die Regierung stellen und sich der öffentlichen Güter bedienen, zunehmend alle öffentlichen Posten für sich in Anspruch nehmen. Interessengeleitete Gewerkschaften lassen sich kaufen oder kommen ihren natürlichen Aufgaben nicht mehr nach. Und auf dem Land – als Folge sowohl der noch immer ausstehenden Grund- und Bodenreform wie auch der Schwierigkeiten mit partizipativen Strukturen – ist ein wahrer Krieg in Gang.
- In der Kultur rümpft alle Welt, begegnet sie denn mal der Kultur der kleinen Leute, die Nase darüber und unterwirft sich der Herrschaft der Kultur der Massenmedien, wie sie von den USA her beeinflusst und überall auf dem Globus anzutreffen ist.
- Auf religiösem Gebiet werden die Religionen der aus Afrika importierten Sklaven nach wie vor verächtlich unter den Teppich gekehrt. Manipulieren die Verantwortlichen, die einerseits die Kirchen zu regelrechten Devotionalienläden machen, die religiösen Gefühle der kleinen Leute andererseits doch noch immer und deklarieren ihre Frömmigkeit zu simpler Folklore.
- Im Bereich von Schule und Bildung haben Millionen von Menschen noch immer keine Chance. Die Analphabetenrate ist hoch (37 % sind des Lesens und Schreibens ganz außer Stande, während 60 % funktionale Analphabeten sind) und die Lehrer sind häufig wenig motiviert.
- Auch im Gesundheitswesen werden die kleine Leute noch immer weithin übergangen. Es fehlt an Krankenhäusern und Gesundheitsposten, an Medikamenten und an Zahnärzten. Brasilien, so wie es sich real darstellt, besteht aus Kranken und aus Elendsgestalten, welche die sie seit Jahrhunderten belastende große Bedrängnis gerade mal so überlebt haben.

Was die konservative Modernisierung angeht, so polt diese, unter dem Einfluss der strukturellen Anpassungsmaßnahmen, die Sorge um Entwicklung in das Augenmerk auf Stabilisierung und Inflationsbekämpfung um. Soziale Kosten fallen nur noch kaum ins Gewicht, so dass in Sachen Armut und Elend alles beim Alten bleibt. Da wirtschaftliche Integration in den Weltmarkt als *die* große Forderung ausgegeben wird, gerät die Souveränität von Nation und Volk ins Abseits. Vom Nord-Süd-Dialog ist allenthalben die Rede, Themen aber wie weltweiter Hunger und Außenschuld mitsamt ihren verheerenden sozialen Folgen verschwinden von der Tagesordnung.

Das alles führte dazu, dass Brasilien sein tragisches Erbe weitertrug, Millionen Bürger und Bürgerinnen draußen vor zu lassen, die, wollen sie denn auch nur überleben, sich ständig jenseits der Legalität zu bewegen und mit informellem Handel und kleinen Diebstählen und Gesetzesübertretungen ihre Bedürfnisse zu befriedigen haben. Dafür treffen sie dann schwere legale und soziale Strafen.[8]

4. Psychosoziale Wurzeln der Gewalt: das Bedürfnis nach Ausgleich

In den herrschenden Schichten entwickelte sich im Laufe der Geschichte das Bewusstsein, sie dürften einerseits alles, könnten aber andererseits für nichts belangt werden. Das selbstherrliche Gebaren, das mit der üblichen Straffreiheit und mit der alles deckenden Korruption einhergeht, ist eine der Ursachen für die Gewalt. Ausführlich nachzulesen ist das alles bei der Sozialforscherin Alba Zaluar.[9]

Umgekehrt fanden sich die stets unterdrückten Klassen nach und nach mit der Gewalttätigkeit, Ungerechtigkeit und Ungleichheit ihrer Lage auch innerlich ab. Wo denn in der Welt sei das Recht auf Sicherheit gesellschaftlich verwirklicht? Müssten sie denn stattdessen für ihre Verteidigung nicht selbst sorgen? Als Überlebensstrategie und auch als politisches Mittel, wiederzubekommen, was ihnen verweigert oder geraubt wird, greifen sie also zur Gewalt. Diese aber ist – als Reaktion auf eine dem allen vorausgehende Gewalt – in Wirklichkeit nichts anderes als Gegengewalt. Die Menschen rächen sich mit Überfall und Zerstörung. Doch ist den unterdrückten Schichten das Ganze, im Sinne einer vorausgehenden Reflexion, in der Regel weder bewusst noch rational präsent. Vielmehr reagieren sie kraft der Logik des Unbewussten, die Wiedergutmachung oder auch Rache für ein Übel

8 Vgl. *H. Ribeiro*, A identidade do brasileiro: capado, sangrado e festeiro, Petrópolis 1994.
9 Vgl. *Alba Zaluar*, Estatísticas macabras, in: Jornal do Brasil, 1. 9. 1994, 11.

will, das man ihnen angetan hat. Vor allem Psychoanalytiker weisen auf diese Form von Gewalt hin.[10]

In seinem Erzählungsband *O cobrador*[11] schildert Rubem Fonseca den ganzen Sachverhalt sehr schön. Im Mittelpunkt des Buches steht ein verarmter Mittelständler, der, weil er es mit dem Gesetz nicht immer ganz ernst nimmt, im gängigen Sprachgebrauch »Randexistenz« heißt. Allmählich kommt er zu der Erkenntnis, es sei seine Aufgabe, sich mit Gewalt wiederzuholen, was ihm die herrschende Gesellschaft genommen habe. So sagt er denn:

»Die Welt um mich herum schuldet mir Schule und Freundin, Stereoanlage und Achtung, Wurstsandwich am Kiosk, Eis und Fußball. Geklaut haben mir die Halunken meine Strümpfe, mein Kino und mein Filet Mignon ... Deshalb schulden sie mir eine Süße im Alter von zwanzig Jahren, mit Zähnen im Mund und Parfüm auf der Haut ... Immer schon hatte ich eine Aufgabe, wusste nur nicht welche. Jetzt weiß ich's ... Ich weiß: Wenn alle, die man dermaßen in den Hintern gekniffen hat, es täten, wie ich es tue, sähe die Welt besser und gerechter aus«.[12]

Aus dem Text spricht des Prinzip eines sozialen Denkens auf der Grundlage der Tatsache, dass die Gesellschaft kriminell ist. Fonsecas Hauptfigur macht die Entdeckung, dass die Gesellschaft von Ungleichen die Ursache für seine Armut ist. Also setzt er seine individuelle Kraft ein, um Vergeltung für sein spezielles Interesse zu erlangen. So hat er eine individuelle Betrachtensweise, die mithin alles andere als revolutionär ist. In Wirklichkeit verfestigt sie sogar die konservative Sicht, insofern – auch wenn sie zum einen die ungerechte Sozialstruktur in Frage zieht und damit ein politisches Problem berührt – sie zum anderen nicht wahrnimmt, dass die Gesellschaft kollektiv verändert werden muss, soll denn verhindert werden, dass sich Ungerechtigkeit und Ungleichheit verewigen. Das Individuum kämpft mit Gewalt für das, was ihm zusteht, um Wiedergutmachung zu bekommen, ohne aber am System irgendetwas zu ändern. Politische Probleme müssen politisch und nicht rein individualistisch gelöst werden.

Politisch zu verfahren bestünde darin, Gruppen am Rande des Gemeinwesens dahin gehend zusammenzubringen, dass sie ver-

---

10 Vgl. R. Amoretti (Hrsg.), Psicanálise e violência, Petrópolis 1992.
11 *Rubem Fonseca*, O cobrador, Rio de Janeiro 1979.
12 A. a. O., 168, 174, 176, 181.

suchten, die Gesellschaft neuzugestalten durch Prozesse der Bewusstseinsbildung, durch Schaffung »organischer Organisationen«[13] und durch verändernde Praxisformen, auf der Grundlage eines neuen Gesellschaftsprojektes. Doch solche Vorstellungen zeichnen sich bisher höchstens mal da und dort ab. Als einige Köpfen von »Randexistenzen« in der Rocinha-Favela in Rio de Janeiro, schon vor einiger Zeit, nach einer Auseinandersetzung mit der Polizei festgenommen wurden, ließen sie verlauten, Favelas brauchten so etwas wie einen Lenin und einen Che Guevara. Oder anders gesagt: ... brauchten Revolutionäre, die eine Gesellschaft ohne Favelas zu schaffen im Stande wären.

Nur, gerade vor solchen Gedanken haben Bürgertum und Staat Angst. Denn sie, in der Tat, sind revolutionär und beinhalten eine Bedrohung für das Ganze. Solange Gewalt eine individuelle Angelegenheit bleibt, braucht sich niemand davor zu fürchten. Im Gegenteil, in solch einem Fall kann der Staat ruhig seine Gesetze zur Anwendung bringen und so genannte »Randexistenzen« gehörig bestrafen. Und das Bürgertum gewinnt dann seine vermeintliche Sicherheit, in einer Ordnung, die in Wahrheit nichts anderes ist als eine politisch-juristische Ordnung innerhalb einer großen gesellschaftlichen Unordnung, deren Hauptverursacher es selber ist.

Das Bürgertum hat einen Hang, in Zeitung und Fernsehen die Gewalt zu dramatisieren und herauszustellen, welchen Grad an Perversität und welche Mengen an Opfern sie inzwischen erreicht habe. Ja, es bringt es fertig, die Gewalt in den Städten zu einem Problem überall im Lande und, bis zu einem gewissen Grad, der nationalen Sicherheit aufzuputschen.

Schaut man sich indes die Zahlen genauer an, wird man feststellen, dass wesentlich mehr Menschen zu Tode kommen bei Verkehrs- (in Brasilien etwa 30 000 jährlich) und Arbeitsunfällen ebenso wie auf Grund von Hunger und von Hungerfolgekrankheiten als bei Überfällen. Doch die letztgenannten Zahlen bedrohen nicht die Träger von System und Ordnung, von der sie ja nur profitieren. Doch diese Dinge – so gewalttätig sie mit den Zahlen an Toten, die sie jede Minute produzieren, auch sind –

13 Zur spezifischen Bedeutung des Wortes ›organisch‹ vgl.: *H. Goldstein*, Art. Organisch, in: ders., Kleines Lexikon zur Theologie der Befreiung, Düsseldorf 1991, 168–169.

werden nicht dramatisiert und erscheinen auf Grund dessen als gesellschaftlich hinnehmbar.

Wenn die Gewalttätigkeit in unseren Städten dramatisiert wird, dann soll damit ein bestimmtes politisches Ziel erreicht werden: Verfolgung, Verhaftung und gegebenenfalls Hinrichtung der Kriminellen. Damit aber bringt es die herrschende Klasse fertig, vergessen zu machen, dass sie selbst auf den Schultern einer viel ursprünglicheren Gewalt sitzt, die sie selbst aufgebaut hat. Und dafür dienen ihr die gemeinen Kriminellen als Sündenböcke. Deshalb also stoßen wir allenthalben auf Wachdienste, Kontrollsysteme und Repressionsstrukturen mit ihren entsprechenden Apparaten und Bedingungen, welche die, bezogen auf den Kern des Systems, peripheren Kreise bzw. »Randexistenzen« in Schach halten sollen.[14]

5. Individuelle Wurzeln der Gewalt: Aggressivität

Natürlich fehlt es in Sachen Gewalt auch nicht an subjektiven Gründen, die sowohl an Einzelpersonen als auch an Gruppen haften können. Bekanntlich haben sich inzwischen zu Klassikern avancierte Wissenschaftler über die Herkunft menschlicher Aggressivität mancherlei Gedanken gemacht. Sigmund Freud, Albert Einstein, Konrad Lorenz, Erich Fromm u. a. haben sich ausdrücklich mit der Frage befasst. In jüngerer Zeit meint gerade René Girard die archäologischen Wurzeln der Gewalt in der Gesellschaft freilegen zu können. Auf ihn werden wir noch ausführlich eingehen.

Für Freud spiegelt Aggressivität die ganze Dramatik des menschlichen Lebens. Im Hintergund spielt sich der erbitterte Kampf zwischen dem Lebenstrieb (*eros*) und dem Todestrieb (*thánatos*) ab. Die Spannung entlädt sich entweder im Einzelnen selbst und zielt dann auf dessen Selbstverwirklichung, oder aber sie trifft die anderen, die damit vernichtet werden sollen. Freud meint, kein Mensch sei im Stande, den Todestrieb ganz unter seine Kontrolle zu bringen. Deshalb werde es immer Gewalt in der Gesellschaft

---

14 Vgl. *L. Moscatelli*, Política da repressão: força e poder de uma justiça de classe, Rio de Janeiro 1982.

geben. Möglich sei allerdings, der Gewalt mit Hilfe von Gesetzgebung, Erziehung und Kultur insgesamt die Virulenz zu nehmen und ihre zerstörerischen Auswirkungen unter Kontrolle zu bekommen.[15]

Lorenz hingegen sieht in der Aggressivität einen Instinkt wie andere auch. Ihre Aufgabe ist der Schutz des Lebens. Nur, Aggressivität wurde zum Selbstläufer, insofern sich die Vernunft eine Waffe zurechtgelegt hat, mit welcher der Mensch bzw. die Gruppe ihre oder seine Kraft potenzieren und sich die Anderen unterwerfen kann. Ja, es kam zu einer Logik der Gewalt. So besteht die Lösung darin, Substitutive zu finden: zurück zur dialogfähigen Vernunft oder auch hin zu anderen Ersatzelementen wie Sport, Demokratie und kritische Beherrschung der Begeisterung von sich selbst, die ja womöglich blind macht und als Folge daraus möglicherweise die anderen eliminiert. Allerdings räumt Lorenz ein, der Krieg werde erst dann ein Ende haben, wenn die Menschen auf andere Weise das bekämen, was sie bisher mit brutaler Gewalt erobert hätten.[16]

Derlei nüchterne Überlegungen holen uns auf den Boden der Geschichte zurück. Wir müssen Realisten sein. So wie der Mensch kulturell und sozial strukturiert ist, schleppt er allerhand Faktoren objektiver Gewalt mit sich. Diese lassen sich minimieren und kontrollieren, aber nicht gänzlich eliminieren. Und so stehen wir vor dem entscheidenden Punkt unserer Analyse, den wir zur Kenntnis zu nehmen haben: dass die eigentliche Quelle der Gewalt die Struktur des menschlichen Wunsches nach Rivalität ist und dass damit Konflikt und Gewalt grundgelegt sind. Darum soll es im Folgenden gehen.

6. Die letzte Wurzel der Gewalt: die Hypothese vom mimetischen Wunsch

Die Theorie der Mimetik wurde von dem in den Vereinigten Staaten lebenden französischen Anthropologen und Philosophen René Girard (Jahrgang 1923) entwickelt.[17] Bei der Sondierung

15 Vgl. *S. Freud*, Jenseits des Lustprinzips, in: ders., Studienausgabe, Bd. III, Frankfurt am Main 1975, 213–272, näherhin 253 – 269.
16 Vgl. *K. Lorenz*, Das sogenannte Böse. Zur Naturgeschichte der Aggression, Wien 1963.

großer literarischer Werke und zahlreicher transkultureller Mythen fiel Girard folgender Mechanismus auf: An der Wurzel aller Dinge steckt der Wunsch des Menschen – eine Tatsache, welche große Meister und Denker schon immer gewusst haben (Jesaja, Aristoteles, Freud, Größen des Buddhismus …). Der Wunsch ist die große Triebfeder für Veränderungen ebenso wie für die Suche nach Neuem.

Das Besondere, das – so Girard – der normalerweise privatistisch-subjektivistischen Forschung bisher allerdings entgangen ist, besteht nun darin, dass im Wunsch nicht nur zwei Pole involviert sind: das begehrende Subjekt und das begehrte Objekt, sondern noch ein weiterer, ein dritter Faktor, den Girard als Rivalen diagnostiziert. Der Rivale begehrt denselben Gegenstand wie der andere, und zwar nicht rein zufällig oder bloß gleichzeitig, sondern dank einer bestimmten Grundstruktur, die dem menschlichen Wunsch per se innewohnt. Dieser ist der Tendenz nach grenzenlos. Der Mensch will nicht nur dieses und jenes, sondern das Gesamt der Dinge, einfach alles. Der Wunsch ist ein auf Grenzenlosigkeit hin offenes Projekt.

Deshalb weiß der Mensch gar nicht konkret, was er sich denn wünscht. Das Sein, das Ganze, einen Teil? Schon Aristoteles meint, der Zielgegenstand des Begehrens sei das *ápeiron*, das unbestimmte Ganze. Hier nun setzt Girard ein: Der Wunsch findet seine Bestimmung allein vom Rivalen her. Jeder Mensch wünscht sich, was der Rivale sich wünscht. So bekommt das Vage des Wunsches eine greifbare Gestalt. Damit erweist sich der Wunsch als eine seiner ganzen Substanz nach mimetische Größe (*mimesis* = Nachahmung). Der Mensch begehrt, was der andere begehrt. Der eine macht es dem anderen nach.

Wenn also zwei Menschen nach demselben Inhalt verlangen, führt ihr mimetischer Wunsch zwangsläufig zum Konflikt. Rivalität baut sich zwischen ihnen auf. Jeder will das begehrte Objekt allein für sich und so seinen Wunsch realisiert wissen. Also sieht er sich gezwungen, den anderen vor die Tür zu setzen. Der Konflikt potenziert sich noch, wenn es um Gruppen geht, die kollektiv etwas anstreben. Je mehr Leute und Gruppen denselben Inhalt

---

17 Vgl. *R. Girard*, Das Heilige und die Gewalt, Zürich 1987; *ders.*, Das Ende der Gewalt, Analysen des Menschheitsverhängnisses, Freiburg-Basel-Wien 1983; *ders.*, Der Sündenbock, Zürich 1988.

begehren, desto größer wird die Rivalität, desto schärfer der Konflikt, desto brutaler die Gewalt.

Der mimetische Wunsch funktioniert auf Rückmeldung hin: Ich imitiere meinen Rivalen, mein Rivale imitiert mich. Mein Modell wird zum Modell seines Modells. Alles wird reziprok. Doch warum die Reziprozität?, fragt Girard. Zunächst einmal muss der französische Anthropologe feststellen, die sich steigernde Wechselseitigkeit sei von den Fachleuten, die sich bisher damit befasst haben, noch nicht in der gebührenden Weise untersucht und analysiert worden. Sodann meint er, mit dem Argument der Reziprozität folgende Logik formulieren zu können: Je mehr ein Mensch denselben Gegenstand wünscht wie ein anderer, desto mehr ahmt er ihn nach, ja, desto mehr – und mehr – ist er darauf aus, ihn zu vernichten bzw. den von ihm oder auch von allen anderen begehrten Inhalt zu zerstören.

Zu ihrem Höhepunkt gelangen Mimetik und, mit ihr, Gewalt, wenn sich die Rivalen zusammentun und sich auf einen mimetische Konvergenzpunkt einigen. Alle schließen sich gegen einen zusammen. Auf ihn laden sie ihre ganze Gewalt ab. So haben sie es, obgleich viele, nur noch mit einem einzigen Rivalen zu tun, den sie gemeinsam liquidieren müssen. Dieser wird das Opfer.

Girards mimetische Wunschlogik beinhaltet also konstitutiv immer auch das Opfer. Auf sämtlichen Gebieten, auf denen Menschen ihre konkurrierenden Wünsche zum Ausdruck bringen, fordert die nachahmende Begierde ihre Opfer.

Doch der Opferprozess ist eine ausgesprochen konstruktive Angelegenheit. Die Produktion des Opfers ist die Grundlage für Gesellschaft und Kultur. Die Frage ist nur: Wie kann Girard diese seine überraschende Feststellung begründen?

In dem Augenblick, in dem sich alle – mit Ausnahme eben des einen, der zum Opfer bestimmt ist – zusammenfinden, um die Gewalt über das eine Opfer auszuschütten, werden sie zu einer Gemeinschaft. Ihre ganze Gewalt laden sie auf das Opfer ab. Friede und Harmonie können Raum greifen. Damit erwirkt ihnen das Opfer, so ihre Wahrnehmung, eine Gnade, sein Tod gereicht ihnen zu Vorteil und Nutzen. So erweist sich das Opfer einerseits als Verursacher von Unordnung (alle schließen sich zusammen, um es umzubringen) und andererseits zugleich als Wiederhersteller der Ordnung (denn jetzt, da es tot ist, bedroht es ja niemanden mehr,

107

und alle, nachdem sie ihre Gewalt über es ausgeschüttet haben, leben fortan in Frieden).

Nun behauptet Girard, die Einigung auf das Opfer (auf den Sündenbock) sei der Grundstein für Gemeinschaft und Kultur. Alle täten sich zusammen, um das Opfer zu bestrafen. Und zwar deshalb, weil, ließe man der Gewalt freien Lauf, eine ununterbrochene Kette von Gewalt und Rache entstünde. Der eine hätte den anderen umzubringen, weil dieser andere ja auch schon jemanden anders getötet hätte, und so unendlich weiter, wie griechische Tragödien es ja auch klar illustrierten. Die Schaffung des Opfers sorge dafür, dass alle ihre Gewalttätigkeit darauf ablüden und, befreit von selbstzerfleischender Aggression, zu einer Gemeinschaft fänden.

Die Griechen nannten solch ein menschliches Opfer *phármakos*.[18] *Phármakoi* – so die Mehrzahl – waren Menschen, die von der Gesellschaft auf Kosten der Staatskasse unterhalten wurden, um in Krisensituationen zum Opfer dargebracht zu werden. War der Fall gegeben, wurden sie durch die Straßen der Stadt geführt, bis in die letzten Winkel. Überall sollten sie die vorfindlichen Unreinheiten auf sich laden. Die *phármakoi* waren zugleich verachtens- und achtenswerte Wesen. Verachtenswert, insofern in ihnen die ganze Verderbtheit des Gemeinwesens Gestalt wurde; und achtenswert, insofern sie mit ihrer Opferung der Gemeinde zum Frieden verhalfen. Ihre Opferung zeitigte eine »pharmazeutische«, das heißt heilende Wirkung. Alles, was an Feindseligkeit und Gewalttätigkeit in der Stadt herumgeisterte, wurde durch das Opfer sozusagen entschlackt und zum Frieden gewendet.

Anfangs opferte man Kinder, körperlich Behinderte, Häftlinge, Sklaven, eben Wesen aus dem Kreis der Menschenfamilie. Später ging man dazu über, das menschliche Opfer durch ein Tier zu ersetzen, das eine gewisse Ähnlichkeit mit den Menschen hatte – ein Lamm oder einen Bock, auf das oder auf den man seine ganze Rache werfen könnte. So kam es zum Sündenbock. Ob Lamm oder Bock, das Opfer hat immer die Funktion der Stellvertretung. Es steht für das ganze Gemeinwesen, das – indem es seine Aggression darauf ablädt – zum Frieden und zu gesellschaftlicher Eintracht findet.

18 Von der griechischen Vokabel phármakos kommen das deutsche Pharmazie (Arznei-mittelkunde) wie auch das französische pharmacie, das portugiesische farmácia und das spanische farmacia (Apotheke).

Mit fortschreitender Zivilisation bemühte man sich, das Opfer durch die Institution des Gesetzes zu ersetzen. Gelegentlich mal ein Opfer, damit war's nicht mehr getan. Das Hin und Her des mimetischen Wunsches ist ja ein ständiger Prozess. Das Gesetz, das jetzt in Kraft tritt, setzt Untersagung und Verbot in Gang, welche ihrerseits die Kette von Gewalt und Rache sprengen sollen. Nunmehr sorgt das Gesetz für gesellschaftliche Ordnung. Fortan braucht das Gemeinwesen keine Menschen (Opfer) mehr zu töten, weil es ihnen ja stattdessen Gesetze und Gesetzesstrafen auferlegt. Diese bringen der Gesellschaft genau denselben Frieden, den sie früher hatte, als sie die genannten Menschen noch physisch tötete. Heute tötet sie die Menschen symbolisch, indem sie ihnen Strafen auferlegt, sie in Gefängnissen isoliert und, in Grenzfällen, legal auch zum Tode verurteilt.

An der Wende vom Opfer zum Gesetz entsteht, Girard zufolge, der Ritus. Im Ritus wird das Positive, das das Opfer mit seinem Tod bringt, will sagen: Frieden, harmonische Beziehung und Zusammenhalt des Gemeinwesens, vergegenwärtigt und gefeiert. Schließlich entsteht dann der Mythos, der die ganzen inzwischen ritualisierten Prozesse plastisch und dramatisch erzählt.

Gesetz, Ritus und Mythos liegen nach René Girard jeder Kultur und jeder mit der Kultur gegebenen Institution zugrunde. Sie bilden sozusagen drei Säulen, die das Ganze tragen. Errichtet von denen, die das Opfer hingerichtet haben und es im Status des Opfers erhalten wollen, sollen sie dieses zum Schweigen bringen.

Heute bringen wir keine Opfer mehr dar wie in früheren Zeiten. Doch auch wir haben gegenwärtig unsere Opfer, Resultate von, wer weiß, vielleicht noch perverseren Opfermechanismen als ehedem. Insgesamt scheint die These zu gelten: Wo Institution, da Gewalt; keine Institution ohne Gewalt. Institutionen sind selbstregulierende Systeme mit Opferanspruch. Wer sich nicht fügt, wird bestraft, ausgeschlossen und gegebenenfalls eliminiert. Institutionen erlassen konkrete Gesetze und strukturierte Normen, haben ihre Riten und berufen sich auf Mythen, die das alles begründen sollen.

Heute treten Markt und Wirtschaft mit einem besonderen Opferanspruch auf. Bereits der Vater der politischen Ökonomie, Adam Smith (1723–1790), meinte, jede zivilisierte Gesellschaft lasse sterben, wer nicht selbst für seinen Lebensunterhalt zu sorgen im Stande sei. Wer innerhalb des Systems zu Hause ist, das heißt innerhalb eines Geflechts aus Gesetzen, Normen und Institutionen, darf und kann leben; wer draußen ist, ist überflüssig und kann ruhig eingehen.

Harmonie beruht auf einem schrecklichen Hintergrund: Wer von Harmonie nichts wissen will, mag verrecken. Etablierte Ordnung produziert Unordnung. Ordnung hat als Ordnung nur dann Bestand, wenn sie alle, die sich auf sie nicht einlassen und nicht mit ihr konform gehen, vor die Tür setzt. Nicht anders der selbstregulierende Markt: Wer auf dem Markt stark ist, kann leben und kommt voran; wer schwach ist, ist weg vom Fenster, wird eliminiert und vom Markt ausgeschlossen. Wer also die selbstregulierende Kraft des Marktes feiert, feiert zugleich seinen Opferanspruch. Will sich eine Firma retten, kommt sie nicht umhin, Arbeitslosigkeit zu produzieren. Wollte ein Unternehmen seine Mitarbeiter schonen und sie vor Entlassung bewahren, gäbe es den Opferanspruch auf. Doch der Preis wäre hoch: Ineffizienz, wirtschaftlicher Abstieg, Nachsehen in der Konkurrenz, Selbstaufgabe und schließlich unternehmerisches Aus.

Im Rahmen dieser Logik ist auch das Problem der internationalen Verschuldung zu betrachten. Banken, die von ihren Partnerländern die Begleichung ihrer Schulden fordern, tragen unbewusst zum Völkermord bei. Denn eine Regierung, die ihre Außenschulden zu zahlen gezwungen wird, muss unweigerlich ihre sozialen Investitionen zurückfahren. Konkret geht es dann um Schulspeisung und öffentliches Gesundheitswesen, um allgemeine Grundversorgung, Sicherheit und vieles mehr ... mit der Folge, dass zahlreiche Menschen – vor allem Alte und Kinder – erkranken und sterben.

Aber was für Argumente machen die Vertreter des herrschenden Finanzsystems geltend? Verantwortungslos wäre es, die ausstehenden Schulden bei den entsprechenden Ländern nicht einzuklagen. Denn da sind ja schließlich Verträge im Spiel und überdies gibt es eine internationale Gesetzgebung. Im Geschäftsleben schenkt niemand irgendjemandem etwas. Also: mit den Forderungen nicht zurückhalten! Mit anderen Worten: Es wäre Verantwortungslosigkeit, den impliziten Völkermord nicht in Kauf zu nehmen. Sei's drum! Nur, genauso argumentierten auch die Nazis: Juden zu schonen, am Leben zu lassen und nicht zu töten wäre verantwortungslos. Schließlich haben wir ja die Nürnberger Rassegesetze! Also, beseitigen wir sie! Alles legal. Aber auch gerecht?

Wer könnte noch daran zweifeln, dass dem gegenwärtigen Wirtschaftssystems, so wie es sich in seiner neoliberalen, globalisierten Gestalt heute darstellt, ein Opfermechanismus eingebaut ist?[19] Der neoliberale Kapitalismus fordert mehr Menschenleben, als die Azteken auf ihren Pyramiden der Sonne oder die Kanaanäer im Feuer ihrem Moloch-Gott als Opfer darbrachten. Natürlich werden die Vertreter der Marktlogik das alles von sich weisen. Nur, das Maß an Elend, Hunger und Ausgrenzung in den verarmten Ländern ist der Beweis für unsere These. Die Indizes bestimmter Institutionen des Marktes – genannt seien Weltbank und Internationaler Währungsfonds – sind unwiderlegbar.

An dieser Stelle scheint ein Wort dazu geboten, wie weit neben der selbstregulierenden, freien Marktwirtschaft auch eine Planung der Wirtschaft vonnöten ist. Der Markt regelt sich selbsttätig auf der Grundlage steigernder Opferraten. Trägt der Staat Verantwortung für das Gemeinwohl, hat er in einer realistischen Betrachtensweise auch die Aufgabe, die Dinge zu planen, soll denn die angedeutete Gefräßigkeit auf ein erträgliches Maß zurückgeschraubt werden. An drei Gebiete ist da vor allem zu denken: Vollbeschäftigung (zumindest der Tendenz nach), Einkommensverteilung und Erhalt der Natur.

Sozialistische Ethik besteht im Kern darin, das Erreichen der sozialen Grundziele nicht den vermeintlich selbstregulierenden Mechanismen des Marktes zu überlassen. Der Sozialismus will garantiert sehen, dass das Prinzip der Allgemeinverpflichtung, das an den natürlichen Ressourcen haftet, auf eine vernünftige Weise verwirklicht wird. Dies gilt auch für die Erträge aus der Arbeit der Menschen. Immer geht es um das soziale und ökologische Gemeinwohl.

René Girards Theorie vom mimetischen Wunsch hilft uns, die Mechanismen zur Reproduktion der Gewalt besser zu verstehen. Die Gewalt von »Randexistenzen« und Unterdrückten ist nachahmender Reflex einer ersten, maßgeblichen Gewalt vonseiten der herrschenden Klassen, die die Mehrheit der Menschen daran hindern, ihren Wunsch Wirklichkeit werden zu sehen. Die Unterdrückten sind gewalttätig, weil sie, ohne es zu wissen, in eine ge-

---

19 Vgl. *F. J. Hinkelammert*, La lógica de la expulsión del mercado capitalista y el proyecto de liberación, Costa Rica 1992.

walttätige Gesellschaft geworfen sind. So werden sie zu Opfern, weil die herrschende Schicht ihre ganze Gewalt über sie ausschüttet und mit Rachen von Wölfen von Frieden redet.

Die herrschende Klasse (und sie ist herrschend, weil sie fortwährend Gewalt einsetzt) erfindet ununterbrochen Sündenböcke. Ja, sie muss sie erfinden, will sie denn ihre eigene Aggressivität kaschieren. Sündenböcke sind mal die Armen und mal die Schwarzen, mal die landlosen Bauern und mal die Marxisten, mal die Subversiven und mal die Fortschrittlichen in der Kirche, mal die Linken und mal die, die weder von neoliberaler Modernisierung noch von Privatisierung was wissen wollen. Mit dem Ziel, die Opfer zu liquidieren, sehen sich die herrschenden Schichten berechtigt, ihre ganze Gewalt auf die Armen abzuladen, rigoros die Gesetze gegen sie anzuwenden und sie mit tausend Strafen zu belegen, bis dahin, dass sie sie aus dem Produktions- und Konsumptionsprozess systematisch hinauswerfen, wie das alles ja gegenwärtig weltweit zu beobachten ist. Mehr noch: Sie interpretieren die Krisensituation, in der sich Brasilien permanent befindet, nach dem ideologischen Muster: das Ganze sei Folge der Sklaverei, der Rassenvermischung oder des lateinisch-katholisch-mittelalterlichen Hintergrundes. Doch mit all den Alibis soll nur die Tatsache vertuscht werden, dass sie – die herrschenden Kreise – es waren, die die Erblast der Ausgrenzung, die als Stigma die ganze Geschichte hindurch an unserer gesellschaftlichen Realität klebt, zwar nicht ausschließlich, wohl aber in der Hauptsache verursacht haben.

Bei Licht besehen wird jedoch niemand an der Festellung vorbeikommen, dass die einzigen, die wirklich von morgens bis abends geschuftet und nahezu alles, was Brasilien aufzuweisen hat, aufgebaut haben, die Schwarzen waren, die eines Tages als Sklaven in dieses Land verschleppt wurden. Heute werden sie als Faulenzer und Herumlungerer diffamiert, die von Arbeit partout nichts halten und nur Karneval und Samba im Kopf haben. Man kann sich kaum eine größere Ungerechtigkeit und eine bösere Geschichtsklitterung vorstellen. Doch hinter dem Ganzen steckt der Mimesistrieb der herrschenden Klassen, die Sündenböcke brauchen, um ihre eigene Aggressivität maskieren und das Fehlen von Solidarität und von Gespür für geschichtliche Gerechtigkeit kaschieren zu können. Hätten sie das eine oder das andere, würden ihnen die Augen aufgehen angesichts der Perversitäten, die in

Brasilien seit jeher gegen die Schwarzen und die Armen begangen werden.

Umgekehrt wollen auch die kollektiven Opfer von dem oben angedeuteten Urteil nichts wissen und versuchen, sich innerhalb des einen ehernen Zirkels von Gewalt bzw. in ihrem Fall von mimetischer Gegengewalt zu verteidigen. Doch aus dem Teufelskreis kommt niemand heraus, Unbescholtenheit ist da ein Ding der Unmöglichkeit. Voraussetzung für ein gewaltfreies Zusammenleben wäre eine Revolution in den sozialen Beziehungen, die dann nicht mehr auf dem mimetischen Trieb basierten, sondern auf dem Wunsch nach Solidarität und Gemeinschaftssinn.

Dass der Dritte auf der Bühne, dass der Rivale, der sich ja auch was wünscht, sich das für sich allein und eben nicht für den anderen wünscht, muss nicht zwangsläufig so sein. Denn es gibt eine Alternative. Kann er sich doch auch auf eine Partnerschaft mit den anderen Wunschträgern einlassen? Was hindert ihn, um das begehrte Objekt herum so etwas wie Solidarität und Gemeinschaft zu entwickeln? So bahnte sich dann ein anderes Modell von Urgesellschaft an: gewaltfrei und solidarisch, egoismusfrei und gemeinschaftsbezogen, nicht mehr zerrissen, sondern integriert.

Für René Girard deutet sich im Christentum die Überwindung der Opferpraxis an. Jesus eröffnet eine andere Qualität von Mimesiswunsch: das Begehren, sich zu schenken und selbst hinzugeben. Lukas 22,15: »Ich habe mich sehr danach gesehnt, vor meinem Leiden dieses Paschamahl mit euch zu essen.« Gegen das Opfer, das den anderen beseitigt, stellt Jesus das freie, liebende, rückhaltlose Verschenken seiner selbst, bis dahin, dass man sich für den anderen selbst opfert. Solch eine Einstellung, die den Gewaltkreis sprengt, legt den Grundstein zu einer neuen Gemeinschaft und zu einem neuen Zusammenleben unter den Menschen, so dass fortan Zusammenarbeit und Liebe Gesetz und Norm sind. Wettbewerb gilt nur noch in dem Sinn, das Beste und Großzügigste für alle zu suchen.

7. Überwindung der Gewalt in Geschichte und Gesellschaft?

Wenn Gewalt einen geschichtlichen, einen kulturellen, einen sozialen und einen von ihrer eigentlichen Wurzel her bedingten Ursprung hat, dann braucht es ein anderes Modell von Geschichte, von Kultur, von Gesellschaft und von Verwurzelung, damit sie in ihrer Destruktivität minimiert und kontrolliert werden kann.

Zunächst einmal müssen wir aber einräumen, was inzwischen viele Sachverständige, allen voran René Girard, gezeigt haben: dass Gewalt einen Aspekt von Geheimnis hat, an den wissenschaftliche Recherche nicht herankommt. Die Frage bleibt: Warum so viel Gewalt in der Geschichte von Natur und Gesellschaft? Warum muss jede Ordnung, will sie erhalten bleiben, offenbar Unordnung, Ausgrenzung, Strafe und Opfer produzieren? Warum hat in der ganzen Geschichte bis auf den heutigen Tag der auf Konkurrenz hin angelegte Mimesistrieb und nicht der auf Kooperation hin dimensionierte Nachahmungswunsch den Ton angegeben? Und wird denn, irgendwann mal, kooperative Mimetik die Szene bestimmen? Stehen wir heute, da ja ganz allmählich und unter zahlreichen Widersprüchen – unter den Bedingungen eines planetarischen Bewusstseins und in den Koordinaten des einen gemeinsamen Hauses, des Planeten Erde – eine neue Weltgesellschaft auftaucht, nicht am Vorabend dieses kooperativen Nachahmungswunsches?

Anlässlich eines Treffens mit Theologen, Soziologen und Anthropologen im Horizont des lateinamerikanischen Befreiungsengagements, das vom 25. bis zum 29. Juni 1990 in der Universität Piracicaba im brasilianischen Bundesstaat São Paulo stattfand, gestand René Girard:

»Alle stimmen wir darin überein, dass es dem Mimesiswunsch zu widerstehen gilt. Doch unser aller Einmütigkeit zeigt anscheinend, dass die Gewalt schürenden Kräfte in dieser Welt aus mysteriösen Gründen, die ich zu ergründen mich ja bemühe, auf der Ebene der Strukturen dieser Welt als solcher, auf einer bestimmten Ebene mächtiger sind als Harmonie und Einheit. Das ist wohl auch ein Aspekt, den der Begriff Erbsünde stets hat vermitteln wollen, insofern Erbsünde, jenseits jeder mythischen Vorstellung, ein Name ist für Gewalt in der Geschichte.«[20]

20 *René Girard*, in: Hugo Assmann (Hrsg.), René Girard com teólogos da libertação, Petrópolis-Piracicaba 1991, 59. Vgl. die (gekürzte) deutsche Ausgabe des Bandes: Hugo Assmann (Hrsg.), Götzenbilder und Opfer. René Girard im Gespräch mit der Befreiungstheologie, Thaur-Wien-München/Münster-Hamburg-London 1996. Die deutsche Ausgabe enthält diesen Teil jedoch nicht.

Unbeschadet aller zerstörerischen Mächte in Welt und Geschichte widerstrebt es dem Menschen persönlich und kollektiv, sich den Mechanismen der Gewalt einfach zu ergeben. Immer wieder entwickelt er deshalb neue Formen des Widerstandes und der Befreiung. Aus diesem Grund betont Girard auch die geschichtliche Möglichkeit einer anderen Logik, nicht mehr von Ausgrenzung und Ausschluss, sondern von Dialog und weitest gehender Einbeziehung bzw. – mit einem Wort gesagt – die Möglichkeit einer radikal demokratischen Kultur. Wenn im Menschen der mimetische Wunsch nach dem Bösen steckt, weshalb sollte es dann in ihm nicht auch einen Nachahmungstrieb zum Guten hin geben? Statt den Rivalen abzudrängen und zu beseitigen, kann man ja auch ein Bündnis mit ihm eingehen und eine Strategie von Solidarität und Gemeinschaft mit ihm ins Auge fassen. Auf diesem Boden könnten dann alle nur möglichen Formen zur Überwindung von Gewalt sprießen.

So wie die brasilianische Geschichte gelaufen ist, ergeben sich daraus zwei Herausforderungen, die, wenn sie nur gut angegangen werden, die Gewaltstrukturen, aber auch den Willen der Einzelnen zum Einsatz von Gewalt beträchtlich zurücknehmen könnten: Das Volk müsste sich artikulieren können und wir bräuchten eine wirklich soziale Demokratie.

a. Volk aus Bewegungen und Verbänden

Seit Anbeginn unserer Geschichte haust in Brasilien ein Staatsapparat, der in dieses Land verpflanzt wurde, um für koloniale Ausbeutung zu sorgen und gerade zu stehen. Die Kolonisten, vielfach Abenteurer, Randexistenzen und alles andere als ehrbare Bürger, gingen nicht nach Übersee, um hier eine Nation zu gründen, sondern um möglichst rasch reich zu werden, einen Adelstitel zu erwerben, nach Portugal zurückzukehren und dort die in der Kolonie angehäuften Reichtümer zu genießen. Zuerst unterwarfen sie sich die Indianer und führten dann, als billige Arbeitskraft, aus Afrika schwarze Sklaven ein. So entstand in Brasilien eine Menschenmasse ohne Recht auf geschichtlichen Subjektcharakter, ohne freiheitliches Bewusstsein und ohne Zukunftsprojekt. Und diese Masse wurde von den Eliten ununterbrochen in ihren eigenen Interessen manipuliert.

Vor allem ab den dreißiger Jahren des vorigen Jahrhunderts passierte dann aber etwas Bemerkenswertes. Industriearbeiter organisierten sich, und Arbeitervereine traten auf den Plan. Unter dem Einfluss charismatischer Führergestalten, fähiger Köpfe in Sachen Volksbildung und weitblickender Kirchenleute fanden sich innerhalb der arbeitenden Masse die unterschiedlichsten Gemeinschaften, Verbände und Volksbewegungen zusammen. In diesen Räumen meldeten sich bewusste, kritische Sozialakteure zu Wort. Ihnen ging es darum, die sie umgebende Realität zu verändern und Samenkörner zu legen für eine andere, partizipativere, volksbezogenere, demokratischere Gesellschaft. Die Vernetzung dieser Initiativen führte schließlich zu der Volksbewegung, wie wir sie heute in Brasilien kennen. Sie macht aus Menschenmassen ein organisiertes Volk. Dieses Volk aber kann nur gedeihen, wenn sich ein kollektives Bewusstsein entwickelt, sich für die Nation ein Projekt abzeichnet und Praxismodelle zu dessen Verwirklichung formuliert werden. Organische Intellektuelle und volksverbundene Erwachsenenbildner stehen in diesem Land vor der historischen Herausforderung, mit Hilfe der organisierten Massen, mit Hilfe von Verbänden, Gemeinwesen und Bewegungen jeglicher Art (in Sachen Grund und Boden, Wohnung, Gesundheit, Erziehung und Bildung, Menschenrechte, streitbare Gewerkschaftsarbeit usw.) das brasilianische Volk aus der Taufe zu heben. Das brasilianische Volk, wie es denn sein sollte, gibt es eigentlich noch gar nicht. Was wir mehrheitlich haben, sind übergangene, entwurzelte Menschenmassen. Sie schreien geradezu danach, eine organisiertes Volk zu werden, das mitreden und mitentscheiden kann. Doch als Frucht der Kämpfe all der Kleinen, Hand in Hand mit ihren Verbündeten, melden sich allmählich die Wehen, die dann doch noch zur Geburt des brasilianischen Volkes führen werden.

In dem Maße, in dem dieses Volk bei den sozialen Bewegungen mitmacht und in dem die seine Interessen und Kämpfe teilenden Parteien es streitbar unterstützen, wird die politische Gesellschaft gezwungen, es ernst zu nehmen und in Verhandlungen mit ihm einzutreten, damit auf diese Weise die Indizes struktureller Gewalt endlich sinken.

b. Basis- und volksorientierte, soziale Demokratie

Eine weitere Herausforderung bezieht sich auf den politisch-institutionellen Rahmen, innerhalb dessen das aus dem Kampf um geschichtliche Befreiung hervorgegangene Volk seinen Ort findet. Diesen Rahmen sehen wir in einer partizipativen, sozialen Demokratie. Wir sind Erben einer auf Sklavenhaltung und Feudalherrenmanier gründenden Gesellschaft und eines paternalistischen, Wohltaten austeilenden Staates. Das eine wie das andere ließ nicht die geringste Partizipation zu und zur Findung der notwendigen Entscheidungen konnte das Volk kaum etwas beisteuern. So ist die Demokratie, die Brasilien heute hat, schwach, delegiert gern alles, strotzt nur so von politischen Lastern und von Korruption und manifestiert sich vielerorts in Wahlklüngel und in direktem Stimmenkauf.

Als Ergebnis der Tatsache jedoch, dass sich das Volk inzwischen gesellschaftlich organisieren konnte, hat Brasilien heute Gott sei Dank einige am Volk orientierte Parteien bzw. am Volk orientierte Segmente innerhalb liberal-bürgerlicher oder traditionell linker Parteien. Beide haben das Zeug dazu, nicht nur gründliche Gesellschaftsreformen zu fordern, sondern auch die Macht des Staates zu erobern, sei es auf der Ebene der Kommunen, der Bundesstaaten und der Union.

Schule einer solchen partizipativen Demokratie sind die sozialen Bewegungen. Doch damit ist es nicht getan. Partizipative Demokratie gilt für das gesellschaftliche Ganze. Inhaltlich steht diese im Wesentlichen auf folgenden vier Beinen:

- größtmögliche Mitwirkung und Mitbestimmung aller, von unten nach oben, so dass sich alle verstehen können als vollwertige Bürger und Bürgerinnen und als Träger und Trägerinnen der Geschichte, die sie alle zu gestalten mithelfen;
- Gleichheit als Frucht einer immer tiefgreifenderen und umfassenderen Partizipation. Beginnen könnte die Gleichheit damit, dass eine wachsende Zahl von Bürgern und Bürgerinnen die Chance bekäme, ein besseres Leben zu führen, sich beruflich zu qualifizieren und in der Kultur mitzumischen. Die nach wie vor bestehenden Ungleichheiten schreien geradezu nach sozialer Solidarität;

117

- Achtung vor den je spezifischen Besonderheiten, in denen sich menschlicher und gesellschaftlicher Reichtum spiegelt. Aus diesem Grund kann eine demokratische Gesellschaft nur pluralistisch sein, hat eine Vielzahl von Ethnien und Religionen gelten zu lassen und muss dieses und jenes Modell von Eigentum zulassen;
- Wertschätzung für die Subjektivität des Menschen. Der Mensch ist nicht bloß sozialer Akteur, er ist Person und als solche sozusagen ein Knoten von Beziehungen in alle nur möglichen Richtungen, innerhalb der Welt ebenso wie im Zusammenspiel mit anderen. Gemeinschaft und Spiritualität sind unschätzbare soziale Werte für die Selbstverwirklichung der einzelnen Person, aber auch für die Humanisierung von Institutionen und Gesellschaftsstrukturen.

Eine solche, sich von unten nach oben aufbauende, partizipative, solidarische, dialogale und spirituelle Demokratie bietet die Chance, eine Zusammenleben zu ermöglichen, das weniger von Aggressivität als vielmehr von Zusammenarbeit und Toleranz geprägt ist. Mit einem Wort gesagt: ein Zusammenleben, in dem die Ursachen von sozialer Gewalt merklich weniger sind.

Aus diesem doppelten Prozess – der Genesis eines Volkes und der Schaffung einer partizipativen Demokratie – erwächst dann die Qualität sowohl als Bürger bzw. als Bürgerin wie auch als Mitbürger bzw. Mitbürgerin. Qualität als Bürger meint die Fähigkeit eines Menschen, sich als Inhaber von Rechten und Pflichten gegenüber dem Staat zu verstehen, so dass auch er, dieser Mensch, zu seiner Konstituierung beiträgt; wahrend Qualität als Mitbürger bedeutet, dass sich ein Bürger mit anderen Bürgern zusammenschließt, um die Gesellschaft auch über das hinaus zu fördern, was sonst allein der Staat täte. Diese beiden Formen von Staatsbürgerschaft qualifizieren die Menschen als aktive Geschichtsträger, die – jenseits ihrer bisherigen Massenhaftigkeit – fortan die Gesellschaft bilden … Gesellschaft verstanden als das Gesamt von Bürgern und Bürgerinnen, die, was den Staat angeht, organisiert werden, was die Gesellschaft betrifft, aber sich selbst organisieren (Zivilgesellschaft). Von diesem Punkt an lässt sich billigerweise von der *Geschichte eines Volkes* sprechen und nicht mehr nur von Helden oder von vorherrschenden Klassen.

8. Schluss: Gegen Resignation und für Hoffnung in der Geschichte

In Sachen Zivilisation liegt noch ein langer Weg vor uns. Keiner darf sich drücken. Nur wenn wir ihn wirklich gehen, wird es uns gelingen, unserer Geschichte, an der Berge von Barbarei haften und deren Auswirkungen uns bis auf den heutigen Tag verfolgen, Züge von Menschlichkeit zu vermitteln. Die Geschichte steckt voller schöpferischer Elemente und ist unentwegt offen für immer höhere Formen der Fähigkeit zum Zusammenleben. Keine Generation kommt daran vorbei, ihren Beitrag für dieses kollektive Abenteuer zu leisten.

Wir teilen nicht die Resignation, die auf einer Karte Sigmund Freuds an Albert Einstein zum Ausdruck kommt. Beide waren im Austausch über die Frage, wie lange es denn in den menschlichen Beziehungen noch Gewalt geben werde. Im Jahre 1932 schrieb Freud an Einstein: »Hungrig denken wir an die Mühle, die jedoch so langsam mahlt, dass wir verhungern könnten, ehe wir an das Mehl kommen.«

Wir sind nicht dazu verdammt, hungers zu sterben. Mit Sicherheit will uns der Lauf der Geschichte nicht dazu zwingen, einander Wölfe zu sein. Wir sind dazu geschaffen, vermittels Gerechtigkeit und Partizipation, Dialog, Frieden und Zusammenleben füreinander Mitbürger und Weggefährten zu sein, so dass Freundschaft und Liebe nicht mehr eine dermaßen schwierige Sache sind. Vor der Mühle stehen die Leute Schlange; das Mehl ist schon fertig und es gibt es für alle. Ja, das Mehl langt nicht nur für alle Menschen, sondern auch für andere Lebewesen, die das Abenteuer des Kosmos mit uns teilen. Der mimetische Wunsch kann auch zu Zusammenarbeit, Altruismus und Solidarität werden. Und sollte das Mehl knapp werden, teilen wir auch das Wenige, nach Kriterien der Gerechtigkeit und des Mitfühlens – im buddhistischen Sinn des Wortes, dass Leben und Kampf, Freude und Leid des menschlichen, gesellschaftlichen und planetarischen Daseins zu teilen sind. In der Geschichte der Religionen und vieler anderer spiritueller Traditionen gibt es Belege genug dafür, dass, wenn das Wenige geteilt wird, es sich vermehrt und zu einer beeindruckenden Fülle wird, so dass sogar davon noch etwas übrig bleibt. Man denke nur an die biblische Erzählung von der Vermehrung der fünf Brote und der zwei Fische. Die Erde muss kein Tränental sein. Die Erde kann zu einem gemeinsamen Haus werden, in dem Feuer und Öl für alle um den einen Tisch herum nicht ausgehen. Alle sind dazu bestimmt, die Freude des menschlichen Zusammenlebens und das Gute an allen Dingen zu genießen.

Ethische und ökologische Herausforderungen
für den Weltmarkt

Niemandem kann verborgen bleiben, dass sich das am Kapital orientierte System seit 1989 wirtschaftlich und politisch allenthalben durchgesetzt hat. Obsiegt hat damit einschlussweise aber auch alles, was das System als solches konstituiert: Individualismus und Privatinitiative, Konkurrenz und kapitalistischer Markt sowie das Streben nach größtmöglichem Gewinn.

Allerorten ist der Konflikt zwischen Nord und Süd zu spüren. Der Widerspruch zwischen reichen Industrieländern und armen, technisch hinterher hinkenden Staaten ist unübersehbar.

Wir erleben gegenwärtig, wie sich Wirtschaft, Kommunikation, Wissenschaft und Technik, Finanzwesen und tonangebende Kultur in einem gewaltigen Prozess weltumspannender Ausweitung befinden. Jedoch, was in Wirklichkeit weltweite Dimensionen annimmt, sind weder die Sitten millionenschwerer arabischer Scheichs noch die Essgewohnheiten irgendwelcher Orientalen, sondern das kapitalistische System der USA, der Europäischen Union und Japans, einschließlich der kollektiven Betonung des Subjektes, die mit alledem einhergeht.

Die Menschheit schwenkt in eine von Grund auf andere Richtung um. Die Tatsache bringt mit sich, dass immer weniger von Entwicklung geredet wird. Alle Welt spricht zunehmend von *Markt*, von Integration der verschiedenen Volkswirtschaften in den Weltmarkt, von Modernisierung und von neoliberalem Wirtschaftsmodell. Das magische Wort auf den Lippen der politischen Verantwortungsträger in der gesamten Welt lautet *Modernisierung*. Was heißt das alles?

Im Hintergrund des Ganzen steht die neue soziale Utopie des *Neoliberalismus,* die inzwischen überall auf der Welt anzutreffen ist. Mit dem Zusammenbruch des real existierenden Sozialismus und mit der damit einhergehenden theoretischen Entleerung der Gründe, die diesen hatten rechtfertigen sollen, trugen sowohl die kapitalistische Denkungsart als auch die kapitalistische Produkti-

121

onsweise den Sieg davon. Der alte wie der neue Kapitalismus, der mit den Kategorien von Zentrum und Peripherie operiert, kleidet sich in das Gewand des Neoliberalismus. Was aber bedeutet der Neoliberalismus für die große an den Rand des Systems gedrängte Mehrheit der Menschen, zu der wir uns in Lateinamerika ja auch zählen?

1. Die Tragödie der armen Länder

Was den Neoliberalismus in seinen Hauptcharakteristika ausmacht, brauchen wir hier im Einzelnen nicht auszuführen. Nur einige Merkmale sollen angedeutet werden.

Neoliberalismus ist die gegenwärtige Phase der *kapitalistischen Akkumulation*, deren Kennzeichen nicht mehr bloß die transnationale, sondern die weltweite Produktion sowie die Verrandung des Südens sind, gemessen an der fortgeschritteneren wissenschaftlich-technischen Produktion im Norden. Hauptargumente sind Privatisierung und schlanker Staat. Nachdrücklich wird die Unterordnung der Politik unter die Interessen der Wirtschaft gefordert. Das treffendste Beispiel dafür liefert der Golfkrieg 1991. Der Staat solle sich zurücknehmen, wird gefordert, und die sozialen Investitionen und Ausgaben müssten abgebaut werden. Konkret gesagt: weniger Schulen, weniger Schulspeisung, weniger Kampf gegen die Cholera, weniger öffentliche Freizeitmöglichkeiten usw. Besonders in den Ländern des Südens, die in der Geschichte immer mehr oder weniger arm waren und auch heute noch arm sind, bekommen die Menschen zu spüren, dass ihnen internationale Finanzinstitutionen wie auch bestimmte Regierungen des Nordens, allen voran die USA, politische Verhaltensweisen aufzwingen, die wir als »strukturelle Anpassungsmaßnahmen« kennen.

Die so genannten strukturellen Anpassungsmaßnahmen verpflichten die betreffenden Regierungen, ihre jeweilige nationale Wirtschaft auf die Erfordernisse des vom zentralen Kapitalismus beherrschten Marktes abzustimmen. Die Produktion hat Maß und Rhythmus zu nehmen an den Bedürfnissen der Konsumentenländer im Norden. Sie hat sich politische, juristische und ökologische Strukturen zu schaffen, die Hand in Hand gehen sowohl mit den technologischen Innovationen als auch mit den Konsumstandards der Länder des Zentrums. Wer vor allem dabei mitspielt, sind die kaufkräftigen Schichten der einzelnen Länder, die sich nicht einmal scheuen, im Tausch gegen die materiellen und kulturellen Güter des wohlhabenden Westens die nationale Souveränität ihrer eigenen Länder zu opfern.

Der Markt wird verstanden, als wäre er das Ein-und-Alles, als Naturgesetz sozusagen. Was nicht den Weg über den Markt nimmt, zählt nicht. Wer sich nicht auf dem Markt behauptet, kann einpacken. Der Markt gilt als das einzig mögliche Produktionssystem im Weltmaßstab. Aus diesem Grund kommt kein Land daran vorbei, sich auf das Parkett des Weltmarktes zu begeben. Der Weg dahin führt durch das Nadelöhr der *Konkurrenz.* Globalisierung geschieht mittels Konkurrenz an allen Fronten des Marktes.

Das Marktsystem schafft sich kulturelle und ideologische Werte in Einklang mit seiner Logik. So setzt es auf kollektive Subjektivität, das heißt auf ein und dieselbe Art zu denken und zu fühlen, zu konsumieren und zu lieben, zu leiden und sich zu freuen, zu flirten und das Familienleben zu gestalten, mit Freunden umzugehen und Musik zu hören, ja sogar seinen eigenen Tod zu verstehen. Der Neoliberalismus feiert den Individualismus und zelebriert das Recht auf Privatinitiative. Er fordert die strikte Einhaltung von Handelsverträgen und verpflichtet alle Welt nicht nur zur liberalrepräsentativen Demokratie, sondern auch zum Internationalismus, in dem Sinn, dass nationale Grenzen hinfällig geworden sind und Konflikte zwischen den Klassen kaum noch eine Rolle spielen. Denn – so das neoliberale Argument – alle Klassen müssten zusammenarbeiten, damit der Weltmarkt harmonisch funktioniere. Nur, verschwiegen wird, wer der Nutznießer davon ist, wenn alles reibungslos klappt.

Das neoliberale Modell liegt im Krieg mit dem Staat, namentlich mit dem auf Reformen und auf Verteilung hin konzipierten Staat der sechziger und siebziger Jahre. Neoliberale Geister betrachten den Staat als Barriere auf dem Weg zur Mundialisierung bzw. – in einer deutschen Wortschöpfung – zur *Welt-weitung,* halte der Staat doch an der wirtschaftlichen und politischen Identität jeder Nation mit ihren je spezifischen Projekten fest. Aber nur der Abbau des Staates bringe die Menschheit weiter. Die Reichweite der öffentlichen Hand müsse eingeschränkt werden, unbeschadet der Tatsache, dass es sich dabei um eine Form handle, den Wohlstand zu sozialisieren und die Menschen wirksam in Brot und Lohn zu halten. So laute das Gebot der Stunde, die öffentlichen Einrichtungen zur Umverteilung des Gesamtproduktes einer Nation (mittels des öffentlichen Unterrichts- und Bildungs-, Verkehrs- und Kommunikations-, Gesundheits- und Sicherheitswesens) weitgehendst abzubauen, um das Land in der weltweiten Konkurrenz so weit wie möglich zu stärken.

Wegen dieser und anderer Strategien sind die Länder der so genannten Dritten Welt gezwungen, sich nicht nur in den Weltmarkt einzugliedern, sondern sich dabei auch mit einer untergeordneten Position zufriedenzugeben. Ihre ökonomischen Grenzen müssen sie für die Erzeugnisse der fortgeschritteneren Länder offen halten, zugleich aber auch die Beiträge zur Tilgung der Außenschuld zahlen. Die Wirtschaft hat sich geändert. Früher zielte sie auf Wachstum und Entwicklung ab, heute auf Zahlung der externen Schulden.

Wir leben in einer verkehrten Welt. Die Armen helfen den Reichen. Auf Wirtschaft und Export der armen Länder lastet von vornherein die Hypothek des Schuldendienstes. Es liegt auf der Hand: Die neue Weltwirtschaftsordnung lässt sich nur als *neue Weltwirtschafts-un-ordnung* bezeichnen.

Die Folgen der »strukturellen Anpassungsmaßnahmen« waren für Lateinamerika dramatisch. Die achtziger Jahre des 20. Jahrhunderts gelten als verlorenes Jahrzehnt, denn das Einkommen pro Kopf fiel enorm. Nach Angaben der Welternährungsorganisation FAO steigerten die 5 % der Reichsten ihre Einkommen um 8 %, während 75 % der Bevölkerung beträchtlich ärmer wurden, um sage und schreibe 13 %. Mit anderen Worten: Der Graben zwischen Reichen und Armen wurde um 21 % breiter. Im Jahre 1970 waren 41% der Bevölkerung unterbeschäftigt bzw. arbeitslos (136 Millionen); 1980 belief sich der Wert bereits auf 43 % (170 Millionen), und 1986 waren es nicht weniger als 45 % (184 Millionen Menschen).

Ein unlängst veröffentlichtes Papier des Weltwährungsfonds IWF, mit dem dieser seine Politik rechtfertigen will, gesteht ein: »Es lässt sich nicht mit Sicherheit sagen, ob das Strukturanpassungsprogramm funktioniert hat oder nicht. Auf der Grundlage der vorliegenden Untersuchungen lässt sich nicht eindeutig sagen, ob die vom IWF unterstützten Programme zur Inflationsbekämpfung und zum Wirtschaftswachstum beigetragen haben. In Wirklichkeit«, so das Papier weiter, »ist oft genug zu beobachten, dass mit der Durchführung der Programme eine Steigerung der Inflation und geringes Wachstum einhergingen.« Diese Worte stammen nicht aus dem Mund von Kritikern, sondern sind Originalton der Institution, die für die Realisierung der »Strukturanpassung« verantwortlich ist.

Dank vor allem der »Allianz für den Fortschritt« hatten wir bis in die siebziger Jahre hinein Entwicklung – auch wenn sie ungleich war. Aber immerhin herrschte Entwicklung, und zwar eine von einer Kultur der Hoffnung beflügelte Entwicklung. Dann aber kamen die Militärregime, denen es darum ging, (gegen Versuche sozialistisch inspirierter Revolutionen) die Integration ihrer Länder in das kapitalistische System zu garantieren, koste es, was wolle, ob Repression, Folter oder politischen Mord. Pharaonenhafte Werke wurden aus dem Boden gestampft, an denen das Volk nur so seine Lust hatte. Und das vermeintliche Wirtschaftswunder brachte eine technologische Entwicklung, die die Leute mit ihrer Begeisterung bei der Stange halten sollte. Aber diesen Staat, der sich als großen Unternehmer und als Impulsgeber für Reformen versteht, gibt es nicht mehr. Heute hat der Staat möglichst schlank zu sein und feinfühlig auf die Logik der Globalisierung zu reagieren.

Ab 1982 begann das weltweite Finanzsystem mit aller Härte die Zahlung der internationalen Schulden zu fordern. Mittlerweile verschlingt der Schuldendienst 35% bis 50% der Einnahmen der verschiedenen Länder. Um den weltweit operierenden Banken – wie im Falle Brasiliens – monatlich 1,2 Milliarden Dollar Zinsen hinblättern zu können, müssen die Regierungen Abstriche machen bei den Investitionen im sozialen Bereich. Die Folge ist, dass Favelas anschwellen, dass die Gewalt in den Städten zunimmt, die Kindersterblichkeit hochschnellt und die Politik der Ausmerzung von Straßenkindern in alarmierender Weise um sich greift. Zwischen all diesen Antiphänomenen besteht ein ursächlicher Zusammenhang.

Die Politik der Anpassung an den Weltmarkt hat Brasilien noch ärmer gemacht, als wir ohnehin waren. Hinzu kommt heute allerdings eine Erschwernis: Die Hoffnung ist dahin.

Die Einschätzung greift um sich, für die Länder der so genannten Dritten Welt gäbe es weder Zukunft noch Rettung. Wir sind dazu verdammt, uns den reichen Ländern zu unterstellen und ihre Werte und ihren Konsumstil zu reproduzieren. Die Logik von Kolonialismus und Neokolonialismus integriert weiter durch Unterwerfung und unterwirft weiter durch Ausschluss von den Segnungen des fortgeschrittenen Produktionsprozesses.

Die Idee setzt sich durch, der europäische und nordamerikanische Mensch mitsamt seiner Kultur sei besser als alle anderen Menschen und Kulturen und auf ihn hätte sich der Rest der Welt unausweichlich zu beziehen; denn Nordamerika und Europa seien die Herren des wissenschaftlich-technischen Vorhabens ebenso wie der Weltpolitik. Man will uns glauben machen, Alternativen gäbe es nicht. Und zeichnet sich dennoch mal eine Alternative ab, wird sie in der Praxis sofort unmöglich gemacht, denn es fehlt nicht an Mächten, die dazu im Stande sind. An Entschlossenheit in diesem Sinn mangelt es nicht, wie der Fall Nikaragua und die eiserne Blockade um Kuba zeigen.

Früher hatten wir die Theorie der Abhängigkeit, heute die des Überflüssigseins. Die Armen sind überflüssig, man grenzt sie aus. Früher sahen sich die Unterentwickelten mit der Entwicklung konfrontiert. Deshalb hatten sie Grund, zu kämpfen und zu hoffen. Heute sehen sich die Ausgegrenzten dem Tode gegenüber. Resignation wird gepredigt, es gebe keinen Ausweg, heißt es. Aber niemand von uns will wahrhaben, dass sich die Vor-die-Tür-Gesetzten mit diesem Urteil abfinden. Sie werden sich verteidigen, mit allen Mittel, um zu überleben, um zu leben und um auch nur ein Stück weit teilzuhaben an den Verbesserungen der Entwicklung und an den Gütern der Erde.

2. Samenkörner einer ökopolitischen Hoffnung

Wollen wir aus dieser beängstigenden Lage herauskommen, müssen wir uns zunächst einige kritische Gedanken machen.

Da bedarf es *erstens* einer Kritik des westlich-kapitalistischen Paradigmas. Spätestens seit Mitte des 18. Jahrhunderts sind wir vom Mythos der Entwicklung besessen. Dieser haust gleichermaßen in den Köpfen des Liberalismus wie in denen des Marxismus.

Entwicklung wurde verstanden als eine Prozess wirtschaftlichen Wachstums, der die gesamte Gesellschaft mitziehen würde. Sodann ging man davon aus, wirtschaftliche Dynamik führe auch zu einer sozialen und politischen Entwicklung mit ebenfalls universalen Dimensionen. So werde die Gesellschaft zu einem integrierten sozialen Ganzen, innerhalb dessen die Menschen ihre Grundbedürfnisse befriedigt sähen und, frei von derlei Beschwernissen, dann einer menschlicheren und spirituell größeren Zukunft entgegengehen könnten.

Zwischen menschlicher Entwicklung und ökonomischer Entwicklung, die ihrerseits auf technischer Entwicklung fuße, – lautete die Annahme – herrsche große Harmonie. Frage: Und ist es zu dieser Harmonie auch gekommen? Gekommen ist es zu der Harmonie lediglich für einige herrschende Schichten, nicht aber für zwei Drittel der Menschheit. Diese haben nichts als Chaos und verbaute Zukunft zu spüren bekommen.

Wie aber erklärt sich der ganze Widerspruch? Die Erklärung liegt darin, dass die Art und Weise, wie produziert wird, mehr auf Kapital als auf Arbeit und mehr auf private Akkumulation als auf kollektive Teilhabe setzt und dass die menschliche Person nur noch als Arbeitskraft gilt, als lebendige Kohle sozusagen, die in der Produktionsmaschine verheizt werden muss. Dieser Mangel an Symmetrie führte zu Widersprüchen, zu Unterdrückung und Ausbeutung. Das Ergebnis ist eine Wirtschaftskraft, welche die große Mehrzahl der Menschen an den Rand drängt und einen hohen Prozentsatz der Leute vor die Tür setzt. Allein in Brasilien ist die Zahl der Ausgeschlossenen auf mehr als auf dreißig Millionen zu beziffern. Gesellschaftliche Ungerechtigkeit hat sich in jeder Ecke dieser weiten Welt eingenistet.

Was Marx im *Kapital* für das neunzehnte Jahrhundert voraussah, bewahrheitet sich merkwürdigerweise heute: dass die kapitalistische Produktionsweise die Quellen ihres Reichtums – beides: Mensch und Natur – zerstört. Wenn heute einerseits große Gewinne gemacht werden, dann werden andererseits aber auch Mensch (Mann wie Frau) und Natur ruiniert. Was aber ist das für ein Gewinn, wenn dieser auf einem Prozess von Tod und Opfer für die anderen gründet? Fachleute weisen auf die Tatsache hin, dass in der Logik des Kapitals Zerstörung der Natur und Nichtentwicklung der so genannten Dritten Welt, um erst einmal auf dem

Markt Fuß zu fassen, dort seine Produkte zu verkaufen und das Ganze gegebenenfalls nach anderem Muster wiederaufzubauen, mehr bringt, als sich um Natur und soziale Entwicklung zu kümmern.

Wer genauer hinschaut, erkennt, dass *Welt-weitung* auf dem Weg von Konkurrenz geschieht (und damit gewalttätig ist) und nicht auf dem Weg von Solidarität und Interdependenz aller mit allen ebenso wie mit der Natur.

Schwache Kulturen macht der Markt kaputt, kulturelle Unterschiede ebnet er ein, und alles übergießt er mit der gleichen Soße. McDonald's rühmt sich, den Big Mac kreiert zu haben. Dieser aber ist überall gleich, in New York und in Rio de Janeiro, in Tokio und in Berlin, in Peking und in Moskau. Die Globalisierung macht alles zu einem gewaltigen Big Mac: Hotels und Kleidung, Filme und Videos, Musik und Fernsehen, Konsum und Lebensstil.

Alles ist nur noch Ware. Zugriff zu den Gütern auf dem Markt hat aber nur, wer über ausreichend Kaufkraft verfügt. Doch die große Mehrzahl kampiert außerhalb des Marktes, weil sie kaum über Kaufkraft verfügt. Der Markt, so gesehen, verlangt nach Opfern. Er ist ein regelrechter Moloch, der sowohl Opfer schafft als auch immer mehr Opfer will. Und zu den Opfern zählen die Natur und die ganze Menschheit, das eine wie das andere ist ernsthaft bedroht.

Vielleicht kann dieser Punkt das weltweit integrierte Kapitalsystem zu einem Paradigmenwechsel zwingen. Die Erde – sagte schon Gandhi – kommt den menschlichen Bedürfnissen aller entgegen, erträgt aber nicht die Habgier der Konsumenteneliten. Die Form, wie heute die Natur geplündert wird, muss ein Ende haben, weil die Ressourcen der Erde nicht endlos erneuerbar, sondern begrenzt sind. An diesem Punkt stößt die Verstetigung der kapitalistischen Ordnung, insofern sie Weltordnung sein will, einfach an eine innere Grenze.

Zweitens ist diese Ordnung nicht universalisierbar. Sie lässt sich nur auf eine Hand voll Länder anwenden, die über wirtschaftliche, politische und militärische Macht verfügen. Wollte China jeder chinesischen Familie die zwei bis drei Autos zubilligen, die nordamerikanische Familien besitzen, würde das Land im buchstäblichen Sinn zu einem einzigen immensen verpesteten Parkplatz.

Drittens verbreitert der kapitalistische Markt den Graben zwischen den reichen Ländern im Mittelpunkt des Systems und den armen Staaten an dessen Rand immer weiter. Menschliche Probleme wie Armut und Krankheit, Aufstände und Wirtschaftsmigrationen schaffen womöglich ethische und organisationsmäßige Probleme, die nicht mehr in den Griff zu bekommen sind und menschlich unerträglich werden. Auch eine weltweite soziale *Apartheid* – mit Mauern, die die technologisch entwickelten Länder von den in Rückstand gehaltenen trennen – wäre nicht hinnehmbar. Passieren könnte auch, dass sich die Wege der Menschheit spalten: Auf der einen Seite hätten wir dann die Völker, die sich aller technologischen Fortschritte erfreuen und die Lebenserwartung möglicherweise, wer weiß, auf hundert, hundertzwanzig Jahre steigern, aber auf einer Insel leben müssten mit einer Mauer darum, die diskriminierender wäre, als die Berliner Mauer es war, und auf der anderen Seite existierte dann die alte Menschheit, die dank den hergebrachten Ressourcen gerade noch überlebt, deren Lebenserwartung ein Bruchteil der der anderen ist und die unentwegt den vorzeitigen Tod vor Augen hat.

Nicht übersehen werden darf *viertens*, dass die Lebensqualität in der globalisierten Welt sehr gering ist. In den Ländern des Zentrums zerstören Konsumismus und Individualismus, Drogen und Alkoholmissbrauch, geschlechtliche Hemmungslosigkeit und erdrückende Einsamkeit, Kontaktlosigkeit und Selbstmord die menschliche Identität. In den arm gehaltenen Ländern hingegen zeigen sich die Folgen von Elend und Krankheit, von Arbeitslosigkeit und wohnungsmäßiger Verwahrlosung in Gewalt, in verzweifelten Versuchen von Aufständen, in Zerstörung der Familienbande und in sozialer Namenlosigkeit.

In seiner Enzyklika *Sollicitudo rei socialis* (1987) markiert Papst Johannes Paul II. die ethischen Grundlinien einer Entwicklung, in der es nicht bloß um die Herstellung von materiellen Gütern geht, sondern die integriert und integral ist, auf weltumspannende Solidarität abzielt und die Sozialisierung aller wissenschaftlich-technischen Produktionen anstrebt, um mit den Erzfeinden der Menschheit – wie etwa Hunger, Krankheit und Ohnmacht im Angesicht von Naturgewalten – Schluss zu machen.

Vor allem das Befreiungschristentum ist mittlerweile mit dem kapitalistischen Markt hart ins Gericht gegangen, weil er die Ware zum Fetisch und den Markt zur Religion gemacht habe, wie einige Fachleute, insbesondere in Lateinamerika, herausgearbeitet haben. Genannt seien nur Pedro Ribeiro de Oliveira, Hugo Assmann, Julio de Santa Ana, Marcos Arruda und Franz Hinkelammert. Genau wie die klassischen Religionen verheißt auch die Religion des Marktes der Welt Glück, Leben und Sinn. Ohne dass sie an dieser Stelle eingehend analysiert werden könnte, hier nur eine summarische Beschreibung der Religion des Marktes. Die geradezu ins Auge springenden Parallelen zu den traditionellen Religionen hat namentlich Pedro Ribeiro de Oliveira aufgezeigt.

Das *grundlegende Dogma* der Religion des Marktes lautet: »Geld kann alles, Geld setzt Himmel und Erde in Bewegung«. Der Markt ist die unsichtbare Hand, die – besser als jedes Gewissen – unser ganzes Schicksal bestimmt. Der Markt trifft immer die sachgerechteste Entscheidung.

Das Dogma des Geldes kleidet sich in die Form des *Mythos*. Verbreitet durch Kino und Fernsehen, durch TV-Serien und alle nur möglichen Medien, verkündet dieser Mythos die Geschichte des armen, aber fleißigen kleinen Jungen, der auf ehrliche Weise sein Geld verdient und mithin rundum glücklich ist.

Um auch Gebildeten gerecht zu werden, entwickelt sich die Mythologie weiter zur *Theologie*. Gemeint ist das Theoriengebäude der verschiedenen Wirtschaftsfachleute. Denn diese systematisieren, was die Mythologie in volkstümlicher Weise zum Ausdruck bringt, zu dogmatischen Postulaten.

Die Werbung übernimmt die Funktion der *Evangelisierung* und verkündet die frohe Botschaft des Heils. Dass jemand »selig« ist oder dass ihm bzw. ihr etwas »gelingt«, hat mit seinem, mit ihrem Warenumschlag zu tun.

Manche Waren sind regelrechte *Sakramente*. Wer sie konsumiert (wie etwa *Coca-Cola* oder die Zigarette *Marlboro*), tankt Energie, Schönheit und Leben.

Auch *katechesiert* wird buchstäblich, mit der notwendigen Didaktik und Überzeugungskraft. Hübsche, lieblich anzuschauende junge Mädchen (ähnlich den Unterhalterinnen in Kindersalons) zeigen Millionen von Kindern die verzauberte Welt der Produkte, die aber nur mit Geld herzustellen und auch nur mit Geld zu haben ist.

Ebenso wenig fehlt der *Sonntagsgottesdienst*. Millionen von Fernsehzuschauern und -zuschauerinnen begeben sich in die lächerliche Situation von Shows oder erleben mit Waren oder Geldbeträgen, die sie fast schon mit Händen fassen können, vor Augen die beängstigende Spannung des »Alles oder nichts«.

Das große Fest des Kirchenjahres in dieser Religion ist *Weihnachten*. Alle Merkmale eines religiösen Festes kommen da zusammen. In den entsprechend geschmückten Einkaufszentren werden die Waren zelebriert. Und am Weihnachtstisch, der sich von Speisen und Getränken nur so biegt, geht es zu wie bei jedem anderen religiösen Fest auch.

Natürlich hat diese Religion auch ihre *Tempel*. Man denke nur an die Verwaltungsgebäude der Banken, vor deren Aufwand und architektonischem Stil jeder Sterbliche nur staunend stehen bleiben kann. Wer eintritt, verstummt ehrfurchtsvoll, und die Schlangen vor den Schaltern erinnern an Schlangen vor der Kommunionbank.

Selbstverständlich brechen die Menschen in der markt- und bankwirtschaftlichen Religion auch zu *Wallfahrten* auf. Ihre bedeutungsträchtigen Ziele sind die großen Kaufhäuser und Shoppingparks, all die Ausstellungen und Messen, die Freihandelszonen und Einkaufsstädte wie Disneyworld und Miami, Paris und New York. Reiseangebote zu den Stätten der Verheißung gibt es in Hülle und Fülle.

Die *Priester* sind in der neuen Religion die Banker und Finanzleute. Sie sorgen dafür, dass der Kult des Geldes auch was darstellt und gut was bringt.

Die Religion der Waren braucht auch eine *Ethik*. Grundregel allen Verhaltens ist demnach das individuelle Eigeninteresse. So geht es dem Bäcker nicht darum, anderer Leute Hunger zu stillen (soziales Interesse), sondern darum, durch den Verkauf seines Brotes Geld zu verdienen (Privatinteresse). Grenzen, an die das Eigeninteresse stößt, bilden nicht die Interessen der anderen, sondern Verträge, die zuvor geschlossen wurden und die mit heiligem Eifer zu befolgen sind.

Die Fetischisierung der Ware führt zu Gesten und Haltungen, die der Mensch bisher allein der Gottheit gegenüber und sonst niemandem gegenüber gemacht bzw. eingenommen hat. So wird der Markt zu einem idolatrischen Geschäft. Gottesattribute werden nunmehr auf Waren bezogen. Waren werden Heilsmerkmale zugesprochen, auch wenn schon die Propheten diese Art von

Gottesdienst angeprangert haben. Trotzdem gilt auch in der markt- und bankwirtschaftlichen Religion die Forderung, dass ohne Opfer niemand in den Genuss des verheißenen an den Waren hängenden Glücks kommt. Nur dass dieses Glück immer wieder frustriert wird, weil rein materielle und zu Fetischen erhobene Waren außer Stande sind, das Herz des Menschen zu befriedigen, weil der Mensch ja nicht nur Hunger nach Brot hat, sondern vor allem nach Sinn, nach Angenommenwerden, nach Spiritualität und nach Gott.

Unter dem Gesichtspunkt der Marktlogik betrachtet, kann das Christentum der Befreiung mit seiner Kritik am kapitalistischen Markt und mit seiner Einstellung insgesamt nur als Häresie bezeichnet werden. Denn mit seiner Option für die Armen stellt es sich auf die Seite von ökonomischen *Nullen*, die auf dem Markt nichts zu bestellen haben. Nur, aus der Perspektive der Opfer ist der Markt, so wie er sich gegenwärtig darstellt, von Grund auf zu hinterfragen, weil er auf perverse Weise Menschen draußen vor läßt, das Leben des größten Teils der Menschheit befeindet und Gottes Vorhaben mit der Geschichte, das heißt die Entwicklung von Brüderlichkeit und Schwesterlichkeit, in Abrede stellt.

Sind wir damit aber gegen den Macht schlechthin? Nein. Unsere Kritik bezieht sich auf den Markt, so wie er sich heute schwergewichtig geriert, will sagen: auf den kapitalistisch zugeschnittenen Markt. Markt ist mehr als das kapitalistische System, Markt gab es auch schon vor dem Kapitalismus. Markt ist eine eminent soziale menschliche Gegebenheit. Vielleicht ist der Markt die zentrale Wirklichkeit der heutigen Welt.

Marktbeziehungen sind gesellschaftliche Beziehungen, die Produktion, Verteilung und Konsum von Gütern und Dienstleistungen bestimmen. Wenn aber der Markt durch gesellschaftliche Beziehungen konstituiert ist, dann müsste eigentlich das soziale und nicht das individuelle Faktum das Kernstück des Marktes ausmachen. Was Prioritäten zu setzen und die Logik seiner Konkretion in der Geschichte zu bestimmen hat, sind dann nicht mehr die – nahezu immer künstlichen – Nachfrageimpulse des Marktes, bei denen es einzig um Profit geht, sondern vielmehr die Lebensbedürfnisse konkreter Menschen, mit ihren in jedem Fall materiellen, persönlichen, sozialen, kulturellen und geistig-geistlichen Erfordernissen.

Vielleicht zwingt die globale Krise, in die sowohl die Verarmung von zwei Dritteln der Menschheit die Welt gestürzt hat als auch die Widersprüche aufgrund systematischer Konkurrenz diese geführt haben, die Nationen des Zentrums dazu, ihre politischen Konzepte zur Technologieproduktion neu zu definieren und den Markt in gewisser Weise unter Kontrolle zu nehmen, damit der weitere Abbau von nationalen Ökonomien unter dem Diktat von vagabundierendem Spekulationskapital verhindert wird. Maßnahmen dieser Art sind zu ergreifen, damit die Kulturen der verschiedenen Völker, einschließlich ihrer unterschiedlichen Produktions- und Konsumformen, erhalten bleiben und damit die Achtung vor der Natur wachsen kann, denn anderenfalls hat niemand, sei er reich, sei er arm, eine Chance zu überleben.

Was wir wiederentdecken müssen, ist, dass der eigentliche Sinn von Wirtschaft darin besteht, die Bedürfnisse der Menschen zu befriedigen und nicht – wie in der Marktwirtschaft – die Herstellung von materiellen Gütern und Dienstleistungen fortwährend linear zu steigern. Von einer Wirtschaft unbegrenzter materieller Produktion haben wir zurückzufinden zu einer Wirtschaft integraler menschlicher Produktion, die allen – einschließlich den Lebewesen in der Natur – das für sie Notwendige in ausreichendem Maße liefert. Widrigenfalls steuern wir dem Abgrund entgegen. Inzwischen lässt die Erde ja unmissverständlich Zeichen von Ermüdung erkennen, und dass ihre Zukunftsfähigkeit an Grenzen stößt, ist unübersehbar.

Die Frage ist nicht: Wie kommen wir zu einer nachhaltigen Entwicklung? Die Frage ist: Wie kommen wir zu einer nachhaltigen Gesellschaft, die sich selbst Maß und Rhythmus gibt, so dass sich Menschen und Gemeinwesen integral entwickeln können, in Einklang mit der Natur und nicht gegen die Natur, in Ergänzung zu anderen Formen von Entwicklung und in Solidarität mit dem Schicksal aller Völker der Erde?

3. Ethisch-ökologische Herausforderungen: neue Einstellungen angesichts einer neuen Wirklichkeit

So wie sich uns die Dinge im Augenblick darstellen, stehen sie geradezu Kopf. Von einem rechten Verhältnis zwischen Mensch und Natur kann nicht die Rede sein. Wir brauchen eine neue Weltwirtschaftspolitik. Die Menschheit braucht einen neuen Traum. Doch damit dieser Traum Wirklichkeit werden kann, müssen wenigstens sechs grundlegende Erfordernisse einer verantwortlichen Ethik erfüllt sein:

Mindestelemente einer menschenwürdigen Existenz: Jedem Menschen steht als Mindestrecht der Anspruch auf ein würdiges Dasein zu. Konkret: Der Mensch muss wenigstens einmal am Tage satt essen können, ein Dach über dem Kopf haben und im Krankheitsfall mit einer ärztlichen Grundversorgung rechnen können. Doch im Mittelpunkt der geltenden Systeme steht nicht der Mensch, sondern seine Arbeitskraft (seine Muskeln, sein Kopf, seine Fußballbeine usw.). Es würde revolutionär klingen, wollte heute jemand sagen, abgesehen von jeder wirtschaftlichen, ethnischen, religiösen oder kulturellen Bestimmung, komme es darauf an, dem Menschen mit Freundschaft und Liebe zu begegnen. Das Novum, das sich die Menschenrechtsbewegungen der so genannten Dritten Welt auf die Fahnen geschrieben haben, besteht insbesondere darin, dass sie die Menschenrechte auch für die Opfer beanspruchen und ihren Kampf unter das grundlegende Motto gestellt haben »Dienst am Leben, angefangen mit dem am meisten bedrohten Leben«.

Bürgerbeteiligung: Grundsätzlich darf ein organisiertes Gemeinwesen keine Ausgeschlossenen produzieren, vielmehr müssen sich alle als Bürger und Bürgerinnen der einen Erde fühlen können, die sich mehr und mehr daran gewöhnen, global zu denken und lokal in ihren Nationen (mit ihren jeweiligen kulturellen Wurzeln) zu handeln. Bürgerbeteiligung erheischt demokratische, partizipatorische Haltung ebenso wie eine innere Bejahung von Pluralität.

Gesellschaftliche Gerechtigkeit: Jeder Bürger, ob Mann, ob Frau, muss sicher gehen können, am gesellschaftlichen Fortschritt teilzuhaben wie auch ein gewisses Verhältnis gewahrt zu sehen zwischen dem, womit er zum Ganzen beisteuert, und dem, was er erhält. Gesellschaftliche Gerechtigkeit macht das politische Ideal der Gerechtigkeit, das, im positiven Sinn des Wortes, einen utopischen Horizont eröffnet (einen Bezugsrahmen also, der alle Konkretisierungen relativiert und zu immer neuen Realisierungen anregt), konkreter und gangbar. Solidarität zwischen Gruppen und Nationen mildert die Härte sozialer Ungerechtigkeiten.

Menschliches und ökologisches Wohlergehen: Die besten Projekte, Vorgehensweisen und Organisationen sind immer die, die nicht nur die Quantität von Gütern und Dienstleistungen, sondern vor allem auch die Lebensqualität steigern. Lebensqualität ergibt sich dann, wenn die Gesellschaft als ganze funktioniert. Zum menschlichen Wohlergehen gehört ein neues Bündnis zwischen Männern und Frauen einerseits und der Natur andererseits, in dem Sinn, dass die Menschen geschwisterlich und ehrfürchtig mit der Schöpfung umgehen. Hinzu kommen muss auch Spiritualität, verstanden als Fähigkeit zur Kommunikation mit dem tiefsten Kern seiner selbst und mit jedem anderen Gegenüber, einschließlich des absoluten Gegenübers (Gott). Nicht fehlen darf schließlich, dass Werte und Deutungen des Lebens, der Geschichte und der letzten Sinngebung des Alls nur vielfältig sein können.

Achtung vor kulturellen Unterschieden: Der Mensch ist ein geschichtliches Wesen, das seine Antworten auf die grundlegenden Fragen seines Wandels über diese Erde mal so und mal so zum Ausdruck gebracht hat. Wie es eine äußere Archäologie (umweltbezogene und soziale Ökologie) gibt, so hat der Mensch auch eine innere Archäologie (Tiefenökologie): Er deutet, bewertet und erträumt sich seine Wirklichkeit vom Gesamt seiner Erfahrungen her. Diese ganze Vielfältigkeit zeigt den Reichtum dessen, was das Abenteuer des Menschen ist. Man kann es anderen mitteilen, wie es für alle auch eine Bereicherung sein kann. Auch wenn Wissenschaft und Technik dazu neigen, alles gleich zu machen, kann man die Prozesse, je nachdem auf welche spezielle kulturelle Weise man sie sich aneignet, auch sehr wohl ganz unverwechselbar gestalten. Jede Kultur manifestiert eine eigene Art, Solidarität zu praktizieren, Feste zu feiern, Arbeit und Freizeit miteinander zu verbinden und die großen Träume mit der geschichtlichen Wirklichkeit in Einklang zu bringen. Wissenschaft und Technik sind Momente davon, wie der Mensch die Erde bewohnt und wie er sich in ein größeres ökologisches Ganzes hineingegeben fühlt.

Wechselseitigkeit und kulturelle Komplementarität: Die Andersartigkeit des Gegenübers anzuerkennen, damit ist es nicht getan. Dies ist nämlich nur die Voraussetzung dafür, die Werte der anderen zu erlernen, Wechselseitigkeit (Austausch von Erfahrungen und Erkenntnissen) zu entwickeln und gegenseitige Komplementarität einzuüben. Keine Kultur schöpft das gesamte Kreativitätspotential aus. Deshalb kann die eine Kultur die andere ergänzen. Alle zusammen bringen sie zum Ausdruck, wie veränderbar das Geheimnis des Menschen ist und auf welch unterschiedliche Weise wir unser Menschsein realisieren können. Aus diesem Grund stellt jede Kultur einen unschätzbaren Reichtum dar (Sprache, Philosophie, Religion, Kunst, Technik; in einem Wort gesagt: die verschiedenen Formen, die Erde zu bewohnen), seien es die einfachen Kulturen des Amazonasraumes, seien es die so genannten modernen, wissenschaftlich-technischen Kulturen. Nichts von dieser gewaltigen kulturellen Vielgestaltigkeit darf im Prozess der *Welt-weitung* verloren gehen, mag das Muster kapitalistischer Produktion die Dinge auch noch so sehr in ein Einheitsschema pressen.

Achtsamkeit im Umgang mit dem Leben und mit dem Planeten Erde

Das Bewusstsein wächst, dass wir nur diesen Planeten Erde als gemeinsame Heimat haben und dass wir auch nur hier leben können. Aber sowohl die Erde als auch das gesamte Lebenssystem sind von Selbstzerstörung bedroht. Deshalb stehen wir vor der zentralen Herausforderung, die Zukunft von Erde und Menschheit zu retten. Gelingt uns das nicht, wird keiner der oben genannten Werte Bestand haben. Die neue Ethik, die auf allen Ebenen Raum greifen muss, hat mithin eine Ethik der Achtsamkeit zu sein. Diese macht eine Umerziehung der Menschheit in dem Sinn erforderlich, dass wir zum einen aus dem überreichen Angebot der Erde unsere Bedürfnisse befriedigen, zum anderen aber auch zu einem friedlichen Zusammenleben mir ihr finden. Wir sind nicht bloß Bewohner der Erde, wir sind Söhne und Töchter der Erde. Noch radikaler argumentierend, kann man auch sagen: Wir sind die Erde selbst, insofern dieser im Laufe des Evolutionsprozesses mittels des Menschen die Fähigkeit erwuchs, zu fühlen, zu denken, zu lieben und sich um sich selbst zu sorgen.

4. Schluss: Die molekulare Revolution – eine Herausforderung für jedes ethisch-ökologische Subjekt

Soll sich an der Lage der Welt etwas ändern, kommen wir an einer Revolution nicht vorbei. Nun deutet jedoch alles darauf hin, dass die Zeit der großen Revolutionen dahin ist. Revolutionen waren in der Vergangenheit normalerweise das Werk von vorwärts drängenden Klassen oder Gruppen. Nichtsdestoweniger gehört die Notwendigkeit der Revolution keineswegs in die Mülltonne der Geschichte. Die Mittel und Wege haben sich geändert. Heute müssen alle – jeder und jede für sich – ihre Revolution machen. Der Stil der Revolution wird molekular sein müssen. Wie jedes Molekül mit seiner Umgebung inter-agiert und so seinen Fortbestand sichert, so wird auch jeder und jede mittels Inter-aktion mit der betreffenden Umgebung für Veränderungen zu sorgen haben, wo er, wo sie sich eben befindet. Jeder Mensch ist ein Bündel zahlloser Möglichkeiten, die sich zum Ausdruck bringen wollen. Die herrschenden Systeme bemühen sich, ihre Bürger und Bürgerinnen in stumme Resignation und willenlose Anpassung zu schicken. Deshalb müssen wir schöpferisch und alternativ werden wo nur möglich. Wir müssen den neuen Menschen (männlich bzw. weiblich) in uns geboren werden lassen, anders, neu, solidarisch, auf Ergänzung hin formatiert und im Team daran arbeitend, dass unser Land und unser Planet ihre gemeinsame Bestimmung erreichen. Wir sind nicht dazu berufen, Hühner zu sein. Adler sollen wir sein! In jedem und in jeder von uns wohnt ein Adler. In jeder Sehnsucht nach Befreiung, die uns bewegt, und in jedem Traum von Wachstum, der uns das Herz weitet, rührt sich der Adler in uns. Nur, wir müssen dem Adler Flügel wachsen lassen. Sein Zuhause ist der Himmel. Seine Wohnung sind die blauen Höhen und die offenen Räume, und nicht der Boden, auf dem die Henne scharrt. Zum Flug müssen wir uns erheben, und andere müssen wir mitreißen zu dem einen Abenteuer von Freiheit und Befreiung. In solch einem Prozess kommt es dann zur Revolution des neuen Zivilisationsparadigmas, die das Experiment *Homo* fortsetzt, in einem tieferen und besseren Sinn jedoch, als wir ihn bis zum Augenblick erfahren haben.

Leben als Mittelpunkt von Ethik und Ökologie

Pathos, Eros, Logos, Daimon und *Ethos* – allesamt Schlüsselwörter des griechisch-abendländischen Paradigmas – markieren innerhalb des Horizonts jenes gewaltigen kosmischen Abenteuers, in dem wir alle mitzuspielen haben, den Lauf des menschlichen Lebens.

Pathos ist das Grundgefühl, das uns Menschen anrührt und mit dem wir zugleich auch allen Dingen um uns herum begegnen. Pathos macht die Grundstruktur der Existenz des Menschen aus, insofern er ein Sein-in-der-Welt ist, im Verbund mit anderen und in ständiger Inter-retro-Beziehung mit allem, was existiert.

Eros bezeichnet Lebenskraft, Enthusiasmus und vitale Kreativität, aber auch die Mächtigkeit sowohl zu Expansion und Unterscheidung als auch zu dynamischer Einheit.

Unter *Logos* versteht man die Fähigkeit zu verstandesmäßiger Durchdringung, zu Entdeckung und Schaffung von Sinn in allem, was wir fühlen und wahrnehmen. Logos ist das Prinzip, das in Leben und Weltall für Ordnung sorgt.

Daimon dagegen ist die innere Stimme, der Ruf aus der Tiefe unserer Natur, die Neigung und der Affekt, die uns beide immer wieder nach vorn und nach oben treiben und uns helfen, Gut und Böse zu unterscheiden.

Ethos schließlich bedeutet die Fähigkeit von uns Menschen, unsere Verhaltensmodelle mit anderen und mit der uns umgebenden Welt in Einklang zu bringen, damit wir in dem einen gemeinsamen Haus (*Ethos* heißt im ursprünglichen Sinn so viel wie menschliches *Habitat*) in Gerechtigkeit, Kooperation und Frieden leben können.

1. Leben im gegenwärtigen Verständnis von Kosmogenese

Die genannten fünf Kategorien gingen zur Zeit der Klassik, fein aufeinander abgestimmt, Hand in Hand und ermöglichten damit sowohl Harmonie im Leben jedes Einzelnen als auch Frieden in der Gesellschaft. Allmählich indessen baute sich der Logos immer mehr auf. Im Rahmen einer geheimnisvollen Entwicklungskurve begann das Auseinanderdriften bereits mit dem beeindruckenden Reflexionsvermögen der Sophisten zu Zeiten von Sokrates (470 – 399 v. Chr.), Platon (427 – 348/47) und Aristoteles (384 – 322). Dabei wuchs sich das Übergewicht am Ende zu einer Art Diktatur des *Logos* über die anderen Dimensionen der Existenz und des Verständnisses davon aus, insbesondere als der Logos in ein utilitaristisch-funktionales Schema gepresst wurde, in die so genannte instrumental-analytische Vernunft, wie sie der Ausweis der Moderne ist. *Pathos* und *Eros*, *Daimon* und *Ethos* gerieten in Verdacht und hatten fortan nur noch insoweit Geltung, als sie vor der alles hinterfragenden Vernunft zu bestehen vermochten. Zumal das *Pathos*, verstanden als Fähigkeit zu tiefem Fühlen, zärtlichen Empfindens und wohlwollendem Mit-leiden, wurde in die Ecke strikter Subjektivität gestellt.

Doch in der Folge der beiden Weltkriege geriet dieses Modell von Vernunft in die Krise. Denn wenn es einerseits hilft, dass das Leben funktioniert und eine bequeme Sache werden kann, dann kann es sich andererseits auch als eine höchst destruktive Sache erweisen, bis dahin, dass es die Zukunft des Planeten Erde wie das Abenteuer Mensch insgesamt in Gefahr bringt. Die in die Krise abgerutschte Kultur des *Logos* führte dann aber zu einer neuerlichen Aufwertung von *Pathos* und *Eros*, von *Daimon* und *Ethos*. Alle vier entdeckte man wieder als Wege zu Integration und Neubewertung des *Logos*, im Dienst am Leben des Menschen und an der Erhaltung einer unversehrten Schöpfung.

a. Der neue kategorische Imperativ in der ökologischen Ära

Was ist das Paradigma, welches es uns ermöglicht, in der anbrechenden Zivilisation wieder einen Sinn zu erkennen? Wie lautet der Begriff, mittels dessen sich der Stern orten lässt, dem wir zu folgen haben? Unter Paradigma verstehen wir den gesamten Schatz an Wissen und Überzeugungen, an Leitideen und Visionen, an Träumen und Utopien, die einer vorfindlichen Gesellschaft Bestand verleihen. Paradigma, so gesehen, ist der Horizont, der alles, was existiert und passiert, mit Sinn erfüllt.

Normalerweise zeichnet sich ein neues Paradigma in der Folge einer großen Krise ab. Deshalb verbinden sich in der Regel große Hoffnungen mit ihm. Es gilt als Heilsweg, als Morgen nach einer schrecklichen Nacht voller Alpträume, als Aufwachen nach »einer schaurig dunklen Nacht«, wie sich der Mystiker Johannes vom Kreuz (1542 – 1591) ausdrückt.

Hat das Paradigma einmal Raum gegriffen, wird es zum selbstverständlichen Maßstab im Alltag, ja, zur Atmosphäre, in der die Dinge existentielle Evidenz gewinnen, und taucht schließlich in das kollektive Unbewusste ein. Erst jetzt wird es zur allgemeinen Überzeugung und zur nichthinterfragbaren Plausibilität in der Gesellschaft. Ein Paradigma bedarf keiner Erklärung, erklärt aber umgekehrt alles.

Das Paradigma muss auf die grundlegende Frage aller eine Antwort geben, den unausweichlichen Bedürfnissen der Menschen entsprechen, die Leute erleichtert durchatmen lassen und ihnen das Gefühl von Sicherheit und Halt vermitteln.

Es gab Zeiten, in denen die Menschen von der Frage getrieben wurden: Woher kommen wir, wohin führt uns die Reise, was sollen wir hier auf Erden? Zur Beantwortung ihrer Fragen griffen die Menschen in die Welt des Mythos, der ja derartige Wissensbedürfnisse wieder und wieder weckt. Die Gnostiker waren Meister in diesem Punkt. Angsterfüllt fragten die Menschen später: Was können wir wissen? In diesem Sinn entwickelte Immanuel Kant (1724 – 1804) seine ganze Philosophie in der Absicht, ein Wissen zu ermöglichen, das mit der Revolution der experimentellen Wissenschaften vereinbar sein und die theoretischen Voraussetzungen für jedes weitere Erkennen und Wissen schaffen sollte. Angesichts der modernen Todesmaschinerie mit einem Vernichtungspotential, wie es die Welt seit ihrer Erschaffung noch nicht gesehen hatte, fragten sich unsere Zeitgenossen nach dem Zweiten Weltkrieg entsetzt: Worauf können wir noch hoffen?

In Anbetracht der weltweiten ökologischen Krise lautet heute die große Frage: Wie müssen wir leben? Wie muss unser Verhältnis zur Erde aussehen, wenn wir sie noch länger haben und nicht in Gefahr bringen wollen, damit nicht nur wir selbst, sondern auch alle anderen Lebewesen auf der Erde unsere Existenz gesichert sehen können.

Die Antwort kann nur heißen: Lebe so, dass du die Lebensbedingungen derer nicht zerstörst, die heute leben und die morgen leben werden! Oder positiv gewendet: Lebe in Achtung vor allen und in Solidarität mit allen, die während dieses Abenteuers auf der Erde deine Lebensgefährten sind, seien sie Menschen oder nichtmenschliche Wesen, und kümmere dich darum, dass alle weiter existieren und leben können, zumal ihnen das ganze Universum ja sozusagen als Geburtshelfer beigestanden hat, damit sie in ihre Existenz gelangen konnten, Leben mitgeteilt bekamen und den Weg bis in die Gegenwart zu finden vermochten!

So also hört sich angesichts der globalen Bedrohung, der das System des Lebens im Augenblick ausgesetzt ist, in dieser ökologischen Ära der neue kategorische Imperativ des *Ethos* an.

An dieser Stelle nun müssen wir die Kategorie Leben, von der hier die Rede ist, noch etwas näher betrachten, wollen wir überhaupt ermessen, was alles in ihr steckt und was für radikal Neues sie begründet.

b. Die Geschichte des Lebens im Zusammenhang der Geschichte der Erde

Die Erdwissenschaften in Verbindung mit den Erkenntnissen, die uns die neue Kosmologie bietet, veranlassen uns, sämtliche Fragen im Horizont der großen Evolution des Kosmos angesiedelt zu sehen. Alles befindet sich im Prozess von Genese und Geborenwerden. So sollten wir denn auch besser von Kosmogenese als von Kosmologie sprechen, besser von Anthropogenese als von Anthropologie. Alles, was geschieht, erwächst aus einem gemeinsamen Grund und strebt, kraft des Pfeils der Zeit, auch einem gemeinsamen Ziel zu.

Nicht anders das Leben, das ja das Komplexeste und Geheimnisvollste ist, was das Weltall zu bieten hat. Eines guten Tages brach das Leben auf unserem Planeten auf. Was hat die Erde, was andere Planeten unseres Sonnensystems nicht haben? Die Erde besitzt eine Reihe spezifischer Eigenschaften, welche die Spannung zwischen Gravitations- und elektromagnetischen Kräften ausgleichen. Hinzu kommt, dass die Erde gegenüber der Sonne in einer bestimmten Position steht, so dass sie eine für das Entstehen jener komplexen Moleküle, die für das Leben unerlässliche Voraussetzung sind, geeignete Temperatur hat und diese auch konstant behält.

Milliarden von Jahren lang wogte auf der von der Sonne erhitzten Erde nichts als ein gewaltiges Meer von Lavaströmen. Sie strahlten Dämpfe und Gase aus, so dass sich enorme Wolken bildeten. Doch diese verdichteten sich nach und nach und bildeten die erste Erdatmosphäre, bestehend aus Kohlenstoff, Ammoniak, Kohlenmonoxyd, Stickstoff und Wasserstoff. Einige Millionen Jahre später begann sie zu erkalten. Die Lava wurde hart und es entstand der erste Erdboden. Die atmosphärischen Wolken kondensierten weiter. Mittlerweile fielen auch die ersten – sturzbachartigen – Regen, bestehend aus den verschiedensten Flüssigkeiten. Zum Teil blieben sie auf dem Boden stehen, zum Teil sickerten sie in den Untergrund ab, und zu einem weiteren Teil verdampften sie, um die Atmosphäre zu speisen und erneut auf die Erde zu fallen. Die Regen dauerten Jahrhunderte, ununterbrochen. Sie füllten die Ozeane, die großen Binnenmeere, die Flüsse und alles, was es an Wasserreservoirs nur gibt.

Schwerste Gewitter mit gewaltigen Blitzen zuckten Millionen von Jahren am Himmel und schlugen überall in die Erde ein. Schritt für Schritt strukturierten sich chemische Zusammensetzungen, so dass die Kosmogenese ihren Weg nehmen konnte. Einige hundert Millionen Jahre lang schlugen in geradezu systematischer Weise auf der Erde auch phantastische Mengen an Meteoriten und Planetoiden ein.

Unter der Einwirkung unvorstellbarer Gewitterstrahlen und kosmischer Elemente, die vor allem von Tiamat[1] stammen, aber auch von der Sonne im Zusammenwirken mit der Geochemie, so wie sie sich im Laufe von Jahrhunderten gebildet hat, ist die Erde, nach vier Milliarden Jahren, hinsichtlich der Komplexität ihrer leblosen Formen erschöpft. Eine Grenze, die bisher noch nie überschritten wurde, tut sich mit einem Mal auf: An die zwanzig Aminosäuren strukturieren sich. Diese sind miteinander verbundene Moleküle, Grundbausteine sozusagen des Lebensgebäudes. Plötzlich, wie ein immenser Blitz, der auf das Meer niederfährt, ist die erste lebende Zelle da. Das Kind, das da gerade geboren wurde, heißt »Widder«.[2] Ein qualitativer Sprung ist getan, auf unserem Raum-Zeit-Bogen, in einer Ecke unserer Milchstraße, auf einer

---

1 Großer Urstern, aus dem sich die Sonne entwickelte.
2 Erstes Sternbild im Tierkreis, das für die zwischen dem 21. März und 19. April Geborenen steht. Der »Widder« ist ein mythologischer Bock, der zum Opfer verurteilte Kinder rettete.

Nebensonne, die kaum mehr ist als eine *quantité négligeable*. Auf dieser Erde ist ein einzigartiges Novum aufgetaucht: das Leben. »Widder« ist der Urahn aller lebenden Wesen, die wir kennen.

In der Folge erschienen dann die Bakterien (von welchen lebende Organismen bevölkert sind und von welchen es etliche Milliarden Arten gibt; allein ein Löffel Erde enthält an die fünfzig Milliarden Bakterien), die Mikroben und eine unbeschreibliche Fülle unterschiedlichster Formen von Leben: Pflanzen, Tiere und Menschen. Doch die Erde brauchte noch Millionen von Jahren, um sich zu festigen und zu gewährleisten, dass – trotz aller kosmischen Überfälle und trotz aller auslöschenden Katastrophen, die tatsächlich über sie kamen – das Leben dennoch weitergeht. Doch sobald es seine Identität erlangt hatte, begann es Widerstand zu leisten und nahm seinen Lauf durch die Zeit auf. Doch vergleichbar einer Plage, wurde es dabei nie ausgelöscht, und immer überstand es alle auch noch so großen Massendezimierungen, die im Laufe der letzten fünfhundert Millionen Jahre über es hinweggingen.

Aber was ist die innere Logik, kraft derer aus kosmischer Materie bzw. Energie das Leben aufzubrechen vermochte? In dem Rhythmus, in dem Materie und Energie des Weltalls in ihrem Expansionsprozess avancieren, zeigen sie die Tendenz, immer komplexer zu werden. Mit anderen Worten: Es gibt offene Systeme, deren innere Organisationsform immer höhere Komplexitätsstufen erklimmt. Das aber bedeutet, dass jedes System hineingenommen« ist in ein Interaktionsspiel, in einen Tanz, in dem sich Materie und Energie austauschen, in einen unentwegten Dialog mit seiner Umgebung, von der es Informationen empfängt, speichert und weitergibt. Systeme sind nie ein für alle Mal fertig, Systeme sind etwas Fließendes.

Biologen und Biochemiker – wie etwa der Nobelpreisträger für Chemie des Jahres 1977, Ilya Prigogine – gehen davon aus, dass zwischen abiotischen und biotischen Wesen, das heißt zwischen lebenden und inerten Wesen, Kontinuität herrscht. So brauchen wir auf kein transzendentes, äußeres Prinzip mehr zurückzugreifen, um das Entstehen des Lebens zu erklären, wie das in der Regel die Religionen und die klassische Kosmologie tun. Es genügt, dass das Prinzip der Komplexifizierung und Organisierung aller Dinge, einschließlich des Lebens, – Fachleute sprechen vom »kosmogenischen Prinzip« – in der kleinsten Ursphäre enthalten ist.

Diese wurde dann aber doch von einer höchsten Intelligenz, einer grenzenlosen Liebe und einer ewigen Leidenschaft geschaffen.

In der Tat, das kosmogenische Prinzip beginnt schon im allerersten Moment nach der großen Explosion, in der inflationären Phase sein Werk: Von Anfang an ist alles in Interaktion und führt einen schöpferischen Dialog mit allen Dingen ringsum. Dank der Urenergie und der Urmaterie schafft sich und differenziert sich das Universum, in dem Rhythmus, in dem es sich entfaltet. Wie gesagt, das Weltall steht ununterbrochen unter der Wirkung des kosmogenischen Prinzips und der *Autopoiesis* (Selbstorganisation), denen wir das Auftauchen und die Evolution sämtlicher existierenden Wesen zu verdanken haben.

So gesehen, ist Leben die Verwirklichung einer Möglichkeit, die Urmaterie und Urenergie bereits in sich tragen. Kaum zu glauben: Solch ein wunderbares Ereignis, wie es das Entstehen des Lebens nun einmal ist, passierte ausgerechnet auf einem winzigen Planeten des Sonnensystems, auf unserer noch jungen Erde. Doch die Erde hat keineswegs allein das Privileg des Lebens. Der Nobelpreisträger für Biologie des Jahres 1974, Christian de Duve, schreibt:

»Im Universum gibt es ebenso viele lebende Planeten, wie es Planeten gibt, die im Stande sind, Leben hervorzubringen und zu erhalten. Eine konservative Schätzung geht immerhin von an die Millionen aus. Billionen von Biosphären navigieren an Billionen von Planeten im Weltraum vorbei und kanalisieren Materie und Energie in kreativen Evolutionsströmen. Wohin man im Weltraum auch schaut, überall ist Leben … Das Universum ist keineswegs der leblose Kosmos der Physiker, mit einem Funken Leben, immerhin, der Sicherheit halber. Das Universum ist Leben, mitsamt der Struktur, die es ringsum braucht. Es besteht vor allem aus Billionen von Biosphären, deren Entstehen und Erhalt es dem Rest des Alls zu verdanken hat.«[3]

Wir haben oben angedeutet, wie auf der Grundlage von zwanzig Aminosäuren, die das Urmeer bereit hielt, die erste, »Widder« genannte lebende Zelle auftauchte. Die Aminosäuren verbanden sich zu stabilen Strukturen und bildeten Proteine, Kohlenhydrate, Lipide und Nukleinsäuren, welche ihrerseits die wichtigsten Bausteine für lebende Organismen darstellen.

---

3   *C de. Duve*, Poeira vital: a vida como imperativo cósmico, Rio de Janeiro 1997, 383.

Aus dem Code der Nukleinsäure, die in den Zellen aller Lebewesen vorkommt, entwickelt sich das DNS-Molekül. Dieses produziert sowohl Duplikate von sich selbst als auch die RNS, welche – abgesehen davon, dass sie sich selbst reproduziert – vor allem die Funktion hat, genetische Informationen zu übermitteln; und genetische Informationen sind konstitutiv für die Herstellung von Proteinen, die jedes Leben braucht, um sich ernähren zu können. Die chemischen Elemente stabilisieren sich, agglutinieren und bilden im Wasser größere Moleküle. Aus diesen entwickeln sich Kolloide (eine Art mehr oder minder zäher Gele), die organische Moleküle aus ihrer Umgebung absorbieren. In ihrem Innern speichern sie Energie und schaffen sich eine Membrane, mittels derer sie sich vor dem Ambiente schützen und Materialien selektieren, die sie zum Erhalt ihres Gleichgewichts brauchen.

Woher das Leben kommt, ist nach wie vor ein Geheimnis; denn zum Entstehen des Lebens tragen gleichzeitig viele kosmische und planetarische Faktoren bei. Auf der einen Seite haben wir ein komplexes physikalisch-chemisches Kontinuum. Dieses aber wird auf der anderen Seite unterbrochen durch Sprünge, wie zum Beispiel zwischen Innen- und Außenraum, durch den Austausch von Energien und insbesondere durch den Sprung von einer chemischen Struktur zu einer Auto-öko-neu-organisation, in Verbindung mit Informationen (DNS-Kette), die es dieser gestatten, sich unentwegt selbst zu organisieren, selbst wiederherzustellen und selbst zu reproduzieren, im Dialog mit der Umwelt.[4]

Alles scheint mithin die Hypothese zu stützen, das Leben sei das Ergebnis eines höchst komplexen Evolutionsprozesses, der große Wahrscheinlichkeiten eröffnet hat, verbunden mit Akkumulationen von Konvergenzen, die dazu geführt haben, dass solch ein einzigartiges Aufbrechen erst möglich wurde. Einer der Entdecker der DNS/RNS-Kette, Francis Crick, stellte sogar die Hypothese auf, das Leben sei außerirdischen Ursprungs. Die Mikrowellenastronomie kann es sich als Verdienst anrechnen, im interstellaren Gas, vor allem in den aus Staub bestehenden flachen Scheiben um junge Sterne herum, mehr als sechzig Arten ver-

---

4 Vgl. *E. Morin*, Terre-Patrie, Paris 1993, 53; *E. Jantsch*, Die Selbstorganisation des Universum. Vom Urknall zum menschlichen Geist, München ²1984.

schiedener Moleküle identifiziert zu haben. Sie reichen von den einfachsten ihrer Art, wie denen aus Wasserstoff und Kohlendioxyd, bis hin zu den komplexesten wie Äthanol und den langen Acetylenketten. Unter den identifizierten Molekülen befindet sich alles, was – so die Annahme – notwendig ist, damit der Prozess der biologischen Synthese in Gang kommen kann.[5] Aminosäuren, die sich in Meteoriten befinden, sind die eventuellen Träger der Archebakterien des Lebens. Wahrscheinlich hat das Leben sogar mehr als einen Ansatz versucht, ging aber immer wieder ein, bis es sich dann doch noch endgültig durchsetzen konnte.

Vermutlich gehen die verschiedensten Formen von Leben alle auf ein einziges Lebewesen zurück, auf »Widder«, vor vier Milliarden Jahren. »Widder« vermehrte, verwandelte und verbreitete sich überall hin und passte sich den unterschiedlichsten Ökosystemen an, im Wasser, in der Erde, in der Luft. Vor ungefähr 600 Millionen Jahren diversifizierte er sich dann in eine atemberaubende Fülle von Lebensformen, in die Pflanzen, in Weich- und Wirbeltiere, in Kriech- und Säugetiere.[6] Mit den Säugetieren tritt eine neue Qualität von Leben auf den Plan: das Gefühlsleben, in der sexuellen Beziehung ebenso wie im Verhältnis Mutter-Kind. Sensibilität und Emotionalität prägen die psychische Struktur der Lebenden mit ihrem zentralen Nervensystem ein für alle Mal. Im Katalog der Säugetiere ragen vor vielleicht 70 Millionen Jahren dann die Primaten heraus und in der Folge, vor etwa 35 Millionen Jahren, die höheren Primaten, unsere genealogischen Großeltern. Vor 17 Millionen Jahren tauchen die Hominiden auf, und vor acht bis zehn Millionen Jahren schließlich wird – in Afrika – der Mensch geboren, der Australopithecus.[7]

Als Mann und Frau ist der Mensch der letzte Spross am Baum des Lebens, der komplexeste Ausdruck der Biosphäre, die ihrerseits die Gestaltwerdung der Hydrosphäre und der Geosphäre ist, ebenso wie der Geschichte der Erde und des Universums. Wir leben also nicht einfach auf der Erde. Wir sind Söhne und Töchter der Erde, aber auch Glieder des unermesslichen Kosmos. Die Milliarden Teilchen, die zur Konstituierung unserer Identität beitragen, entstanden vor 15 Millionen Jahren; andere wanderten Millionen

5 Vgl. M. Longair, As origens do nosso universo, Rio de Janeiro 1994, 65–66.
6 Vgl. E.O. Wilson, The diversity of life, Cambridge, Mass. 1992.
7 Vgl. H. Reeves u. a., A mais bela história do mundo, Petrópolis 1998.

von Jahren durch das All, nachdem sie von den entferntesten Sternen gekommen waren; die Kohlenstoffatome, ohne die jedes Leben auf der Erde unmöglich ist, bildeten sich im wirbelnden Feuerofen von Sonnen, die erst noch Vorfahren unserer Sonne waren. Der *homo sapiens/demens* endlich, den wir unmittelbar beerben, tauchte vor 50 000 Jahren auf, mit der viele milliardenjährigen Geschichte des Weltalls im Gewebe seines Körpers und in den Prägungen seiner Seele.

Was Leben ausmacht, sind Selbstorganisation, Autonomie, Anpassungsfähigkeit, Reproduktion und Selbststranszendenz. *Selbstorganisation*: die Teile haben ihren Ort in einem organischen Ganzen und die Funktionen sind differenziert und komplementär; ... *Autonomie*: jedes Seiende existiert in sich, zugleich aber existiert es dank der anderen und für die anderen; es erfreut sich also keiner Unabhängigkeit, sondern steht unentwegt in Interaktion mit seiner Umgebung; ... *Anpassungsfähigkeit*: Leben hat das Vermögen, sich seiner Umgebung anzupassen; auf Grund dieser Fähigkeit kann es sich in seinem zerbrechlichen Gleichgewicht halten, überleben und das System expandieren; ... *Reproduktion*: sich fortpflanzen zu können ist die ureigenste Qualität des Lebens; Leben gibt sich, innerhalb derselben Art, identisch weiter; ... und schließlich *Selbsttranszendenz*: Leben ist immer offen für neue Ausdrucksformen und neue Ebenen der Evolution.

Ilya Prigogine beschreibt lebende Wesen als »dissipative Strukturen«. Mit dem Begriff will der russisch-belgische Physikochemiker ihren dynamischen Charakter unterstreichen. Lebewesen sind offene Strukturen, die sich im Gleichgewicht befinden. Nur, an ihrem Gleichgewicht müssen sie ständig arbeiten, vermittels der Selbstorganisation und auf einer immer höheren Ebene innerer Ordnung. Lebewesen entnehmen der Umwelt Energie und provozieren damit Entropie, wie sie aber auch dank ihrer inneren Ordnung und Selbstregulierung (nach dem Gesetz der Thermodynamik) in gewisser Weise der Entropie entgehen. Sie zerstreuen und verschwenden Kräfte, was zu einer wachsenden Unordnung führt (lateinisch *dissipare* = zerstreuen, verschleudern; daher der Ausdruck »dissipative Strukturen«), bis hin zum totalen Chaos. Lebende Wesen neigen dazu, immer geordneter und schöpferischer und mithin antientropischer zu werden. Denn Unordnung ist als solche schon ein Anzeiger für eine neue Ordnung, die sich anbahnt. Chaos ist generativ und immer auf einen Kosmos hin geordnet.

Wer Sensibilität für Leben hat, wird die Materie kaum für eine inerte Masse halten. Jedes Teilchen, das zur Konstituierung des Lebens beiträgt, hat ja eine Geschichte (daher die Wichtigkeit der Zeit, zusammen mit den vier Grundenergien und den übrigen kosmogenischen Konstanten des Universums), in der sich wiederum alle seine Interaktionen mit anderen Teilchen wie auch alle unumkehrbaren Veränderungen widerspiegeln. Aus diesem Grund ist Materie inter-aktiv und besitzt auch Innerlichkeit und Leben.

Das Leben ist kein Ergebnis des bloßen Zufalls.[8] Biochemiker und Molekularbiologen haben (mit Hilfe von Rechnern auf der Grundlage aleatorischer Zahlen) gezeigt, dass ein reiner Zufall mathematisch unmöglich ist. Damit sich die Aminosäuren und die zweitausend ihnen zugrundeliegenden Enzyme hätten ernähren, eine regulierende Sequenz hätten konstituieren und eine lebende Zelle hätten bilden können, wäre eine längere Zeit – Billionen und Aberbillionen Jahre! – notwendig gewesen, als das gegenwärtige Universum überhaupt alt ist. Die Möglichkeit ist 10^{1000} zu eins. Der so genannte Zufall ist Ausdruck des Unbestimmbarkeitsprinzips, wie Werner Heisenberg es in die Quantenphysik eingeführt hat. Demnach lassen sich die Elementarteilchen nie im Voraus bestimmen, sondern sind immer offene Wahrscheinlichkeiten, die sich entweder realisieren oder nicht realisieren.

Das Leben steckt also bereits in den Möglichkeiten von Urmaterie und Urenergie. Treffend sagt der Philosoph Jean Guitton: Was wir Zufall nennen, ist nichts anderes als unsere Unfähigkeit, einen höheren Grad an Ordnung zu verstehen, wie er im Phänomen Leben zum Ausdruck kommt.[9]

8 Gegen Jacques Monod. – Siehe: *J. Monod*, Zufall und Notwendigkeit. Philosophische Fragen der modernen Biologie, München [9]1991.
9 *J. Guitton/G. Bogdanov/I. Bogdanov*, Gott und die Wissenschaft, München 1993 (= dtv, München 1996).

2. Bewusstsein als höchste Form des Lebens

Wie das Weltall, so haben auch das Leben und jedes Ding seine jeweilige Ahnentafel. Auch das Bewusstsein, welches ja die höchste Form des Lebens darstellt, macht da keine Ausnahme. Denn auch das Bewusstsein hat ja seinen Ort innerhalb des Universums und ist Ausdruck von Urmaterie und Urenergie, beides in einem Dichtegrad verstanden, wie Komplexität, Relationalität und Subtilität nur dicht sein können. In diesem Sinn ist das Leben keinen einzigen Augenschlag jünger als der Kosmos insgesamt.

Bewusstsein ist demnach Beziehung zwischen Elementarteilchen (unter ihrem Aspekt als Welle), die aber so komplex und so intensiv ist, dass sich alle Teilchen überlagern und ein stabiles einheitliches Ganzes bilden. Man denke zur Verdeutlichung an den Augenblick, in dem der Mensch dessen inne wird, dass er mit dem Ganzen in Verbindung steht und dessen Teil und Parzelle ist.

Wir sind mithin aus demselben Material gemacht wie das ganze All und Frucht derselben kosmogenischen Dynamik, wie sie das ganze Weltall durchdringt. Mittels seines Bewusstseins passt sich der Mensch fugenlos in das allgemeine System der Dinge ein. Der Mensch steht nicht außerhalb des – sich aufwärts bewegenden – Universums. Er steht ganz drin, wenn auch als singuläre Größe, die dazu im Stande ist, das Ganze zu erfassen, von sich und anderen zu wissen, sie zu fühlen und zu lieben, umgeben von jener überschäumenden Fülle des Gesamten.

3. Voraussetzungen für eine Ethik des Lebens

So wie ein Stern nur dann zu strahlen vermag, wenn ihn ein entsprechender Lichthof umgibt, so braucht auch jede Ethik zuvor einen Bedingungsrahmen, innerhalb dessen sie erst gedeihen kann. Erst wenn diese Voraussetzung geben ist, nimmt das menschliche *Ethos* seinen eigentlichen Charakter an und wird zum menschlichen Habitat, das heißt zu jenem Teil der Welt, der, zugleich gebändigt und geliebt, so gestaltet ist, dass er dem Menschen als Wohnstatt dient und dieser sich darin geborgen fühlt wie in einem Mutterschoß. Dieser Bedingungsrahmen wird markiert durch Zärtlichkeit und Achtsamkeit.

a. Zärtlichkeit und Achtsamkeit: Erfordernisse des Lebens

Die beiden Grundhaltungen, welche nachgerade zwei Seinsweisen gleichkommen, können in ihrer Bedeutung für heute kaum unterschätzt werden. Immerhin kommen wir im Augenblick ja in eine Phase, in der das Leben wie kaum zuvor bedroht ist und in der gleichzeitig alle Anzeichen darauf hindeuten, dass sich eine noch höhere Stufe der Entwicklung des Lebens auftut: das Anbrechen der Noosphäre und das Entstehen einer umfassenden Weltgesellschaft. Unter Noosphäre – der Begriff stammt aus der Gedankenwerkstatt von Pierre Teilhard de Chardin (1881 – 1955) – versteht man die neue Sphäre des Menschen, deren Charakteristika Gemeinschaftsgeist und Atmosphäre der Liebe sind – Liebe der Menschen zueinander ebenso wie zur Erde. Das Ganze ist ein prozesshaftes Geschehen, das – bereits voll in Gang – zwar voller Widersprüche steckt und manche Auf- und Abbewegung beschreibt, das aber gleichwohl eine unwiderstehliche Realisierungskraft an den Tag legt.

Auf der einen Seite müssen wir mit ansehen, wie massiv in das System des Lebens auf der Ebene von Bakterien, Viren, Pflanzen und Tieren, ja selbst des Menschen eingegriffen wird. Inzwischen sind wir ja heftig dabei, das Gengut zu verändern, auch wenn die Natur zum Schreiben dieses ganzen Buches Millionen und Abermillionen von Jahren gebraucht hat. Neue Möglichkeiten für Gesundheit und Lebenserwartung tun sich auf. Unbeschadet dessen ist nicht auszuschließen, dass Gewinnstreben zu Fällen von Verantwortungslosigkeit und totalen Fehlens von Achtung und Ehrfurcht vor der milliardenjährigen Arbeit des Universums führt, sollte denn Gene manipuliert und damit das ökologische Gleichgewicht in einer Weise zerstört werden, wie es die Welt noch nicht gesehen hat. Ungeachtet allen Fortschritts darf man die Augen nicht vor der Barbarei verschließen, mit der das Leben banalisert wird, wenn Menschen aus ethnischen Gründen massenhaft liquidiert werden, wenn man sie hungers sterben lässt oder gegen chronische, aber durchaus vermeidbare Krankheiten nicht behandelt. Die Aggression, die in dem gegenwärtig noch herrschenden Modell von Entwicklung steckt, forderte im Jahre 2000 alle zehn Stunden das Opfer von zehn Tier- und von fünfzig Pflanzenarten. Es scheint, als hätte man nicht nur gegen des Leben auf der Erde, sondern gegen den ganzen Makroorganismus Gaia überhaupt eine regelrechte Todesmaschine in Gang gesetzt. Wir kommen also nicht umhin, den Fortbestand der größten Errungenschaft der Kosmogenese zu garantieren und uns auch aktiv dafür einzusetzen: für die Produktion und Reproduktion des Lebens.

Wir sahen: das Leben ist zerbrechlich und verletzlich. Es ist dem Spiel zwischen Chaos und Kosmos ausgeliefert. Die Haltung, mit der wir dem Leben sachgerecht zu begegnen haben, ist Achtsamkeit und Wertschätzung, Verehrung und Zärtlichkeit. Alle diese Einstellungen resultieren aus der Erfahrung des Heiligen und aus der Entdeckung des Geheimnisses, das dem Weltall ebenso wie dem je eigenen Herzen innewohnt.

So gesehen, kommt dem *Pathos* grundlegende, zentrale Bedeutung zu, muss das *Eros* wieder zur Geltung gebracht werden, und ist die Logik des Herzens neu zu entdecken. Ohne diese Einstellungen werden wir nie dafür sensibel werden, wie wichtig das Leben ist. Denn sie machen eine Umpolung des geltenden, auf Macht und Herrschaft fußenden Kulturmusters erforderlich. Was wir brauchen, ist ein Paradigma kooperativen Zusammenlebens, wohltuender Synergie und zärtlicher Zuwendung zu allem, was existiert und lebt. Damit es aber zu dieser Wende kommen kann, müssen wir unbedingt neue, am Leben selbst orientierte Zielvorstellungen definieren und Mittel und Wege finden, die zu diesen Vorstellungen passen. Nur so hat das Leben, bedroht wie es ist, die Chance, noch gerettet und darüber hinaus gefördert zu werden.

b. Zwei Postulate für eine Ethik des Lebens

Aus der Logik, dass es zentral um Leben geht, ergeben sich allem Anschein nach zwei Forderungen. Die erste lautet: Absoluten Vorrang vor allem muss die Bewahrung von Gaia haben. Sollte Gaia eines Tages aufhören zu bestehen bzw. fortzubestehen, wäre allen anderen Werten die Grundlage entzogen. Ins Leere liefen dann das Kulturprojekt, das politische Weltprojekt und auch das den Menschen betreffende Projekt. Ohne Gegenwart wäre jede Zukunft verstellt. Das zweite Erfordernis lässt sich auf den Nenner bringen: Soll sowohl die persönliche wie auch die kollektive Verwirklichung der Spezies Mensch eine Chance haben, führt kein Weg daran vorbei, die planetarischen, bioatmosphärischen, biosoziologischen und spirituellen Verhältnisse zu bewahren. Denn über den Menschen schreitet das Universum in Richtung Noosphäre vor, und über den Menschen strebt es immer syntropischeren Formen zu.

So selbstredend diese Werte an sich auch sind, weder im kollektiven Bewusstsein der Menschheit noch in deren Leitungsorganen haben sie bisher in ausreichendem Maße Widerhall gefunden. Die zwei angedeuteten Prinzipien entfalten sich in zwei weitere Bedingungen: planetarische Solidarität und Generationenvertrag.

Planetarische Solidarität

Wir gehen davon aus, dass die Gaia-Hypothese durchaus eine plausible Sache ist. Demnach ist die Erde mitsamt all ihren Wesen und Organismen ein lebendes Ganzes, das freilich kontaminiert und krank ist. Planetarische Solidarität will die Tradition der Solidarität weiterentwickeln, wie sie sich im Kampf der Unterdrückten überall in der Welt entwickelt und wie sie sich, zugunsten eben der Entrechteten, in Sozialismus und Internationalismus in ein politisches, kulturelles und ethisches Gewand gekleidet hat. Mittlerweile lässt sich Solidarität nicht mehr allein auf Unterdrückte und Ausgeschlossene begrenzen. An erster Stelle muss die Erde als ein Ganzes kommen, denn sie braucht, soll sie denn geheilt werden und soll sie denn allen ermöglichen zu leben, unsere besondere Zuwendung. Mit der Erde solidarisch sein heißt ihr Autonomie zugestehen und die Ressourcen achten, welche sie auch selbst nutzt, um sich wiederherzustellen und sich selbst zu heilen. Sodann wollen auch die Menschen, die in ihrer Existenz bedroht sind, achtsam behandelt werden. Wir denken da an all die verarmten und verrandeten Opfer von Unterdrückungs- und Ausbeutungsmechanismen, mit denen das herrschende Wirtschafts- und Gesellschaftsmodell wie selbstverständlich operiert. Mit diesen Menschen solidarisch sein heißt heute das inzwischen weltweit tonangebende Gesellschaftsmodell hinterfragen, weil es mit seiner Logik zu funktionieren zahllose Menschen schlicht vor die Tür setzt.

Darüber hinaus müssen wir uns auch mit den übrigen Lebewesen solidarisieren, insofern sie bedroht oder gar schon im Aussterben begriffen sind. Verschwindet eine Art, wird wieder ein Buch geschlossen in der Bibliothek des Universums mit all den Botschaften, die es transportiert.

Die Sorge um planetarische Solidarität zwingt uns, den Begriff Demokratie weiter zu fassen. Demokratie muss auch sozial und kosmisch sein. Demokratie muss, über die Menschen hinaus, auch die anderen lebende Wesen einschließen, wie Vögel und Tiere insgesamt, wie Gewässer und Steine, wie Pflanzen und die Landschaften einer Stadt ... Sie alle sind Träger von Subjektivität und besitzen Rechte, pflegen Zusammenleben mit den Menschen und haben Teil an der einen gemeinsamen Zielsetzung.

Aber auch noch andere Werte sind konstitutive Faktoren des neuen Paradigmas. Ganz wichtig sind nämlich auch gemeinsame Bürgerbeteiligung und Zusammenleben, Synergie und Zusammenarbeit, Partnerschaft und Gegenseitigkeit, Subsidiarität und Einfachheit, Mitleiden und Vorliebe für das Kleine und Natürliche, Komplementarität und Einbeziehung aller.

Um uns zu vergewissern, wie sehr wir alle aufeinander angewiesen sind und der Solidarität bedürfen, brauchen wir uns nur zu vergegenwärtigen, dass wir alle in dem einen Raumschiff Erde sitzen und alle zusammen ein und dasselbe Schicksal teilen.

Generationenvertrag

Dem Utilitarismus, wie er in unserer Leistungs- und Gewinnkultur grassiert, müssen wir eine Ethik der gesellschaftlichen Gerechtigkeit entgegenhalten, wie John Rawls sie in seinem Klassiker *Eine Theorie der Gerechtigkeit*[10] treffend formuliert. Rawls fordert, im Mittelpunkt der Ethik hätten Freiheit und Chancengleichheit für alle zu stehen. Doch meine Freiheit hat nicht nur die Freiheit der anderen zu berücksichtigen, sondern auch die Schäden, die ich eventuell der Natur zufüge, weil diese ja zu Lasten aller gehen. Meine Freiheit hat mit der Freiheit aller anderen zusammenzuleben. Alles andere wäre ein Angriff auf die Gerechtigkeit. Dass alle die Chance bekommen, sich als Menschen und soziale Wesen zu realisieren, geht nur, wenn sie in billiger Weise teilhaben an den gegebenen natürlichen, kulturellen und technologischen Gütern.

10   *J. Rawls*, Eine Theorie der Gerechtigkeit, Frankfurt am Main 1975.

Widrigenfalls würde das unerlässliche Mindestmaß an Gerechtigkeit nur ein weiteres Mal verletzt.

Diese Vision gilt gerade auch im Blick auf alle, die heute noch nicht geboren sind. Als Menschen ebenso wie als unsere Nachfahren haben sie ein Recht darauf, von uns eine in einem elementaren Maße gut erhaltene Erde übergeben zu bekommen, eine in einer Mindestskala saubere Luft und ein in einem unterstem Ansatz sauberes Wasser, mit einem Wort gesagt: eine Lebensqualität, die Freude am Leben weckt. Wir brauchen einen neuen, das heißt ökologischen Generationenvertrag. Diesen haben wir alle zu achten, und zwar aus Liebe zu denen, die uns in der Geschichte weiterleben lassen und verewigen, unsere Söhne und Töchter, unsere Weggefährten auf der planetarischen Reise. Diese Art von Generationensolidarität motiviert uns, unseren kollektiven Egoismus hintanzusetzen und das Unsichtbare, das, was es heute noch gar nicht gibt, lieben zu lernen: die zukünftige Menschheit.

Alles, was es sonst noch gibt an gesellschaftlichen Instanzen, Kräften, Mechanismen und Institutionen, ist für den Dienst am Leben bestimmt, dass es Bestand hat und sich weiter steigern kann: Wirtschaft und Politik, Kultur und Religion. Eines hat garantiert Zukunft, das Leben. Denn das Leben ist, im Grunde genommen, weder zeitlich noch pflanzlich, weder tierisch noch menschlich. Das Leben ist ewig. Es entsteigt dem Geheimnis des Universums, fließt durch uns hindurch und kehrt schließlich in den Schoß desselben lebendigen Geheimnisses zurück, in die Quelle allen Lebens.

WELT-GEWEITETES CHRISTENTUM

Der Auftrag des Christentums im Prozess der Globalisierung

Bereits im Jahre 1933 schrieb Pierre Teilhard de Chardin: »Das Zeitalter der Nationen ist vorbei. Wollen wir nicht untergehen, tun wir gut daran, die alten Vorurteile schleunigst abzuschütteln und zum Aufbau der einen Erde beizutragen ... Die Erde kommt nicht irgendwie zum Bewusstsein ihrer selbst, sondern durch die Krise von Umkehr und Veränderung.«

Teilhard de Chardins Worte haben prophetisches Gewicht. Die Erde ist in eine neue Phase des Bewusstseins und der Verwirklichung ihrer Einheit eingetreten. So ist dies die Stunde, in der auch dem Phänomen Mensch planetarische, globale Proportionen zuwachsen und in der es Bezüge zur gesamten Schöpfung entwickelt.

Inwieweit ist unter diesen Bedingungen das Christentum im Stande, zu dem gewaltigen, alles umfassenden Prozess einen Beitrag zu leisten? Vermag es sich, neben zahlreichen anderen geistig-geistlichen Überlieferungen, als Quelle der Sinnstiftung zu erweisen? Zur Beantwortung dieser Fragen müssen wir zunächst einmal einige Aspekte der sozialen Wirklichkeit im Weltprospekt betrachten. Denn gerade diese Tatsachen stellen ja das Christentum, das heißt die ganze ökumenische Breite der christlichen Kirchen, vor die angesprochenen Herausforderungen.

1. Der sich vertiefende Graben zwischen Nord und Süd

Zunächst einmal möchten wir keinen Zweifel daran lassen, dass die Globalisierung einen Sprung nach vorn bedeutet – in dem Sinn, dass das Bewusstsein inzwischen universale Dimensionen erreicht hat und dass der Menschheit mittlerweile Bedingungen für die Möglichkeit offen stehen, sich als eine einzige große Familie zu erfahren, die in einem gemeinsamen Haus, will sagen: auf dem einen Planeten Erde, in Frieden und Harmonie zu leben vermag.

Globalisierung bedeutet überdies, dass das Christentum heute die einzigartige Chance hat, seinen universalistischen und kat-holischen Charakter effektive Wirklichkeit werden zu lassen. Andererseits drohten Mechanisierung der Menschen wie auch ihre soziale, politische und kulturelle Ausgrenzung noch nie so beängstigend wie heute; denn der ganze komplexe Prozess spielt sich doch ab unter dem Zeichen der kapitalistischen Produktionsweise mit ihrem auf schärfste Konkurrenz und allenfalls unzulängliche Kooperation hin angelegten Markt. Wie also müsste eine Globalisierung aussehen, die die Erde voranbringt und nicht vernichtet? Aber auch das Christentum, ängstlich darauf bedacht, seine in den Mustern der abendländischen Kultur geschichtlich gewachsene Identität nicht zu verlieren, läuft Gefahr, sich in sich selbst zu verschließen, die genannte Identität als Identität schlechthin auszugeben und damit eine einzigartige geschichtliche Chance zu verspielen, das heißt andere, noch nicht realisierte Möglichkeiten, die dem urchristlichen Experiment eingestiftet sind, an den Tag zu legen.

Das System des freien Marktes, das sich zunächst im Europa des 16. Jahrhunderts unwiderstehlich ausbreitete, entwickelte sich nach den Regeln wachsender Expansion und gleichzeitig zunehmender Konzentration. Doch entgegen der reinen Lehre vom freien Markt bildeten sich Oligopole, Monopole und Kartelle, und die regionalen Märkte gingen auf in landesweiten, kontinentalen und transnationalen Märkten, und heute haben wir den globalen Markt.

In der Zeit nach dem Zweiten Weltkrieg entstanden die großen transnationalen Konzerne, die in den achtziger Jahren des zu Ende gegangenen Jahrhunderts jedoch ihre Strukturen gründlich veränderten. Sie entwickelten sich zu neuartigen, noch gigantischeren Unternehmensformen mit inzwischen weltweiter Operationsbasis. Die Schärfe des internationalen Konkurrenzkampfes – so ihre Philosophie – zwinge sie, immer astronomischere Summen in die Forschung, aber auch in Entwicklung und Herstellung neuer Technologien zu investieren, eine geradezu grenzenlose Flexibilität zu fordern und Arbeitskraft und Konsumenten immer erbarmungsloser auszubeuten, sollen denn die gewaltigen Kosten des Konkurrenzkampfes irgendwie wieder eingespielt werden. Um auf dem Markt stark genug auftreten zu können, sind sie auf nachgerade dinosaurierhafte Ausmaße bedacht. Nehmen wir zum Beispiel die Daimler-Benz AG, den deutschen Automobil- und Technologiekonzern, der etwa 30 Prozent des Exports dieses Landes besorgte, bis er 1998 mit der US-amerikanischen Chrysler Corporation fusionierte und seither unter dem Namen Daimler-Chrysler AG als eine der größten Weltfirmen auf dem Markt agiert; oder das Schweizer Unternehmen Novartis, das auf dem Gebiet der chemisch-pharmazeutischen Agroindustrie tätig ist; oder die schwedisch-schweizerische ASEA-Brown-Bovery AG, die schweres technisches Gerät herstellt; oder die japanische Gruppe Mitsubishi, die nicht nur als Autohersteller bekannt ist, sondern weltweit auf neunzig Sektoren operiert … Nur einige Beispiele für solche global tätige Megaagglomerationen.

Im Zusammenwirken mit politischen und kulturellen Kräften bestimmt die wirtschaftliche Macht, wohin der Weg der Welt geht. Mittels ihrer vielfältigen Aktivitäten, vor allem in den Bereichen Information und Kultur (Musik, Film, Fernsehen, Video usw.) erweisen sich diese Machtfaktoren als potente Produzenten und Propagandisten von Werten und Einstellungen, von Verhaltensmodellen, Erwartungen und Beziehungsformen, wie sie für die Kultur des weltweit agierenden Kapitals charakteristisch sind. Da die großen multinationalen Konzerne die Kontrolle über Rendite und Reichtum, Eigentum und Wissen, Information und politische Macht konzentriert in ihrer Hand haben, verwehren sie Regierungen, ja ganzen Völkern in wachsendem Maße die Möglichkeit, an der Kontrolle teilzuhaben, und verringern damit immer weiter die Chancen für eine authentische Demokratie. Illustrieren lässt sich das Ganze an der Tatsache, dass die zehn größten industriellen Gruppen der Welt im Jahre 1991 Aktiva besaßen, die dem 2,9fachen des Bruttoinlandsproduktes der 43 am wenigsten entwickelten Länder entsprachen, dem Anderthalbfachen des Bruttoinlandsproduktes der 57 Länder mit mittlerem Einkommen und einem Viertel des Bruttoinlandsproduktes der 24 reichsten Länder der Erde (einschließlich der Mitgliedsländer der damaligen Europäischen Wirtschaftsgemeinschaft). Die fünfhundert wichtigsten transnationalen Unternehmen, deren Liste sich in der Zeitschrift *Fortune*, Ausgabe 1998, findet, kontrollieren zwei Drittel des Bruttoinlandsproduktes der USA und mithin ein gut Teil der Weltwirtschaft.

Ohne sich an die Grenzen ihres Ursprungslandes halten zu müssen, fusionieren die Megakonzerne immer häufiger miteinander und bilden so ein in der Tat globales Netz komplexer Abhängigkeiten. Mit Treue zu Nation oder Volk hat das Ganze nichts mehr zu tun, wie sich auch die weltweiten Aktivitäten jeder Kontrolle oder Regulierung durch nationale Regierungen entziehen. Als Beispiele für diese »Fusionitis« könnte man noch einmal die Partnerschaft zwischen den bereits genannten Unternehmen Daimler-Benz und Chrysler anführen, die Liaison zwischen der US-amerikanischen Ford- und der japanischen Mazda-Gruppe sowie zwischen dem amerikanisch-japanischen Konzern General Motors-Isuzu und der italienisch-japanischen Fiat-Nissan Gruppe. Im Bereich der Medien geht das brasilianische Unternehmen Globo Hand in Hand mit dem US-amerikanischen Konzern Time-Life. In Deutschland gibt das transnationale Unternehmen das Nachrichtenmagazin Focus heraus. Zu erinnern ist an den Übernahmekampf auf dem Gebiet der Telekommunikation Anfang des Jahres 2000 zwischen der Düsseldorfer Mannesmann-AG und dem britischen Vodafone-Airtouch-Konzern. Auf einen ihrer Höhepunkt scheint die Übernahmewelle hochgeschwappt zu sein, wenn an einem einzigen Tag auf zwei gegenüberliegenden Seiten der Zeitung von nicht weniger als vier Übernahmen zu lesen ist: »Volkswagen steigt bei Scania ein«, »Telekom kauft Debis-Tochter«, »DaimlerChrysler beteiligt sich an Mitsubishi Motors« und »Allianz von General Motors (GM) mit Fiat« (Süddeutsche Zeitung, 28. März 2000).

Das große globale Kapital hat es vermocht, eine Symbiose einzugehen mit den alten Nationalstaaten, so dass neue Interessenbündnisse entstanden sind. Doch in ihnen kommt der Bevölkerung weithin nur noch die Funktion des Konsumenten zu, ohne dass sich die Menschen wirklich daran beteiligen könnten, die Richtung der Gesellschaften zu bestimmen, in denen sie leben.

Zu beobachten ist auch ein sich verschärfender Konflikt zwischen Kapital und Arbeit. Automatisierung und Informatisierung von Produktion und Dienstleistung haben sich ohne Zweifel insofern günstig auf die menschliche Arbeit ausgewirkt, als sie sie von übermäßigen Belastungen befreit haben. Andererseits werden die Gewinne aus der Produktivitätssteigerung keineswegs demokratisch unter die Arbeiter verteilt. Will das Kapital auch weiterhin konkurrenzfähig bleiben, muss es über die Gewinne aus der gesteigerten Produktivität zur Gänze verfügen können. Mit seiner wachsenden Macht über den neuen Reichtum vertieft das Kapital den Widerspruch zu denen, die von ihrer Arbeit leben, statt ihn zu entschärfen. Die Folge daraus sind chronische Arbeitslosigkeit und schwerwiegende psychosoziale Probleme wie etwa Migration, Fremdenfeindlichkeit und kulturelle Entwurzelung. Im Weltszenario kommt es zum Phänomen der sozialen Ausgrenzung, das heißt dass Millionen und Abermillionen Menschen ebenso wie ganze Länder als entbehrlich und als für Investitionen seitens des weltweit operierenden Kapitals nicht mehr interessant betrachtet werden. Diesen bleiben nur Elend und allmählicher Tod.

Der Konflikt zwischen Nord und Süd wächst. Internationale Einrichtungen wie Weltwährungsfonds, Weltbank und Welthandelsorganisation WTO, aber auch regionale Entwicklungsbanken, ja selbst die UNO sind inzwischen kaum mehr als ausführende Organe globaler Interessenkorporationen unter der Führung der Vereinigten Staaten.

Wenn Demokratie gerechte Teilhabe an Ressourcen und Reichtümern, an Produktionsmitteln und Machtfaktoren bedeutet, dann ist die Welt heute weniger demokratisch als je zuvor. Das globale Marktsystem unserer Tage polarisiert die Welt in einer noch extremeren und für Nachhaltigkeit und Zukunftsfähigkeit noch schädlicheren Weise, als die gewalttätigste Kolonisierung früherer Zeiten. Die letzten fünfhundert Jahre waren Zeugen dessen, dass der Herrschaftsbereich der westlichen, eurozentrischen Zivilisation immer weiter expandierte. In deren Verständnis jedoch galt der »Andere« in der Regel als nichts anderes denn als wilder, unterentwickelter, heidnischer Untermensch, der zu assimilieren, zu unterwerfen oder schlicht und einfach zu vernichten war, wie sich an den großen vorkolumbianischen Kulturen Lateinamerikas ablesen lässt.

Das Ende der Kolonialzeit brachte indes keineswegs auch das Ende von Ausbeutung und Unterdrückung. Die alten Herren entwickelten neue, noch ausgeklügeltere Formen von Unterwerfung und Plünderung. Die Zahlen sprechen für sich: 75 % der Bevölkerung unseres Planeten müssen sich mit ganzen 19 % des Bruttoweltproduktes begnügen. Internationale Investitionen in diesen Gebieten fielen von 25,2 % im Jahre 1980 auf 16,9 % zehn Jahre

161

später. Den bösesten Kollaps gab es in Lateinamerika, einschließlich der Karibik. Während der achtziger Jahre des 20. Jahrhunderts leisteten die Länder in diesem geographischen Raum einen Schuldendienst, der um 80 % höher war als das Volumen der direkten Investitionen aus dem Ausland bei ihnen. Die Beteiligung Lateinamerikas am Weltmarkt fiel von 7 auf 4 %. Nach Angaben der Wirtschaftskommission der UNO für Lateinamerika CEPAL stieg die Zahl der in Armut lebenden Lateinamerikaner und Lateinamerikanerinnen im Laufe der Dekade von 112 Millionen auf 184 Millionen. Heute, noch einmal gut zehn Jahre später, stellt sich die Situation noch bedrohlicher dar.

In dieser Zeit der Globalisierung erweisen sich die Eliten auf der nördlichen Halbkugel der Erde zunehmend als unfähig, den wachsenden Reichtum und das sich akkumulierende Kapital so einzusetzen, dass sich die Lebensqualität aller Bürger und Bürgerinnen der Erde – Erde verstanden als ein einziges großes Ökosystem – gleichzeitig schrittweise verbessert. Und die Eliten im Süden, die allerdings zahlenmäßig immer kleiner werden, versuchen, sich mittels Politikentwürfen im Sinne von Strukturanpassungsmaßnahmen auf den weltweiten Markt einzustellen, vergrößern aber damit nur ihre Privilegien und sperren immer beträchtlichere Teile der Bevölkerung sozial aus. Was jedoch in Wirklichkeit dabei herauskommt, ist ein globaler Norden, bestehend aus den Eliten des Nordens und des Südens, und ein globaler Süden, unter dem neben der armen Mehrheit des Südens, auch die wachsende Zahl der verarmenden und vor die Tür gesetzten Arbeiter und Arbeiterinnen im Norden zu verstehen ist. Kein Zweifel: der Graben zwischen den einen und den anderen wird breiter.

Als Auswirkung dieses Modells von Globalisierung, dessen Triebfeder Kapital, Spitzentechnologie und westliche Kultur ist und eben nicht ethische, humanistische Werte, sind wir Zeugen einer radikalen Zivilisationskrise. Was auf dem Spiel steht, ist nicht nur die wachsende Marginalisierung von Milliarden menschlicher Wesen sowie die immer größere Fähigkeit der Menschheit, sich selbst, ja die gesamte Biosphäre zu vernichten, sondern auch das Selbstbewusstsein und die Selbstachtung des Menschen und infolgedessen das Vermögen, in Harmonie mit Mutter Erde zusammenzuleben.

Das Modell materieller Entwicklung, das während der letzten fünfhundert Jahre den Ton angab, hat zu Unzufriedenheit geführt, hat die Bande von Geschwisterlichkeit und Solidarität zerrissen und hat das Gespür für den Sinn des Lebens entleert. Natur und Mensch wurden wie Ressourcen und Waren gehandelt. Das ist der Grund, weshalb wir heute mit einer schweren ökologischen Krise zu ringen haben, in der die Natur vielfach aus dem Gleichgewicht geraten ist, so dass wichtige Regionen der Erde von unwiederbringlicher Zerstörung bedroht sind. Die herrschende Ethik, die utilitaristisch, materialistisch und militärisch formatiert ist, hat für den größten Teil der Menschheit eben keine zukunftsfähige menschlich-soziale Entwicklung zuwegegebracht. Was sie zuwegegebracht hat, sind nichts als Stolpersteine auf dem Weg zu einer realen, partizipativen, planetarischen Demokratie.

Religionen und Kirchen haben sich von diesem System der Vernichtung ein gut Stück kooptieren lassen. In den Ländern des Zentrums haben sie weithin ihre prophetisch-kritische Kraft verspielt. In den Ländern am Rande des Systems hingegen lässt sich beobachten, dass entscheidende Kreise des Christentums Gott sei Dank die soziale, strukturelle Sünde erkannt haben, die in dieser Figur von Ordnung steckt. Mittels ihrer Option für die Armen haben sie Partei ergriffen für die Opfer und die befreiende Erinnerung an Praxis und Evangelium Jesu wieder zur Geltung gebracht. In der Kirche der Befreiung wie auch in der entsprechenden Theologie der Befreiung, deren gesellschaftliche Basis in den Armen und in den vom geltenden System an den Rand Geschobenen besteht, kommt zum Ausdruck, dass sich hier und jetzt ein Modell engagierten Christentums historisch abzeichnet, dem es um gesellschaftliche Veränderungen im Weltmaßstab geht.

2. Schritte auf dem Weg zu einer einzigen Weltgesellschaft

Die weltweite Zivilisationskrise ist so gravierend, dass wir – finden wir keinen rettenden Ausweg – die Gefahr gewaltiger sozialer Umwälzungen und alarmierender ökologischer Verwerfungen laufen.

Wenn es aber so mit uns bestellt ist, kommen wir nicht umhin, eine neue Spiritualität zu entwickeln, will sagen unserem persönlichen wie gesellschaftlichen Leben eine neue grundlegende Sinngebung beizumessen. Inhalt dieser neuen Spiritualität hat zu sein, dass der Mensch zum einen wieder sich selbst begegnet und zum anderen in allem einen alles umfassenden Sinn erkennt.

Zunächst also müssen wir unser Verständnis vom Menschen überdenken. Es geht darum, uns wieder als das zu erkennen, was wir immer waren: als Knäuel von Beziehungen in alle Richtungen, als Wesen, das seinen Zweck in sich selbst trägt, und als Projekt ohne Grenzen und ohne Ende. Als Menschen sind wir natürliche und geschichtliche, individuelle und soziale, rationale und auch intuitive und emotionale Wesen. Deshalb kann Demokratie nur dann gelingen, wenn wir Anthropozentrik und Individualismus, die ja beide Kennzeichen der modernen Anthropologie sind, hinter uns lassen. Als Beziehungswesen können wir uns erst dann verwirklichen, wenn wir verantwortliche Träger und Trägerinnen unseres Handelns sind und zugleich den Anderen bzw. die Andere als gleichfalls subjekthaftes Gegenüber akzeptieren und gemeinsam zu Akteuren der einen kollektiven Geschichte werden.

Zweitens müssen wir uns mit dem Begriff Gesellschaft auseinander setzen. Gesellschaft ist weder die Summe von Einzelwesen, die das Gesetz zusammenbindet, noch irgendeine Menschenmasse, über die der Staat das Kommando führt. Gesellschaft ist das artikulierte Gesamt von Personen, das heißt von Bürgern und Bürgerinnen, die gemeinsam ein kollektives Subjekt bilden und die sich als solches um das Gemeinwohl für die Menschen und für alle natürlichen Wesen kümmern.

Des Weiteren muss der Begriff Demokratie auf den Prüfstand. Mit einer bloß repräsentativen Demokratie ist es nicht getan. Demokratie muss sozial und partizipativ sein. Demokratie fußt auf größtmöglicher Beteiligung, Mitwirkung und Mitbestimmung aller. Diese aber bauen sich von unten nach oben auf, entwickeln immer mehr Ebenen der Gleichheit, beziehen ihre Wärme aus der zentral wichtigen Solidarität und halten sich offen für die intersubjektive Kommunikation der Bürger und Bürgerinnen, mit ihren verschiedenen Weltanschauungen und Überlieferungen, Werten und Symbolen.

Viertens müssen wir fragen, was mit politischer Ökonomie gemeint ist. Ursprünglich meint Ökonomie die Verwaltung begrenzt vorhandener Güter und nicht die Technik unbegrenzten Wachstums mittels Warenproduktion und Dienstleistung. Der springende Punkt ist heute eine Ökonomie des ausreichenden Maßes für alle. Oder anderes gesagt: Wirtschaft als Mittel dazu, dass alle Menschen wie auch alle sonstigen natürlichen Wesen leben können, und eben nicht als Selbstzweck, der um nichts anderes als um sich selbst kreist.

Sodann brauchen wir ein neues Paradigma von Entwicklung. Das Kernstück dieses anzustrebenden Entwicklungsmodells besteht in der Anerkennung der Tatsache, dass sich die wirtschaftliche, die politische, die gesellschaftliche und die umweltbezogene Dimension der menschlichen Geschichte zu einer sauber zugeordneten Einheit verbinden. Zentrale Zielsetzung und unaufgebbarer Bezugsrahmen dieser Art von Entwicklung ist der Mensch mit seinen individuellen wie sozialen Belangen. Alles, was an ökonomischen Tätigkeiten läuft, kann nur Werkzeug zu diesem Zweck sein.

Sechstens bedarf es einer Veränderung auf der Ebene von Kultur und Subjektivität. Der Umbau der Institutionen allein reicht nicht. Auch der Mensch muss als involviertes, partizipierendes Subjekt gefragt sein. Wo die Menschen leben, dort müssen auch die demokratischen Ideale leben und als universale Werte gelebt werden, wie etwa in Familie, Schule, Verein, Verband. … An dieser Stelle erhellt, wie wichtig molekulare Revolutionen sind, das heißt Veränderungen innerhalb des gesellschaftlichen Mikrokosmos, mit denen sich eine Fülle von Experimenten, Erfahrungen und Visionen verbindet und die im Stande sind, strukturelle Veränderungen zu forcieren. Der Mensch ist nicht der Mittelpunkt des Weltalls, sondern ein Bruchstück des Lebens und des Bewusstseins. Sein Vater und seine Mutter ist die in fortwährender Evolution befindliche Natur, die ihrerseits auf ein absolutes Leben und höchstes Bewusstsein hindeutet, welches alles Sein begleitet und allem Werden vorangeht. Zugleich aber ist der Mensch das einzige ethikfähige Wesen in der Natur, insofern er Verantwortung für sich und für anderen zu übernehmen und sich dazu zu entscheiden vermag, ihnen das Leben zu erhalten, damit auch sie ihre eigene Zukunft haben können.

Die planetarische Demokratie ist eine gigantische, aber keineswegs unerfüllbare Herausforderung. Sie ist die Bedingung für unser gemeinsames Überleben. Entweder lassen wir uns darauf ein, demokratisch die Güter der Erde zu teilen, mögen sie auch noch so begrenzt sein und immer knapper werden, und wir erarbeiten Strategien eines friedlichen Zusammenlebens zwischen den Gesellschaften und mit der Natur, oder wir versinken in einem Meer von Gewalt und stehen vor Bergen von Opfern, wie sie die Geschichte der Menschheit noch nicht gesehen hat. Auch die Rettung muss global sein. Eine Arche Noah, welche einige rettet und die anderen untergehen lässt, wird es nicht noch einmal geben. Entweder retten wir uns alle, oder wir setzen uns alle der Gefahr aus unterzugehen.

3. Der Auftrag des Christentums im Prozess der Globalisierung

Das Christentum steht vor einer enormen Herausforderung. Wie es am Ausgang der Antike die Werte des zusammenbrechenden Römischen Reiches gerettet hat, so ist es heute aufgerufen, Hand in Hand mit anderen die Menschheit aus der Gefahr drohender Selbstzerstörung zu retten. Um jedoch mit diesem gewaltigen Auftrag sachgerecht umgehen zu können, muss es vor allem sein westlich-kulturelles Gehäuse radikal abbauen. Nur so wird es im Stande sein, den Weg der Globalisierung zu gehen und auch von anderen Weltkulturen akzeptiert zu werden.

In der Folge dieser Selbstrelativierung wird es sodann auf das imperialistische Verständnis von Mission verzichten müssen. Konkret heißt das: Es wird sich weigern müssen, das Evangelium aus einer Position der Macht und mit Hilfe von Mitteln der kulturellen Macht zu verkündigen, wie es traditionellerweise Usus war. Denn was wir in Asien, Afrika und Lateinamerika an Christentum haben, ist keine originäre Gestaltwerdung des Evangeliums, sondern lediglich die Expansion des westlichen ekklesiastischen Systems mittels der Strategie der Macht. Als wirklicher Wert wird allein jenes Christentum weltweit Annahme finden, welches – und das ist die wesentliche Bedingung – in den kulturellen und spirituellen Traditionen der Menschheit die Präsenz des Geistes und des Evangeliums Gottes entdeckt. Kraft dieser Überzeugung wird es dann sein Wirken beginnen können, es aber immer im Stil des Franz von Assisi als Dienst an den anderen zu verstehen haben. Erst wenn es so seine Dienstbereitschaft erwiesen und sich kulturell ganz auf die Werte des betreffenden Volkes eingelassen hat, wird es das Evangelium Jesu explizit verkünden können.

Dem Evangelium mit seinem unverwechselbaren Wertgehalt wird nur dann die Straße der Globalisierung offen stehen, wenn seitens des Christentums zwei grundlegende, zu seiner Substanz gehörende humanistische Werte ausdrücklich verkündet werden: Schutz des Lebens in all seinen Formen und universal gelebte Geschwisterlichkeit, deren Maß und Rhythmus aber von den Armen und Unterdrückten her zu bestimmen sind.

Nichts ist heute bedrohter als das Leben, zumal das Leben von Verarmten und Verrandeten. Gefährdet ist aber auch das Leben des gesamten Planeten Erde. Für uns ist der Planet Erde ein lebendiger Superorganismus, der manchmal auch *Gaia* genannt wird. Er besteht aus einer Myriade von Lebensformen, angefangen mit mikroskopischen Winzigkeiten bis hin zu den komplexesten Organismen. Allesamt sind sie von der Gier industrieller Machtallüren bedroht. Mag sich das Leben auch als noch so vielfältig darstellen, immer ist es ein und dasselbe Leben. Denn dieselben physisch-chemischen Elemente, die den einfachsten Organismus bilden, bilden ja auch die komplexesten Lebewesen, wie der Mensch eines ist. Insofern das Leben das höchste, geheimnisvollste Aufblühen des Evolutionsprozesses ist, ist es etwas Heiliges. Ja, mittels des Lebens offenbart sich das Geheimnis der Welt. Und das nennen wir Gott. Im Bewusstsein der verschiedenen Religionen, einschließlich des Christentums, ist Gott aber der Gott des Lebens. Und Jesus, der Sohn Gottes, ist gekommen, uns das Leben zu bringen, und zwar in Fülle zu bringen.

Dass alle Menschen untereinander Brüder und Schwestern sind, wurzelt in der theologischen Erkenntnis, dass wir alle Söhne und Töchter Gottes sind. Doch diese Würde ist nicht nur einigen wenigen vorbehalten, wie etwa den Getauften, sondern sie kommt allen – lebendigen wie leblosen – Wesen zu, und mögen sie noch so bescheiden sein. Ja, auszugehen bei der lebendigen Konkretisierung dieser Würde ist immer von den Letzten, will sagen von den Schwachen, Unterdrückten und Vor-die-Tür-Gesetzten. Für sie Partei zu ergreifen und ihre Würde vor allen Gerichten der Welt zu verteidigen, das ist heute eine der zentralen Aufgaben für die christlichen Kirchen.

Das Ideal der Demokratie, wusste schon Jacques Maritain

(1882 – 1973), ist der säkulare Name für das christliche Ideal der Geschwisterlichkeit; denn beide – Demokratie und Geschwisterlichkeit – haben als maßgebendes Motiv Gleichheit, Liebe und Solidarität. Doch das demokratische Ideal beinhaltet viel mehr als konkrete Demokratien, wie wir sie heute kennen, darstellen. Das demokratische Ideal impliziert Werte, die keine Grenzen kennen und die sich auch nicht in geschichtlichen Formen repräsentativer Demokratien erschöpfen, weil diese in Wirklichkeit nichts weiter als Demokratien in Miniformat sind.

Werte, um die es geht, sind Toleranz und Gewaltfreiheit, aber auch die Vorstellung, dass sich die Gesellschaft mit Hilfe freier Auseinandersetzung Schritt für Schritt erneuern lässt, die Überzeugung, dass Mentalitäten und Lebensweisen mittels eines fortwährenden Dialogs zu verändern sind, sowie schließlich gelebte Geschwisterlichkeit und das praktizierte Bewusstsein, dass wir alle ein gemeinsames Ziel haben. Demokratie ist das Regime, in dem jeder Mensch die Würde beanspruchen kann, dem zu gehorchen, was Recht und gerecht ist. Was Recht und was Unrecht ist, ist dabei keine autoritäre Festlegung von Gesetzes wegen, sondern erwächst aus der Überzeugung von der objektiven Gültigkeit von Werten, die über unser Tun urteilen und unserem Gewissen und Bewusstsein Richtung geben.

So hat das Christentum dabei zu helfen, dass eine Welt für alle entstehen kann, und nicht nur für Christinnen und Christen. Dabei ist Demokratie der gesellschaftliche und politische Rahmen, der allen zugute kommt. Auf der Grundlage planetarischer Demokratie können sich dann auch Religionen, Spiritualitäten und Weltanschauungen treffen. Aber sie haben alle Rücksicht zu nehmen auf die größere, alles umgreifende Realität, auf den Planeten Erde; denn auch der Planet Erde will ja gerettet werden. Erst wenn diese Bedingung erfüllt ist, dürfen sich die Menschen mit sich selbst auseinander setzen, wobei jedoch der eine ein Ohr für den anderen zu haben hat und alle gemeinsam in der Erfahrung jenes Geheimnisses wachsen müssen, welches alles, was existiert, in seine Arme schließt und alles, was Kosmos heißt, durchdringt. Als Christinnen und Christen nennen wir dieses Geheimnis »Gott in der Gemeinschaft der göttlichen Personen«.

So unterschiedlich Religionen und Kirchen, so gesund bzw. krank Glaubensrichtungen und Glaubensgemeinschaften auch sein mögen, über alle wölbt sich der Regenbogen der Gnade Gottes, und alle treffen sich unter dem Zeichen des Bundes, den Gott mit allem eingegangen ist, was seine Schöpfung nur zu bieten hat. Genau das stellt uns denn auch die Noacherzählung in Aussicht, dass nämlich kein Wesen jemals mehr unterzugehen braucht und dass alle leben können.

Auf der Grundlage dieses gemeinsamen Hoffnungsgutes vermag dann das Christentum seinen spezifischen Unterschied zu benennen und in der Breite weiterer Spezifika seine positiven Wahrheiten zu formulieren. Doch die unterscheidenden Merkmale dürfen nicht als Bruchstellen im Projekt Gottes missverstanden werden. Sind sie doch verschiedenartige, vielgestaltige Formen, in denen uns Gott ein und dasselbe Projekt offenbart.

Was christliche Identität positiv ausmacht, muss in den vielen Sprachen, die Menschen sprechen, und in den zahlreichen kulturellen Codes, die von ihnen entwickelt worden sind, gesagt werden. Und auch die vielen Symbole, die sich in der Fülle der Traditionen finden, bieten sich als Mittel an, das unterscheidend Christliche zu feiern. Allein in der Diversität lassen sich Katholizität und Universalität der christlichen Botschaft in greifbare Gestalt kleiden. So erhellt: Allein ein Christentum mit asiatischem, afrikanischem und afro-indio-lateinisch-amerikanischem, aber auch mit westlichem Gesicht ist im Stande, den Traum Jesu im Sinne eines Sinn- und Hoffnungsangebotes für alle, die sich ihm öffnen, Wirklichkeit werden zu lassen. So gesehen hat die Geschichte gerade erst begonnen. Denn was wir bis heute zu Stande gebracht haben, ist doch nur die abendländische Version des Christentums, wie wir sie in den geschichtlich gewordenen Gestalten der römisch-katholischen, der orthodoxen und der aus der Reformation des 16. Jahrhunderts hervorgegangenen Kirche haben. Das große Pfingsten, an dem ja die eine Botschaft in den Sprachen der verschiedensten Völker zum Ausdruck kommt, ist für den christlichen Glauben noch immer Provokation, Verheißung und Zukunft. Erst wenn das neue Pfingsten anbricht und das Evangelium in den zahllosen Sprachen, deren Mensch sich nun mal bedienen, artikuliert wird, wird das Christentum zu seiner wirklich globalisierte Dimension finden. Und erst dann wird der Glaube wirklich kat-holisch sein.

Die Zukunft des Christentums in Lateinamerika – das neue Rom mit Merkmalen der Tropen?

Das hier anstehende Thema ist weniger eine Sache für Analytiker als für Visionäre. Dessen ungeachtet erlauben wir uns, im Hinhören auf gegenwärtige Strömungen eine persönliche Sicht der Dinge vorzutragen. Überflüssig zu sagen, dass die Zukunft der christlichen Kirche wie der Theologie weder von der einen noch von der anderen allein abhängt. Ihre Zukunft ergibt sich aus der Verbindung vieler Faktoren, wie etwa aus der Interaktion der Gesellschaften auf nationaler, kontinentaler und weltweiter Ebene sowie der Politikkonzepte von Völkern und Kulturen, aber auch aus dem Auftauchen neuer Fakten im Weltszenario (Wer konnte etwa den Fall der Berliner Mauer und den Zusammenbruch des Sowjetimperiums voraussehen?) und schließlich aus dem Auftreten charismatischer Gestalten.

Um mit unserer Reflexion nicht allein an der lateinamerikanischen Provinz hängen zu bleiben, müssen wir den neuen Horizonts der gesamten Menschheit in den Blick nehmen. Wir befinden uns in einem Prozess umfassender *Welt-weitung* und des Aufbrechens eines planetarischen Bewusstseins. Zum ersten Mal in der Geschichte der Menschwerdung ist sich das Menschengeschlecht der Tatsache bewusst, dass wir eine einzige Spezies sind, die – so unterschiedlich sie ist – dennoch Kräfte der Konvergenz in sich trägt, und dass wir Teil und Parzelle des Planeten Erde sind. So wie das Leben einen Moment in der Geschichte der Erde darstellt, so bedeutet auch das Bewusstsein einen Moment in der Geschichte des Lebens. Der Mensch ist die Erde, insofern sie denkt, träumt, Symbolwert hat, liebt und Anbetung pflegt. Das neue planetarische Bewusstsein macht uns zu in der Erde wurzelnden Bürgern und Bürgerinnen, die Mit-verantwortung tragen für unser strahlendes blauweißes Raumschiff, das uns allen Vater- und Mutterland ist. Doch diese Erde, die viele für einen lebendigen Superorganismus halten und der sie den Namen *Gaia* geben, ist krank und bedroht. Angesichts dieser Lage wird uns immer klarer, dass das erste Gebot nur lauten kann, das gemeinsame Gut zu retten, weil sonst auch alle anderen Werte zugrunde gehen. Hinzu kommt noch, dass uns zusammen mit der Erde auch die Verhältnisse am Herzen liegen müssen, die nötig sind, dass sich der Mensch – ob Mann, ob Frau – als solcher realisieren kann.

Die Frage ist dermaßen zentral, dass hinter ihr eine neue Radikalität aufscheint. Die eigentliche Frage ist nicht, was für eine Zukunft die Kirche oder die christliche Theologie in Lateinamerika hat. Die Frage ist, was für eine Zukunft die Erde und die Menschheit haben und in welchem Maße die Kirchen mit ihren Theologien dazu beitragen, eine Zukunft in Solidarität, in dynamischer Ausgeglichenheit und in Frieden zu ermöglichen. Das ist das *punctum stantis et cadentis*, das heißt der entscheidende Punkt, auf den es in jeder Reflexion, einschließlich der Theologie, heute ankommt.

In Anbetracht der Tatsache, dass sich das Problem so stellt, entwickeln wir unsere Überlegungen in zwei Schritten, bei denen der eine aus dem anderen folgt. Erster Schritt: Was für eine Zukunft hat das Christentum mit seinen Theologien im Prozess der Mundialisierung? Zweiter Schritt: Was für eine Zukunft hat das Christentum mitsamt seinen Theologien, unter den Bedingungen dieses globalen Prozesses, in Lateinamerika? Zum Schluss folgen noch einige Gedanken zum Christentum als einem spirituellen Weg für die komplex gewordene und in ihren Unterschieden geeinte Menschheit.

1. Die Zukunft des Christentums im Prozess der Welt-weitung

Betrachtet man das Phänomen des Christentums im Weltprospekt, stellt es sich einem sozusagen in vier Ausgaben dar: in der gesellschaftsmäßigen, in der popularen, in der gemeinschaftsmäßigen und in der charismatischen Ausgabe. Man kann auch sagen: Das Christentum erweist sich als Großinstitution, als Volksreligion, als Netz von Gemeinschaften und als charismatisches Gebilde.

a. Die Zukunft des Christentums als Großinstitution

Da haben wir zunächst das Christentum in der Form einer Gesellschaft. Wie bei allen Gesellschaften springt auch bei der Kirche der Charakter der Menge ins Auge, die Beziehungen sind anonym und funktional, und in den Formen der Teilhabe und der Machtverteilung herrscht Hierarchie. Auf der einen Seite stehen die, die Macht und Verantwortung innehaben, und auf der anderen Seite finden sich die, die dazu gehören wollen und welche die große Menge der Bekennenden ausmachen. Diese Art von Christentum kreist um die Kategorie »sakrale Macht«. Es entwickelte sich zu einer großen, weltweiten Institution. Das Christentum ist eine der zentralen Institutionen des Westens. Auch wenn es primär symbolischen Charakter haben will, ist sein Einfluss auf politische und kulturelle Machtinhaber kolossal. Ja, man kann sagen, es sei unmöglich, die Geschichte des Abendlandes nachzuzeichnen, ohne zugleich die Geschichte der Kirche als Großinstitution im Auge zu haben, die Geschichte der Päpste in Auseinandersetzung mit den Fürsten ebenso wie die Geschichte all der Religionskriege. Die sakrale Macht hat sich in aller Regel mit der politischen Macht gut verstanden. Aus diesem Bündnis entstand dann das Regime der Christenheit. Ein gemeinsames Anliegen band die beiden Mächte zusammen, das *dominium mundi*. Dabei betrieb die eine Macht die Eroberung der Körper mittels militärischer Eroberung, politischer und wirtschaftlicher Unterwerfung sowie kultureller Anpassung. Die andere bediente sich der Eroberung der Seelen mittels Mission, Katechese und Einpflanzung der abendländischen Version des Christentums.

Das Christentum in der Gestalt der Großinstitution entpuppt sich als imperiales Christentum der Eroberung. Seine theoretischen Gewährsleute hat es in Paulus und Augustinus, wie anerkannte Historiker gezeigt haben. Die theologisch-ideologische Betrachtensweise des einen Gottes (atrinitarischer Monotheismus), des einen Christus (Christomonismus), des einen religiösen Führers (Papsttum) und des einen politischen Kopfes (Monarchie) lieferte die Grundlage für die Zentralisierung der Macht. Diese gelangte in der römisch-katholischen Vorstellung, die Kirche habe ihr Haupt in der Gestalt des Papstes, zu ihrem prächtigsten Ausdruck. Aber auch andere christliche Kirchen gingen in der Form, wie sie sich strukturierten, Hand in Hand mit den herrschenden politischen Mächten und waren deren Verbündete bei der Etablierung des *dominium mundi* in der Karibik, in Afrika und in Asien.

Wegen seiner Logik der Eroberung und wegen seines Bündnisses mit den Eroberern wurde das Christentum der Eroberung zum Komplizen der Gewalt, die für die Expansion des Westens in die ganze Welt ja so bezeichnend ist. Für Menschen außerhalb der westlichen Galaxie bezeichnet diese Art von Christentum die Religion der Eindringlinge und Herrscher und steht im Verruf, mit Grausamkeit und Herzlosigkeit kompaktiert und eine Sache mit ihnen gemacht zu haben. Man vergegenwärtige sich nur das Zeugnis des Maya-Propheten Chilam Balam von Chumayel zur Zeit der iberischen Eroberung im 16. Jahrhundert:

»Wehe uns! Trauern lasst uns darüber, dass sie kamen … Sie kamen, unsere Blumen zum Welken zu bringen, damit allein ihre Blume erblühte … Unter uns haben sie die Traurigkeit eingeführt, das Christentum haben sie eingeführt … Das war der Anfang unseres Elends, der Anfang unseres Sklavendaseins.«

In solcher imperialen Form nehmen die Völker der Erde diese Version von Christentum wohl kaum an, und in dieser Gestalt lässt es sich auch nur schwerlich universalisieren, weil es implizit die Herrschaft eines Teils (des Westens) über das Ganze (die Welt) fortführt. Das so sich gerierende Christentum ist in der Tat Teil des Westens (portugiesisch: *ocidente)*, wobei sich dieser jedoch mehr und mehr als Zufall, wenn nicht als Unfall (*acidente*) erweist. Als Großinstitution tut sich das Christentum schwer, die kulturellen Unterschiede zu akzeptieren und andere Religionen theologisch wertzuschätzen. Es erhebt den Anspruch, der offizielle und einzige Weg der Menschheit zu Gott zu sein. Doch da geben sich seine Vertreter einer Illusion hin; denn es kann doch nicht sein, dass der Weg zur göttlichen Landschaft ausschließlich durch die Tür der Großinstitution Christentum führt.

Was für eine Zukunft hat das Christentum in der Gestalt der Großinstitution? Es hat Zukunft, soweit diese im Gewand westlicher Kultur daherkommt, weil zum einen ihm die westliche Kultur als Unterbau dient und weil es zum anderen selbst tief in Kultur, Phantasie und Symbolwelt des Westens eingedrungen ist und sich mithin zu einem Archetypen des kollektiven westlichen Unbewussten entwickelt hat. Allerdings hat dieser Archetyp mittlerweile die Qualität eines Fossils erreicht, und die Kraftimpulse, die sonst von Archetypen ausgehen, sind ihm abhanden gekommen.

Dessen unbeschadet hat die Großinstitution Christentum möglicherweise einen langen Atem. Womöglich baut sie sogar ihre institutionelle Macht weiter aus, wie im Falle der römisch-katholischen Kirche unter den letzten Päpsten oder verschiedener anderer historischer Kirchen, die in den Ländern des Zentrums verwurzelt sind. Aber schwerlich wird die christliche Großinstitution Quelle von Sinngebung und von inspirierender Utopie für die Menschheit insgesamt sein. Das ist sie ja nicht einmal für den Westen. Anstatt Auge in Auge mit den heute tonangebenden Kulturen zu verkehren und sie zu neuen Herausforderungen zu inspirieren, zeigt sie diesen die kalte Schulter.

Und was kann unter diesen Bedingungen die Aufgabe der Theologie sein? Normalerweise wird Theologie im Rahmen der Großinstitution Kirche getrieben. Dabei wird Theologie dieser oder jener Couleur insofern ideologisch bedeutsam, als sie der Institution die rationalen Begründungen liefert. Aus diesem Grund bauen sich die verschiedenen Theologieen auch ganz systematisch und architektonisch auf, ähnlich der Institution selbst. Damit ist freilich nicht gesagt, die Theologie unterließe es, religiöse Inhalte auf ihre spezifische Bedeutung hin zu reflektieren. Natürlich tut sie das auch weiter, allerdings in der Sprache und innerhalb der Canones der Institution, die aber immer bestimmend und eingrenzend sind. Kaum eine Theologie ist prophetisch. Ist sie es dennoch, wird sie gleich der Treulosigkeit verdächtigt, oder man unterstellt ihr, den Diskurs des Gegners übernommen zu haben, der ja nichts anderes im Schilde führe, als die Institution kaputt zu machen, auch wenn es sich in Wirklichkeit um die Sprache der Erneuerung handelt, die die Muster institutioneller Identität überhaupt nicht leugnet, sondern nur ihre negativen Auswirkungen oder eine bestimmte konkrete Ausprägung im Laufe der Geschichte.

b. Die Zukunft des Christentums als Volksreligion

In der Gestalt der Großinstitution hat das Christentum vor allem in der herrschenden – mit Justiz, Literatur und Philosophie operierenden – Kultur des Westens sein Zuhause gefunden. Eines der

174

entscheidenden Fakten in der Geschichte des Christentums war, bereits im 2. Jahrhundert, die Konversion namhafter Philosophen aus der berühmten Schule von Alexandrien im Norden Ägyptens. Aus diesen wurden die ersten christlichen Theologen. Sie brachten die theoretischen Grundmuster ein für den weiteren Werdegang des christlichen Denkens, zunächst in platonischem, neuplatonischem und gnostischem und später in aristotelischem Gewand. Der Grundstein war gelegt für ein Christentum der Eliten. Geprägt von römischem Recht und von byzantinischen Hofritualen Kaiser Justinians (527–565 n. Chr.), erhielt es in Liturgie, Dogmatik und kanonischem Recht das Markenzeichen jenes Christentums, wie wir es bis auf den heutigen Tag kennen.

Doch parallel zu diesem Prozess der Elitisierung entwickelte sich ein komplexes populares Christentum. Es stellt eine andere Form dar, wie Gläubige ihre Erfahrung von Christentum gestalten, eben im Kodex der Volkskultur. So gesehen müssen wir uns hüten, das populare Christentum als einen Verfall des offiziellen Christentums zu betrachten. Es baut auf der emotionalen Vernunft auf und seine Grammatik folgt den logischen Mechanismen des Unbewussten, in dem mächtige Symbole und uralte Archetypen das Sagen haben. Sein grundlegendes Charakteristikum besteht in der unmittelbaren Konfrontation zwischen Glauben und Leben, das heißt zwischen der alltäglichen Existenz von Arbeit, Familienleben und gesellschaftlichen Gepflogenheiten einerseits und der Botschaft des Evangeliums andererseits. Die unmittelbare Begegnung führte zu einem starken Synkretismus, welcher der christlichen Volksreligion ihr Kolorit verleiht. Religion ist immer Synkretismus. Auch das Christentum als Großinstitution macht da keine Ausnahme, insofern es sich ja die Werte und Paradigmen der herrschenden Kultur zu eigen gemacht hat. Gleichwohl lebt insbesondere das populare Christentum aus der ständigen synkretistischen Einverleibung von Werten, die ihm seine Umwelt anbietet. Begonnen hat das Ganze bereits am Anfang, als missionarische Begeisterung auf die Idee kam und einen immer weiter um sich greifenden Prozess anschob, heidnische Faktoren durch christliche Elemente zu ersetzen: statt heidnischer Amulette benutzte man fortan metallische Kreuze, statt irgendwelcher Heilsformeln sprach man nunmehr Wörter oder Sätze aus der Bibel; statt Statuen von römischen oder germanischen Gottheiten

stellte man seither christliche Heiligenfiguren auf; und vorfindliche Tempel schlug man nicht kurz und klein, sondern baute sie
im Sinne christlicher Einstellung um.

Dieser Prozess durchzieht die ganze Geschichte, immer in
Spannung mit dem offiziellen Christentum, das die Kontrolle
über die Gläubigen nicht aus der Hand geben, sondern selbst über
die Rechtgläubigkeit von Formeln und Riten wachen will. Trotzdem nahm das Christentum als Volksreligion seinen eigenen Lauf
und artikuliert religiöse Erfahrung, so wie Veränderungen in der
Umwelt sie nahelegen und nicht wie strenge Lehrreflexion sie fordert. Besonders kraftvoll geschah das in Lateinamerika, wo Muster
des mittelalterlichen, aber auch von der Reformation beeinflussten
europäischen Christentums sich mischten mit indianischen und
schwarzen Überlieferungen. Der Historiker Eduardo Hoonaert hat
eingehend nachgewiesen, wie in Brasilien auf der Grundlage eines
grandiosen Synkretismus drei Arten von historischem Katholizismus zu Stande kamen: der kriegerische und der patriarchalische
Katholizismus sowie der Volkskatholizismus (*Kirchengeschichte
Brasiliens – aus der Sicht der Unterdrückten – 1550–1800*, Mettingen
1982).

Und was heißt Theologie im Volkskatholizismus? Auch wenn
sich akademische Theologie schwer tut, der Erkenntnis zuzustim-
men, gilt: Auch der Volkskatholizismus hat eine bewusste Reflexion
und folglich eine populare Theologie. Der Volkskatholizismus besitzt seine Canones und seine Rechtgläubigkeit, und nicht alles,
was Erfahrung und Symbol ist, akzeptiert er. Der Volkskatholizismus ist eine Theologie, in deren Mittelpunkt tiefe Bedeutungsträger stehen. Diese geben dem Leben Sinn, machen dem unterdrückten Volk Mut, sich den schrecklichen Dramen seines Leben
zu stellen, und erleichtern es ausgebeuteten Arbeitern, die Last
und die miserable Qualität ihres Daseins zu ertragen. Sinn finden
die Menschen in der Verehrung zahlreicher so genannter starker
(männlicher und weiblicher) Heiliger, in einer Vielzahl von Wallfahrten, in der Frömmigkeit in der Familie sowie in religiösen
volkstümlichen Geschichten und Legenden von Wundern und
wundersamen Heilungen.

Was für eine Zukunft hat das populare Christentum? Genau die
gleiche Zukunft, wie das einfache Volk sie hat. Sollte es eine Größe
in der Geschichte geben, die Zukunft hat, dann sind dies mit

Sicherheit die kleinen Leute. Diese werden auch bei allem Auf und Ab der Geschichte bleiben. Immer entwickelt das einfache Volk Bedeutungsträger und Träume, die dem Leben, den Kämpfen und dem Ringen ums Überleben Sinn geben. Religion ist in der Regel seine Lebensphilosophie. Religion holt es aus der geschichtlichen Bedeutungslosigkeit hervor, zu der Regierende und Unterdrücker es verdammt haben, verleiht ihm ein Gespür für Würde und Erhabenheit, weil es sich nicht dem totalen Absurdum ausgeliefert weiß, sondern in der Begleitung Gottes mitsamt all seinen männlichen und weiblichen Heiligen fühlt.

c. Die Zukunft des Christentums als Netz von Gemeinschaften

Das populare Christentum brachte ein großartiges Kind zur Welt: das weite Netz kirchlicher Basisgemeinden und religiöser Volksbewegungen. Geboren wurde damit ein weiteres Modell von Christentum, das Christentum als Netz von Gemeinschaften und Bewegungen. Hier leben die Glaubenden mehr aus der Gründungserfahrung und stehen eher in unmittelbaren, affektiven, namentlichen Primärbeziehungen als in lehrmäßigen und kanonisch etablierten Bezügen.

Diese Art von Christentum will nicht Eroberung, sondern Präsenz, Dialog und Eintauchen in die örtlichen Kulturen. Deshalb ist es per se ein Christentum der Befreiung. Deshalb bewahrt es auch besser als etwa das erste Modell die Erinnerung an die Ursprünge; denn es lebt aus dem Traum Jesu und der Apostel von einer Gemeinschaft von Brüdern und Schwestern und von der Entdeckung Gottes in den Maschen des täglichen Lebens aller Sterblichen. Es ist eher kontinuierliche Bewegung als Institution und bringt den utopischen Charakter von Wort und Tat Jesu wieder zur Geltung.

Die Leitungsfunktion liegt bei der Gemeinde selbst und rotiert. Sie besteht eher in Anregung als in Anweisung. Die religiösen Feiern schöpfen ihre Themen aus dem Leben und gestalten seine Inhalte um in Gebet und Symbol, denen es in der Regel weder an Lebendigkeit noch an Ausdruckskraft fehlt. Die Kirche als Netz von Gemeinschaften und Gemeinden pflegt normalerweise Kontakt mit anderen Volksbewegungen und hat dank ihrem Gemeinschaftscharakter und in dem Maße, in dem sie sich für die Verbesserung der gesellschaftlichen Beziehungen engagiert, dort eine Funktion der Vermenschlichung.

Wie geschieht Theologie im Rahmen dieses Modells von Christentum? Die verschiedenen Theologien, die hier getrieben werden, haben einen existentiellen und engagierten Charakter. Nur selten sind sie durchsystematisierte Entwürfe, was ja auch nicht unbedingt sein muss, weil christliches Glaubensleben so etwas nicht zwingend voraussetzt. Hier nimmt Theologie ihren Ausgang beim Leben und Handeln, was natürlich den Eindruck des Provisorischen und Fragmentarischen mit sich bringt. Aber auch im Fragment kann das Ganze beinhaltet sein, wie moderne Hologramme zeigen.

Was für eine Zukunft hat diese Art von Christentum? Weil sie tief im einfachen Volk verwurzelt ist, hat sie immer Zukunft. Sie lässt sich von der einen wie von anderen Kulturen assimilieren. Je nachdem in welche Kultur sie sich hineingibt, kann sie zahllose Gesichter annehmen. Und da sie Merkmale von Befreiung trägt, nimmt ihre Relevanz fortwährend in dem Maße zu, in dem sie sich einlässt auch auf andere Bewegungen zur konkreten Befreiung von Ausgeschlossenen, Unterdrückten und Verrandeten, von Schwarzen und Indianern, von Frauen und sonstigen gesellschaftlich Stigmatisierten.

Umgekehrt steht das Christentum vernetzter Gemeinden unter dem Druck des als Gesellschaft konzipierten Christentums, weil dieses es subsumieren, einpfarreien und institutionell vereinnahmen will. Doch selbst wo man es subsumiert hat, bewahrt es seine Autonomie; denn es lebt aus der täglichen Auseinandersetzung zwischen Glauben und Leben, zwischen der Erfahrung Gottes und den Herausforderungen des Alltags. So gesehen, wird es immer Zukunft haben; denn es bedeutet eine bleibende Quelle von Sinn, Hochherzigkeit und Hoffnung.

d. Die Zukunft des charismatischen Christentums

Die Theologie geht davon aus, dass das Christentum auf zwei Säulen ruht, auf Christus und auf dem Geist. Von Christus hat sie die institutionellen Grundelemente, wie den Auftrag der zwölf Apostel, in denen man später die ersten Bischöfe sah, die Sakramente und als Zentrum die Botschaft des Evangeliums. Kraft ihrer selbst vermittelt die Institution Solidität und geschichtliche Beständigkeit. Vom Geist hat sie die Charismen, die Dynamik, das Anbrechen des Neuen und die ständige Fähigkeit, sich zu ändern. Paradigmatisch sagt Paulus, die Kirche gründe auf dem Fundament der Apostel, Propheten und Lehrer. Schematisch betrachtet, hat es die Theologie mit einer petrinischen und einer paulinischen Dimension der Kirche zu tun. Petrus steht für das Instituierte, Paulus für das Instituierende; Petrus für die bereits errichtete und wie eine Burg befestigte Kirche, Paulus für die Kirche im Bau, für die Kirche, die sich in einem fortwährenden Anpassungsprozess befindet wie ein Zelt, das ja immer wieder an einem anderen Ort und in einer anderen Form aufgeschlagen wird. Das eine ist Institution, das andere Bewegung.

Aus historischen Gründen, die damit zusammenhängen, dass sich, wie oben beschrieben, das Christentum zur Großinstitution entwickelte, gewann in der Kirchengeschichte das christologische und petrinische Moment Überhand, bis dahin, dass es im Christomonismus (in der Diktatur des Christus) zum Exzess wurde. Dagegen wurde das pneumatische und paulinische Moment auf den zweiten Platz verdrängt, wenn nicht gänzlich erstickt. Von der sich zunehmend versteinernden Institution vor die Tür gesetzt, entfaltete es sich indes im konkreten kirchlichen Leben der Gläubigen.

Doch die Entwicklung war nicht zwangsläufig so. Auch ohne dass die Rechtgläubigkeit hätte Schaden nehmen müssen, hätte es zu einem Ausgleich zwischen dem Charismatischen und dem Institutionellen kommen können. Als Paulus seine Gemeinden aufbaute, stand ein Modell von Kirche Pate, das das charismatische Element im Mittelpunkt hatte. Für den Apostel hatte das Charisma nichts mit Außergewöhnlichem zu tun. Das Charisma war eine konkrete Funktion, die jedes Gemeindemitglied zum Nutzen aller ausübte. Undenkbar war für ihn ein Mitglied ohne Charisma, ein Müßiggänger sozusagen, ohne einen bestimmten Platz in der Gemeinschaft, oder ein passives Teil, nach dem Muster »Der eine kommandiert und der andere gehorcht«. Nachdrücklich sagt er: »Jeder hat von Gott seine Gnadengabe, der eine so, der andere anders« (1 Kor 7,7). »Jedem ist die Offenbarung des Geistes geschenkt, damit sie den anderen nützt« (1 Kor 12,7).

In diesem Sinn gehört das Charisma zur Struktur der Kirche. Da die Charismen aber viele sind, betrifft das eine Leitung und Ermutigung, das andere das Wort, wieder ein anderes die Hilfe für die Armen und ein viertes möglicherweise das politische Engagement für die Menschenrechte usw. Alle Charismen haben die gleiche Würde. Privilegien, die den guten Gang der Gemeinde aus der Bahn werfen könnten, gibt es nicht: »Das Auge kann nicht zur Hand sagen: Ich bin nicht auf dich angewiesen. Der Kopf kann nicht zu den Füßen sagen: Ich brauche euch nicht« (1 Kor 12,21). Eine Kirche, deren Struktur auf den vielen gleichzeitig wirkenden Charismen gründete, wäre historisch durchaus möglich gewesen, war aber nicht der Weg, den die Geschichte de facto nahm. Wäre die Entwicklung anders verlaufen, wäre das Christentum auf eine andere, beweglichere, in den Kulturen der Völker verwurzeltere und spirituellere Weise in der Welt präsent geworden. So wie die Kirche heute jedoch um die religiöse Macht kreist, die ihrerseits allein in Händen der Hierarchie liegt, erweist sie sich als schwerfällig, als ein Hort von Konservatismus und Männlichkeitswahn, der dem Bild des historischen Jesus von Befreiung und Leichtigkeit geradezu widerspricht. Deshalb sieht sich das herrschende Modell der kirchlichen Großinstitution auch mit der Mahnung des Paulus konfrontiert: »Löscht den Geist nicht aus!« (1 Thess 5,19).

Immer wieder verdächtigt und verjagt, hat das Charisma gleichwohl in der Kirche ununterbrochen überlebt, allen institutionellen Kontrollen zum Trotz. Die charismatische und pneumatische Dimension lebt in der Erfahrung des Geistes, wie Glaubende in Fühlung mit den Bewegungen der Sozialgeschichte und den geltenden kulturellen Strömungen sie machen. Das Charisma schafft neue Wörter, die die Menschen mobilisieren, erfindet Symbole, die sie anregen, und entwirft Sinngehalte, die dank ihrer Herleitung aus dem Schatz des Evangeliums über jeden Verdacht erhaben sind. Aus der Kraft der pneumatisch-charismatischen Bewegung wurde auch das Ordens- und mystische Leben in der Kirche geboren, angefangen mit den Wüstenmönchen des 4. Jahrhunderts bis hin zu der unlängst verstorbenen Mutter Theresa von Kalkutta. Die größten heiligen Männer und Frauen des Christentums kommen nicht aus der römischen Kurie oder aus dem bürokratischen Apparat von Diözesen und Pfarreien, sondern aus dem außerinstitutionellen Raum, aus dem greifbaren Glaubensleben. Genannt seien nur Benedikt von Nursia und seine Schwester Scholastika, Franz von Assisi und Klara von Assisi, Blaise Pascal und Paul Claudel und – aus brasilianischen Landen – Alceu Amoroso Lima (oder mit literarischem Pseudonym Tristão de Athayde[1]). Charismatische Gestalten wie Papst Johannes XXIII., Dom Hélder Câmara, Oscar Romero und Padre Cícero Romão Batista[2] definieren sich nicht durch ihre institutionelle Position in der Hierarchie, sondern durch ihre Unabhängigkeit von der einschränkenden Logik der Institution, die es nicht vermochte, sie in ihrer schöpferischen Kraft und Freiheit zu bremsen.

Seit den siebziger Jahren ist überall in der Welt ein beeindruckendes Anschwellen der charismatischen Bewegung zu beobachten, zunächst auf ökumenischer und dann auch auf katholischer Ebene. Das Phänomen ist Teil jener aufbrechenden Kultur, dass die Menschen Durst und Hunger nach Spiritualität, nach lebendiger Gotteserfahrung und nach flexiblem Umgang mit Traditionen haben. Millionen und Abermillionen von Charisma-

---

1 Vgl.: *L. Boff*, Was heißt heute ein christlicher Intellektueller und Denker sein?, in: *ders.*, Und die Kirche ist Volk geworden, Düsseldorf 1987, 221–246.

2 Geboren am 24. 3. 1844 in Crato, Bundesstaat Ceará. Priesterweihe am 30.11. 1870. Seit 1872 Pfarrer in Juazeiro do Norte (Ceará). 1889 erlebt die Haushälterin von Padre (Pe.) Cícero, Maria de Araújo, während einer von Pe. Cícero gefeierten Messe angeblich ein Blutwunder: Beim Kommunizieren verwandelt sich die Hostie in eine blutige Masse. Angeblich Wiederholung dieses Vorgangs. Aus dem ganzen Nordosten und Norden Brasiliens strömen Tausende von Menschen nach Juazeiro. Wallfahrten von Kranken aller Art. Maria de Araújo gilt als die neue Mutter Gottes, Pe. Cícero als der neue Christus. Konflikte mit dem Bischof von Fortaleza, Dom Joaquim José Vieira (damals noch für den ganzen Staat Ceará). Pe. Cícero wird suspendiert und zieht sich aus Juazeiro zurück, während die Bevölkerung des Nordostens fanatisch für ihn eintritt. In den undurchsichtigen blutigen Auseinandersetzungen zwischen republikanischen (1889 war Brasilien Republik geworden) und monarchistischen Truppen, in deren Vorstellung sich Politisches und Religiös-Apokalyptisches verquicken, ergreift Pe. Cícero während seiner Abwesenheit von Juazeiro Partei für die Monarchisten. Nicht durchsichtig ist, ob er im Zusammenhang mit der Schlacht von Canudos (Bundesstaat Bahia) 1897 (20 000 Tote) in Verbindung stand mit dem Führer der Monarchisten, Antônio Conselheiro, der sich selbst für den Messias hielt und der der »Gute Jesus« genannt wurde. 1898 reist Pe. Cícero nach Rom, wo er sich vom Ruf, ein falscher Wundertäter zu sein, freisprechen lassen will. Zurück in Juazeiro, bleibt ihm bis zu seinem Tod im Jahre 1934 untersagt, die Messe zu feiern. Neue Wallfahrten. Ströme von Pilgern und Kranken kommen nach Juazeiro. Morgens und abends hält Pe. Cícero Segnungen für die Kranken. Erneute Konflikte mit den kirchlichen Oberen. Juazeiro gilt im Nordosten Brasiliens als das Neue Jerusalem. Das einfache Volk steht uneingeschränkt zu seinem Propheten. Selbst dürfte sich Pe. Cícero immer als ein einfacher rechtgläubiger Seelsorger der katholischen Kirche inmitten eines unterprivilegierten und leidenden Volkes verstanden haben. Nach wie vor ist Juazeiro mit seiner gewaltigen Kirche zum Gedächtnis an Pe. Cícero für Millionen religiös einfacher Menschen im Nordosten und Norden des Landes so etwas wie ein regelrechtes Mekka.

tikern zeigen, dass es möglich ist, ein anderes Modell von Kirche zu haben, ohne dass dabei die Werte der großen Überlieferung zu Bruch gehen. Natürlich stimmt, dass die Bewegung noch kein definitives Profil zu erkennen gibt. Aber es stimmt auch, dass sie eine mächtige Leidenschaft für Gott und den Geist an den Tag legt, ohne dass es ihr bisher allerdings gelungen wäre, diese mit der Leidenschaft für die Armen und für den Geist als *pater pauperum*, als den *Vater der Armen* in ein rechtes Verhältnis zu bringen. Sobald der charismatischen Bewegung dieses neue Zu- und Miteinander gelungen sein wird, wird sie auch ihre volle evangeliumsgemäße Reife erreicht haben.

Die charismatische Bewegung lebt aus der Erfahrung des Geistes. Deshalb mangelt es ihr auch nicht an einer ausgearbeiteten Theologie. Diese gibt es also, wenn auch in der Form reflektierter Spiritualität, und der liegt freilich nicht sonderlich an Deckungsgleichheit mit der Gesamtarchitektur des religiösen Wissens.

Was für eine Zukunft hat das charismatische Christentum? Die charismatische Dimension am Christentum ist unvergänglich, weil sie zur Struktur des Ganzen gehört, welches per se in Bewegung ist. Aus diesem Grund hatte sie stets Vergangenheit, und aus diesem Grund wird sie auch stets Zukunft haben. In Begegnung mit den vielen spirituellen Wegen, die sich auf dem religiösen Weltmarkt tummeln, ist diese Spielart von Christentum womöglich eines der Modelle, die sich am besten dafür eignen, den inneren Wert der verschiedenen Ausdrucksformen des Geistes in den Kulturen der Völker zu erfassen. Es macht einen freimütigen Dialog zwischen allen möglich, und die Welt kann es akzeptieren, insofern es ein nichtimperialistisches, herrschaftsfreies Christentum darstellt, zugleich aber voller Spiritualität und Treue zum transkulturellen Charakter der Erfahrung Gottes.

2. Die Zukunft des Christentums in Lateinamerika und in der Karibik – das neue Rom der Tropen?

Wie sieht nun die Bilanz aus, die wir vom Christentum in Lateinamerika und in der Karibik zu ziehen haben? Genau betrachtet, ist Lateinamerika in seiner Gründungsphase überhaupt nicht evangelisiert worden, sofern man unter Evangelisierung das Ja zum religiösen Anderssein und das Entstehen von etwas Neuem versteht, das sich aus dem unerlässlichen Dialog zwischen den Parteien ergibt. Was stattgefunden hat, war schlicht und einfach eine soziale, politische, kulturelle und religiöse Kolonisierung. Diejenigen, welche die indianischen Ureinwohner evangelisierten, waren Angehörige derselben Rasse, der auch die Invasoren und die Mörder eines gut Teils ihrer Brüder und Schwestern angehörten. Und wer die Sklaven evangelisierte, waren die Sklavenhalter. Man stelle sich ein Evangelium vor, das der Wolf Schafen predigt, die er im selben Augenblick verschlingen will! Um alles mag es ihm gehen, nur nicht um Befreiung.

In diesem Widerspruch hat das Christentum in Lateinamerika bis jüngst gestanden. Gleichwohl war von Anfang an aber auch immer ein prophetischer und pastoraler Geist zu spüren, in der Gestalt einiger Bischöfe, Missionare und Laien (Männer wie Frauen), die das Mitleiden mit den »ausgepeitschen Christussen« nicht losließ und die ihre Kirchen für deren Sache mobilisieren wollten. Da und dort, angefangen mit den ersten Franziskanern in Mexiko, gab es auch immer das Bemühen um das utopische Projekt einer Kirche *von* Westindien und nicht bloß *in* Westindien, einer Kirche aus eigener Quelle und nicht bloß einer Kirche im Spiegel, mit einheimischem Klerus, mit eigenen Riten und mit in der örtlichen Weisheit inkulturierten Lehren. Aber all die Bemühungen wurden erstickt von politischen Machenschaften, bei denen sich – wie unter den Bedingungen der Christenheit üblich – politische und kirchliche Macht die Bälle zuspielten.

Das Christentum im Gewand der kolonialen Großinstitution hat sich Identität und Deckungsgleichheit mit dem Christentum des Zentrums bewahrt. Von eigener Unverwechselbarkeit keine Spur. Hier wie dort derselbe Ritus, dieselbe Lehre, dasselbe Kirchenrecht, dieselbe Aufgliederung in Pfarreien und Diözesen. Seine Zukunft hängt an der europäisch-westlichen Kultur, die allerdings in einer tiefen Krise steckt und deren utopischer Hoffnungs- und Sinnhorizont äußerst dünn geworden ist.

Im popularen, im charismatischen und im aus vielen Gemeinden zu einem Netz verwobenen Christentum scheint ein erneuertes und neues Gesicht auf. Insbesondere das Letztere hat sich die gemeinschaftsbezogene Tradition der indianischen und schwarzen Kulturen zu eigen gemacht, hat die Laien im Sinne eines engagierten Christentums in Bewegung gebracht und trifft sich mit der sozialen Bewegung des kleinen Volkes. Durch die verschiedenen christlichen Konfessionen hindurch ist eine Basiskirche entstanden, in Tuchfühlung mit dem Volk und engagiert für die Befreiung von Unterdrückten und Ausgeschlossenen. Im Mittelpunkt steht hier das Wort, das in Gemeinschaft gelesen und stets mit den vitalen, gesellschaftlichen Fragen konfrontiert wird. Merkmale dieser Gestalt von Kirche sind, dass sie von Laien getragen wird, dass alles in Gemeinschaft passiert und dass alle an allem teilhaben. Vielleicht ist ihr zum ersten Mal eine Evangelisierung gelungen, die diesen Namen verdient, weil sie in der Tat den Weg gefunden hat in die Alltagswelt von unterdrückten Klassen und vergewaltigten Kulturen, von unterjochten Rassen und verrandeten Gruppen und dort eine befreiende Version von Christentum in die Welt gesetzt hat, das voll in Phantasie und Symbolwelt der Kulturen des Schweigens verwurzelt ist.

Diese Gestalt von Christentum hat eine solche Kraft, dass sich gewichtige Kreise der kirchlichen Großinstitution von ihr haben erobern lassen: Ordensmänner und Ordensfrauen, Priester und Theologen, Bischöfe und selbst Kardinäle. Zu erkennen ist dieses Modell von Kirche an der Option für die Armen und gegen die Armut. Und so weist das Markenzeichen der Option für soziale Gerechtigkeit viele Kirchen Lateinamerikas aus.

Das Christentum in der Ausprägung eines Netzes von Gemeinschaften und Gemeinde, dieses, ja, hat Zukunft, weil der Kampf der Entrechteten und Verdammten um Recht und Gerechtigkeit Zukunft hat. Es ist aus dem verkehrten Bündnis ausgestiegen, auf das sich die Kirchen mit den herrschenden Kräften eingelassen hatten, und ein neues Bündnis mit denen eingegangen, die immer draußen vor waren. Mit einem Mal gewinnen die Christen in den kleinen Gemeinden Konturen von Revolutionären und Befreiern. Überdies sind sie Teil der vorfindlichen Kulturen und verleihen dadurch dem Christentum ein dunkelhäutiges Gesicht mit afroamerindianischen-lateinamerikanischen Zügen. Da dieser Typ von Christen und Christinnen schließlich zahlenmäßig den größten Teil der Gläubigen ausmacht und der Anteil der europäischen Bevölkerung gleichzeitig sinkt, scheint es nicht unmöglich zu sein, dass es eines Tages das neue Rom der Tropen bildet.

Aus den vielen Beiträgen, mit denen das lateinamerikanische

Christentum eine global integrierte Menschheit bereichern kann, seien die beiden offensichtlich wichtigsten Punkte hervorgehoben: die Vielgestaltigkeit seiner Kulturen und die spirituelle, mystische Dimension, die es im Leben der Menschen zu erkennen gibt.

Auf unserem Erdteil sind Vertreter und Vertreterinnen mehr oder weniger aller Nationen der Erde versammelt. Ihr Zusammenleben gestaltet sich ohne große Verwerfungen, und dank der Vermischung der vielen Rassen entsteht so etwas wie ein neues Volk. Natürlich gibt es bei uns auch Rassismus. Dieser hängt aber nicht mit der ethnischen Herkunft zusammen, sondern mit der Hautfarbe, wobei diese als kulturelles Indiz verstanden wird. Deshalb hat die als solche bezeichnete *Einweißung* soziale und kulturelle Konsequenzen. Das heißt: Ein Schwarzer oder ein Indianer, der gesellschaftlich aufsteigt, gilt als Weißer. Die Tatsache, dass viele Rassen und kulturelle Traditionen in ein und derselben Nation zusammenleben, ist unter dem Gesichtspunkt der Planetarisierung von großer Bedeutung. Kulturen treffen sich, mischen sich und treten in Dialog, aber auch in Spannung zueinander. So müssen alle lernen, mit Differenzen zu leben und diese als gegenseitige Ergänzung zu betrachten. Am Zusammenleben und an der Logik des Dialogs führt kein Weg vorbei. Entweder verschließen sich die Kulturen in sich selbst, aus dem illusorischen Eifer des Selbstschutzes und der Behauptung der eigenen Identität, und laufen dabei Gefahr von Fundamentalismus und Gewalt gegen andere, oder sie üben den offenen Dialog ein, wohl wissend, was sie in dem Prozess gewinnen und verlieren, will sagen: sie bereichern sich kraft der eigenen Muster, können diese zugleich aber auch relativieren, damit Einheit in der Verschiedenheit entsteht.

Womöglich ist Lateinamerika auf dem Weg zu einer globalisierten Welt ohne nationale Grenzen ein Wegweiser in Richtung dieses unausweichlichen Zusammenlebens.

Das zweite Element, mit dem die lateinamerikanischen Völker das Entstehen einer Weltkultur befördern können, ist ihr spiritueller, mystischer Charakter. Der religiöse Faktor hat das gesellschaftliche Geflecht des Erdteils deutlich mit geprägt und ist tief in die lateinamerikanische Seele eingedrungen. Es sind Völker, die keine Schwierigkeit haben, an die andere Seite der Welt zu glauben, dass Heil für alle möglich ist, dass Gott unter uns ist und sich die himmlische Welt auch in der irdischen Welt erfahren lässt. Trotz aller Nackenschläge im Laufe der Geschichte hat das lateinamerikanisch-karibische Volk nie sein Selbstwertgefühl und seine Begeisterung für die Welt verloren. Fachleute, mögen sie auch noch so kompetent sein, sind immer wieder überrascht zu sehen, welchen *Mehrwert* an Sinn und Lebensfreude die Menschen ausstrahlen. Vielleicht ist diese mystische Betrachtensweise, in welcher fantastischer Realismus und Verzauberung angesichts der Welt zusammenfließen, ein Beitrag, mit dem die entstehende Weltkultur Bereicherung erfährt, in der ja Magie und Einfühlung für Spiel, Humor und Harmonie der Gegensätze kaum eine Rolle spielen. Die Lateinamerikaner und Lateinamerikanerinnen sind Völker, die glaubbar machen, dass die Geschichte auf kein Verhängnis zuläuft, sondern am Ende alles Sinn machen kann und Leben nicht heißt, zu einem Dasein im Tal der Tränen verdammt zu sein, vielmehr positiv bedeutet, den Berg der Seligpreisungen zu ersteigen.

3. Christentum als einer der geistigen Wege für die Menschheit

Von einer neuen Entwicklungsphase der Menschheit her betrachtet, in welcher – jenseits aller Widersprüche und aller Balkanisierung von Ländern, Kulturen und Religionen – die Völker zu einer komplexen Einheit zusammenwachsen, wie kann sich da das Christentum darstellen? Zunächst einmal darf das Christentum weder weiter das Monopol der religiösen Wahrheit noch der Heilsinstrumente für sich beanspruchen. Wie wir die Biovielfalt der Natur für einen Wert erachten, so halten wir auch die verschiedenen Weisen, Gott zu erfahren, zu verbalisieren und zu verehren, für eine wertvolle Sache. Was das Christentum als Inhalte bekennt, muss zu tun haben mit dem umfassenden Werdegang von Menschheit und Schöpfung. Da es eine der Formen ist, in denen sich das Humanum zum Ausdruck bringt, muss es – unbeschadet der Tatsache, dass es seinen Ursprung in den Kulturen des Vorderen Orients und des Abendlandes hat, – auch von allen anderen Menschen verstanden werden können. So kann es, neben vielen anderen, einer der geistigen Wege sein, auf denen, ähnlich der Jakobs-leiter, Gott die Seinen besuchte und diese auch nach ihm such-ten.

Kurz gefasst lässt sich sagen: Das Judeochristentum lebt aus einer Utopie – aus der Utopie, dass es einen umfassenden letzten Sinn gibt; denn alles ist dazu bestimmt, erhalten zu bleiben und im Durchgang durch den Tod verklärt zu werden. Somit hat nicht der Tod, sondern das Leben das letzte Wort. Dieser Sinn, der allem innewohnt, bedeutet die Gegenwart jener Wirklichkeit, die in sämtlichen geistigen Überlieferungen den Namen Gott trägt. Gott ist uns ganz nahe, lebt in allen Dingen und erfüllt jede Falte des Daseins. Gott schließt ein Bündnis mit allem, was existiert, mit allen Lebewesen und mit allen Menschen und spannt als Erken-nungszeichen dafür den Regenbogen, der sich über alles wölbt. Dieser Gott kommt uns in unserem Elend entgegen und heißt als solcher Jesus Christus. In Jesus hat er uns geoffenbart, dass er Vater und Mutter voll unendlicher Güte ist. So konnte Papst Johannes Paul II. vor den lateinamerikanischen Bischöfen sagen, als sie 1979 im mexikanischen Puebla zu ihrer Zweiten Generalver-sammlung zusammengekommen waren: »Das innerste Wesen Gottes ist nicht Einsamkeit, sondern Gemeinschaft; denn Gott ist Familie, Vater, Sohn und Heiliger Geist.« Und weil Gott Gemein-schaft ist, erweist sich alles, was das All zu bieten hat, als einge-bunden in ein Beziehungsnetz, so dass alles mit allem allzeit und allseits in Verbindung steht. Nichts, das außerhalb irgendwelcher Beziehungen stünde.

Nun kommt aber dieser Gott in Gemeinschaft nicht von irgend-wo außerhalb der Welt her, sondern er wirkt schon immer im Uni-versum. Wer den Kosmos in Kategorien von Kosmogenese denkt, muss zwangsläufig auch Christologie als Christogenese denken und Pneumatologie als Pneumatogenese usw. Wenn der Sohn eines Tages in Nazaret als der Mensch Jesus in die Welt einbrach, dann bedeutet das, dass er in einem wachsenden Prozess im ganzen Weltall auf den Plan trat, bis er schließlich in Nazaret den Höhepunkt erreichte, und es bedeutet weiter, dass er von dorther im Bewusstsein der ganzen Menschheit wach wurde, will heißen, dass alle, unterschiedslos, auch Söhne und Töchter Gottes sind. Der Geist schlief im Stein, träumte in der Blume, fühlte in den Tieren, wusste, dass er in den Menschen fühlte, und teilte sich am

Ende als *spiritus creator*, als *Schöpfergeist* mit. Wer die Welt umarmt, umarmt Gott.

Da also die Welt von Gott und Gott von der Welt durchdrungen ist[3], erweist sich die letzte Hoffnung der Christen und Christinnen als etwas völlig Klares: die Auferstehung allen Fleisches. Auferstehung ist mehr als die Wiederbelebung einer Leiche. Auferstehung ist die Verwirklichung aller Möglichkeiten an Sein, Wert, Gemeinschaft und Kommunikation jedes Wesens und Lebewesens im Universum. Was als Verheißung der kosmischen Dynamik eingeschrieben war, wird jetzt in Christus strahlende Realität. Christinnen und Christen würden es nicht wagen, an dieses selige Ereignis zu glauben und es zu bezeugen, hätten sie es nicht im historischen Jesus erfahren, der nicht nur gestorben, sondern auch auferweckt worden ist und somit die Vorwegnahme dessen ist, was auf je spezifische Weise mit jedem einzelnen Menschen, mit allen Menschen und mit dem gesamten All passieren wird.

Das Christentum ist ermächtigt, das so skizzierte spirituelle Konzept allen Menschen anzubieten. Jeder mag es dann nach seinen kulturellen Vorstellungen gestalten. Die ihm innewohnende Kraft ist stark genug, seine substantielle Wahrheit in dieser oder jener wie in jeder nur möglichen kulturellen Konkretion zu bewahren. So wird das Christentum das verlorene Band wiedergewinnen können, das alle Erfahrungen und alle Suchbewegungen aneinander rück-bindet, das Persönliche an das Kosmische ebenso wie das Geschichtliche an das Utopische. Dann werden wir der wahren Re-ligion begegnen, das heißt jener Dimension, mit deren Hilfe nach vorn und nach oben alles zusammengebunden ist, was, in Gott verankert, zahllose geistige Wege der Menschheit bezeugen.

Christentum, das sich so versteht, erklärt andere Wege zur Begegnung mit Gott nicht für ungültig. Es ist grundsätzlich ökumenisch. In allen diesen Annäherungen, mögen sie heißen, wie sie wollen, erkennt es ein und dasselbe Geheimnis, das aber kein

---

3 Dieses Verständnis, nach dem Gott die Welt durchdringt und die Welt auch in Gott ist, heißt Panentheismus. Charakteristikum des Pan-en-theismus ist, dass er Gott und Welt zum einen unterscheidet, zum anderen aber in einer dichten Gemeinschaft sieht. Der Pan-en-theismus, der allein schon durch den Begriff – pan = alles, en = in, theos = Gott – zu erkennen gibt, dass er alles in Gott sieht, ist eine durchaus rechtgläubige Interpretation. Dagegen ist der Pantheismus etwas völlig anderes als der Panentheismus, weil er alles Gott sein lässt und damit die Differenz zwischen Gott und Welt aufhebt.

unüberwindbarer Abgrund ist, sondern eine Quelle von Leben, Zärtlichkeit und Gemeinschaft: Gott. Die neue Phase der Planetarisierung macht wahre Katholizität möglich, will sagen: in der radikalsten Tiefe des Universums Gott zu erfahren als einen Gott der Liebe und der Güte, als Vater und Mutter von unendlicher Zärtlichkeit, als strahlende, sinnstiftende Präsenz innerhalb der menschlichen Existenz.

Projekt einer Kirche an der Seite des Volkes

Der römische Katholizismus stellt ein äußerst hierarchisches, transnationales Gebäude dar, auf dem zudem eine ziemliche institutionelle Last liegt. Die römisch-katholische Kirche besteht aus Klerikern, bei denen die Entscheidungsgewalt liegt, aus Laien, deren Teilnahme am kirchlichen Leben durch die Kleriker geregelt wird, und aus Ordensleuten, die sich im Dienst an Gott und an der Welt ausdrücklich um Heiligkeit bemühen und die sowohl Kleriker als auch Laien sein können.

Die offizielle Theologie geht davon aus, die vorfindliche Aufteilung sei göttlichen Rechts und könne deshalb weder angetastet noch verändert werden. Doch wegen ihrer geringen Flexibilität führte die religiöse Arbeitsteilung in der Kirche im Laufe der Geschichte immer wieder zu Spannungen und Verwerfungen. So wird denn in unseren Tagen diese Struktur von Seiten der inzwischen entstandenen Kirche-als-Netz-von-Basisgemeinden auch scharf in Frage gezogen. Denn diese stellt, was Struktur und Handhabung von Macht angeht, eine Alternative, ja, ein echtes Projekt von Kirche an der Seite des Volkes dar.

Die Frage ist also unumgänglich: Kann und muss sich die Struktur der Kirche ändern, oder haben wir auch in Zukunft, bis zum Jüngsten Tag eventuell, mit ihr zu rechnen? Sind die Bemühungen um einen institutionellen Umbau zu Scheitern, Verfolgung, Exkommunikation und Zerstörung der Einheit verurteilt, wie wir das ja aus der Geschichte kennen?

Unsere Überlegungen sind alles andere als pessimistisch. Denn die Kirche der Armen, Kirche an der Basis, Kirche-als-Netz-von-Basisgemeinden und Kirche der Befreiung – alles Namen zur Bezeichnung ein und derselben Sache – liefert im Blick auf Organisation und auf Ausübung und Delegation der sakralen Macht eine mögliche Alternative. Diese vermag in der Tat sowohl den ganzen Reichtum der Überlieferung und die Einheit zu wahren als auch die Kirche insgesamt in den Koordinaten des popularen, partizipativen, demokratischen Projektes zu beheimaten. Dieses

Modell von Kirche hat durchaus das Zeug dazu, sich durchzusetzen, unbeschadet der Verleumdungen und Verfolgungen, mit denen niemand anders als ihre Glaubensbrüder und -schwestern sie überzogen haben. So eröffnet es dem christlichen Glauben eine neue Zukunft, im neuen, planetarischen, ökumenischen Jahrtausend.

1. Von einer geschwisterlichen Gemeinschaft zur hierarchischen Gesellschaft

In seinen Anfängen war das Christentum (bis ins 4. Jahrhundert) eine Bewegung auf der Grundlage einmal der messianischen Praxis Jesu und zum anderen der Apostel und der Urgemeinde. Alles war unmittelbar, gemeinschaftlich und brüderlich-schwesterlich. Die wenigen organisatorischen Elemente, die es natürlich auch gab, beeinträchtigten nicht die gemeinschaftlichen Beziehungen. Diese bildeten den Rahmen, innerhalb dessen die moderate Führung im Dienst an Konsens und Leitung der Ortskirchen eingebettet war.

Mit dem Edikt Kaiser Theodosius' des Großen vom 27. Februar 380 wurde der christliche Glaube im präzisen Sinn des Konzils von Nicäa (325) als das für alle Bewohner des Römischen Reiches verbindliche Bekenntnis erklärt. Mit diesem Datum begann die offizielle, systematische (aber durchaus nicht glatt verlaufende und nie voll und ganz erfolgreiche) Ausmerzung der römischen politischen Religion. Die Kaiser Honorius und Theodosius II. belegten 423 alle, die an heidnischen Opfern teilnahmen, mit der Strafe der Verbannung, ja sogar des Todes. Mit seinem bürgerlichen Gesetzbuch erklärte Kaiser Justinian 529 das Heidentum offiziell für ausgerottet und erhob die biblischen und kirchlichen Vorschriften auch zu Vorschriften des Staates. Erwartet wurde, dass die Menschen in Massen zum Christentum übertraten, allerdings nicht als Frucht eines Bekehrungsprozesses, sondern mittels Drucks und Zwangs von Seiten des Staates.

So bahnt sich ein Kulturchristentum an, das den Stempel der Angst trägt. Der Zwang in Verbindung mit politischen bzw. theologischen Strafen (Verbannung und Todesstrafe bzw. Verdammung zur Hölle) fördert genau das Gegenteil, nämlich Angst und

Unterwerfung. Seither gehört Angstmachen zur missionarischen Pädagogik der Kirche, wie zum Beispiel die verschiedenen Katechismen, die in Lateinamerika im Zuge der ersten (Zwangs-)Evangelisierung zum Einsatz kamen, klar belegen. Der Glaube, der ja ursprünglich so etwas wie ein Samenkorn sein sollte, wird zum Baum, der – auf europäischem Boden gewachsen – zwangsweise verpflanzt wird.

Die Christen, die etwa ein Viertel der Bevölkerung des Römischen Reiches ausmachten, übernahmen die ideologische Führung des Ganzen. Um dieser ihrer kulturellen Aufgabe nachkommen zu können, musste die Kirche das entsprechende Personal aufstellen und einen Stab von Fachleuten organisieren, die sich in der herrschenden philosophischen, juristischen und organisationsmäßigen Kultur auskannten. Der Klerus wurde geboren. Als Intellektuelle und als Interessenvertreter der Belange der Kirche, die freilich mit den Interessen von Ordnung und Reich Hand in Hand gehen, haben Mitglieder des Klerus fortan das Sagen. Bis vor Kurzem noch verfolgt, wurde das Christentum so selbst zum Verfolger. Unter diesem Gesichtspunkt bietet das Christentum, wie bereits Antonio Gramsci (1891 – 1937) in der Zeitschrift »L'Ordine Nuovo« anmerkt, den Prototyp einer totalen Revolution. Denn es ist im Stande, sämtliche Felder von Leben und Gesellschaft abzudecken, alle, von den Neugeborenen bis hin zu den Sterbenden, zu erreichen und sich überall ins Gespräch zu bringen, in Philosophie und Rechtswesen, in Kunst und Theologie ebenso wie im Alltag der Bevölkerung. Immer aber bedient sich die Kirche dabei des Bündnisses mit den herrschenden Mächten, mit Staat (Kaiser), Gesellschaft (Adel und einflussreiche Kreise) und Intelligenz (Schulen). Die übrigen Kreise der Gesellschaft werden untertänig gemacht und für das priesterlich-imperiale Hegemonialprojekt vereinnahmt.

Als Folge dieses komplexen Prozesses setzte sich in Verteilung und Ausübung der sakralen Macht ein Stil durch, der in höchstem Maße zentralisiert, klerikal und kulturvermittelt war. *Zentralisiert*, insofern die Macht in einigen wenigen Händen liegt und von einem Machtzentrum aus verwaltet wird, auf das sich alles zu beziehen hat (Rom). *Klerikal*, insofern allein die durch das Weihesakrament oder durch ein klerikales Mandat beauftragten Männer die Kirche leiten und die Mittel zur Produktion religiöser Güter in der Hand haben. *Kulturvermittelt*, insofern es nicht um Evangelisierung als Begegnung zwischen Glauben und gegebener Kultur geht, sondern als Oktroyieren einer bereits christianisierten Kultur, das heißt der Kultur der römischen Elite, mit der Folge, dass autochthone, volksnahe Kulturen zerstört werden. Nicht ohne Grund nennt sich die Kirche denn auch römisch-katholisch, wobei das Römische durchaus als Identitätsmerkmal verstanden wird.

Mit seinem *Dictatus Papae* aus dem Jahre 1075 – das heißt einer Reihe von siebenundzwanzig Sätzen, in denen er den Primat der von Gott gegründeten irrtumsfreien römischen Kirche behandelt – erhärtet Gregor VII. die juridische, auf der Institution des Papsttums beruhende Ekklesiologie. Dazu schreibt einer der größten Theologen des 20. Jahrhunderts, der Franzose Yves Congar (1904 – 1995): »Sein Wirken brachte die größte Wende, die die katholische Ekklesiologie je erlebt hat.«[1]

Die Wende führte dazu, dass die Päpste seither einen extremen Autoritarismus an den Tag legten und sich praktisch an keine Grenze mehr gebunden fühlten. Einige Juristen, von Kritikern ganz abgesehen, nannten das Vorgehen inzwischen *totatus*, sehen also das Faktum eines kirchlichen Totalitarismus gegeben. Der Papst ist weder einfach Nachfolger Petri, des Fischers vom See Gennesaret, der Jesus verleugnete, noch allein der Vertreter des gekreuzigten Propheten Jesus von Nazaret. Das wäre für das prätentiöse Selbstverständnis der Päpste in der Tat sehr wenig und stünde ihm womöglich sogar entgegen. Der Papst versteht sich als Stellvertreter Gottes. Hat denn Gott etwa die Institution des Kaisertums eingesetzt? Nein, sein direkter Wille war das Priestertum. Deshalb obliegt es dem höchsten Priester (dem Papst), zu binden und zu lösen, das Naturgesetz zu deuten und die Pforten des Himmels zu schließen bzw. zu öffnen. Und das wahre Priestertum gibt es allein in der katholischen Kirche. Deshalb lautet der 26. Satz des *Dictatus Papae*: »*Quod catholicus non habeatur qui non concordat Romanae ecclesiae* – Als Katholik kann nicht betrachtet werden, wer nicht auf der Linie der römischen Kirche liegt.*« Glauben heißt dem Papst gehorchen. Und dem Papst gehorchen heißt Gott gehorchen.

---

1 Y. *Congar*, L'Église de Saint Augustin à l'époque moderne, Paris 1970, 103.

Die Frage drängt sich auf: Ist mit solchem Ansinnen nicht die unüberschreitbare Grenze überschritten, jenseits derer es eindeutig nur noch menschliche *Hybris* und – strikt theologisch gesprochen – Sünde gibt? Welche Legitimität aber können Bewusstsein und Gewissen der Glaubenden an einem Strukturgefüge erkennen, das die Folge von Sünde ist? Attribute, die allein Gott zustehen, werden einer menschlichen Kreatur, und sei sie der Papst, zugeschrieben. In dieser abwegigen Logik kann es niemanden wundern, dass Päpste von bestimmten kurialen Theologen *Deus minor in terra – kleiner Gott auf Erden* genannt wurden. Allerdings hatte der Divinisierungsprozess bereits im 4. Jahrhundert begonnen, als man anfing, die Gestalt des Bischofs aufzubauen. Denn in der Didaskalia und in den Apostolischen Konstitutionen (aus dem 3. Jahrhundert) heißt es vom Bischof: Er »nimmt die Stelle Gottes« in der Gemeinde ein und ist sozusagen ein »zweiter Gott«, »euer zweiter Gott nach Gott«.[2]

Ideologisch untermauert wurde dieses Verständnis, durch die Jahrhunderte hin, vor allem durch das »Decretum Gratiani« – der italienische Theologe Gratian trug im 12. Jahrhundert erstmals die Vorschriften des Kirchenrechts zusammen – sowie im 16. Jahrhundert durch die Theologie der Gegenreformation. Demnach ist es Jesus selbst, auf den die Aufteilung in Kleriker und Laien zurückgeht. So hätten wir es also mit einer göttlichen Setzung zu tun, die unter keinen Umständen geändert werden kann. Der Papst ist das sichtbare Haupt Christi, der seinerseits das unsichtbare Haupt der Kirche ist. So hat die Kirche totale Macht. Ihre Ausübung ist definiert und ihre theoretische Begründung unanfechtbar. Das Ganze als Autoritarismus zu bezeichnen wäre gar zu milde, wir haben es schlicht und einfach mit Despotismus zu tun.

Die Utopie Jesu von Nazaret einer egalitären Gemeinschaft von Brüdern und Schwestern ohne Aufteilungen und Titel (vgl. Mt 23,8–12) ist der Mechanik der in Händen des Klerus konzentrierten Macht gewichen. Die Sache geht so weit, dass im Selbstverständnis des Klerus die Reproduktion der Heilsmittel bis ans Ende der Zeiten allein bei ihm liegt.

Doch der Traum Jesu war damit nicht tot. Vielmehr nistete er sich in spirituellen Bewegungen ein, in monastischen Klöstern

2   Vgl. Didaskalia II, 20,1; Apostolische Konstitutionen II, 26.4.

und in Bettelorden wie im Ordensleben insgesamt. Darüber hinaus machte er sich auch auf den Weg der am Evangelium orientierten Observanz, der Frömmigkeit und des Strebens nach Heiligkeit, wie Christen und Christinnen, formell nichts weiter als Laien, ihn unabhängig von ihrem Lebensstand gingen. In diesen nichtklerikalen Gruppierungen verstand man Macht als partizipativen Dienst, herrschte intern Demokratie und waren die Beziehungen brüderlich-schwesterlich egalitär.

Formell können wir also sagen: In dem angedeuteten Verständnis entwickelt sich Einvernehmen darüber, die Grundlage der Gemeinde der Glaubenden sei die *potestas sacra* (sakrale Macht) im Sinn von Ordnungs- und Befehlsgewalt (was man allerdings nur als Despotismus bezeichnen kann). In der Annahme, die Monarchie sei die Quelle der Macht (des Papstes), baut man folglich ein hegemoniales System auf. Dabei bewegt sich dieses Modell von Machtverteilung und Machtausübung in deckungsgleichem Schulterschluss mit den Mächten in der Gesellschaft, die natürlich auch zentral gehandhabt werden. Damit aber wird die Klerikerkirche, abgesehen davon, dass sie eine spezifische religiöse Aufgabe hat, zu einer Legitimationsspenderin für die autoritären Mächte in der menschlichen Gesellschaft. Der Gottesbegriff, der diesem Kirchenbild zu Grunde liegt, ist nicht mehr von der Dreifaltigkeit geprägt, in der es ja um Gemeinschaft und Beziehungen zwischen Gleichen geht, sondern von dem monotheistischen Gott, der allein der Herr des Kosmos ist. *Ein* Herr im Himmel, der auch nur *einen* Vertreter auf Erden hat, argumentierte auch der Mongolenführer Dschingis Khan (1162 – 1227), um seine despotische Herrschaft zu legitimieren.

Die soziale Basis für dieses dualistische Kirchenverständnis – das heißt für die Trennung in Kleriker und Laien, welche aber nicht bloß zwei unterschiedliche Funktionen in der einen Gemeinde beschreiben, sondern ihrem »ganzen Wesen nach« verschiedene Fraktionen benennen – bilden die herrschenden Kreise der Gesellschaft. Deren geschichtsbezogenen Interessen gehen umgekehrt wie selbstverständlich Hand in Hand mit den Interessen des Klerikerstandes.

Der entsprechende Text des Ersten Vatikanischen Konzils bezüglich der jurisdiktionellen Gewalt des Papstes lässt keinen Zweifel zu: Der Papst hat *ex sese, sine consenso ecclesiae – aus sich selbst, das heißt ohne Zustimmung der Kirche* absolute Gewalt über alle Gläubigen wie über jeden einzelnen Gläubigen. Er ist allein Träger der höchsten Gewalt, ohne der Vermittlung durch die Gemeinde zu bedürfen. Das bedeutet: Der Papst besitzt die Macht nach Art eines Despoten und übt sie auch entsprechend aus. Alle weiteren Machtinhaber in der Kirche – einschließlich derer, die ihre Kompetenz auf dem Weg des Weihesakramentes bekommen haben, will sagen: einschließlich der Bischöfe – hängen, wollen sie denn ihre sakrale Macht rechtmäßig ausüben, direkt von der Delegation des Papstes ab.

Diese ekklesiologische Schieflage wollte bekanntlich das Zweite Vatikanische Konzil wieder ausgleichen. Deshalb bekräftigte es den Charakter der Kirche als Volk Gottes, die von der Christologie her begründete Mitwirkung der Laien, den zentralen Gedanken von Gemeinschaft und Gemeinde, die Kollegialität der Bischöfe und die Mission als Dienst an der Welt, zumal an den Armen (vgl. das gesamte zweite Kapitel der dogmatischen Konstitution »Lumen gentium«).

Besonders wichtig ist die Nr. 8 von »Lumen gentium«. Wird hier doch daran erinnert, dass der historische Jesus »das Werk der Erlösung in Armut und Verfolgung vollbrachte«. Deshalb »ist auch die Kirche berufen, den gleichen Weg einzuschlagen, um ... den Armen die frohe Botschaft zu bringen ... [und] zu suchen und zu retten, was verloren war«. Des Weiteren behauptet das Konzil, die Kirche Christi sei »verwirklicht in der katholischen Kirche«[3] und »auch außerhalb ihres Gefüges [das heißt: außerhalb der römisch-katholischen Kirche, seien] vielfältige Elemente der Heiligung und der Wahrheit zu finden«. »Als der Kirche Christi eigene Gaben« gestatteten diese Elemente es, den Charakter von Kirche auch anderen christlichen Kirchen zuzusprechen.

---

3 Was in der offiziellen deutschen Übersetzung der Konzilstexte mit »verwirklicht in der katholischen Kirche« wiedergegeben wird, heißt im lateinischen Original »subsistit in Ecclesia catholica«. Gerade um dieses subsistit läuft jedoch seit Mitte der achtziger Jahre eine heftige Kontroverse, die mit der Erklärung der römischen Glaubenskongregation vom 6. August 2000 »Dominus Iesus« erneut aufbrach. Während die Konzilsväter bemüht waren, zwischen der Kirche Christi und der katholischen Kirche kein Gleichheitszeichen zu setzen (est = ist), deutet der Präfekt der Glaubenskongregation, Joseph Kardinal Ratzinger, das als Ausweg gefundene subsistit im Sinne eines Spezialfalls von esse (= sein). Inhaltlich müsste die Übersetzung dann lauten: »Die Kirche Christi ist auf einzigartige Weise die katholische Kirche«. Zu der ganze Kontroverse vgl.: *L. Boff*, Manifest für die Ökumene. Ein Streit mit Kardinal Ratzinger, Düsseldorf ²2001, bes. 89 – 113.

Dessen ungeachtet bauen die Konzilsväter einen Text ein, mit dem sie im Sinne eines Kompromisses an der alten ekklesiologischen Doppeldeutigkeit festhalten. Denn neben die nach vorn weisenden Formulierungen stellen sie wieder die alte Theologie von der hierarchischen Verfassung der Kirche und von der Hegemonie, die, kraft göttlichen Willens, den Trägern des Weihesakraments, das heißt dem Klerus, zukomme (vgl. das dritte Kapitel von »Lumen gentium«). Im gegenwärtigen Augenblick, in dem in der Kirche manches wieder zurückgeschraubt wird, die Romanisierung neuerlich ins Kraut schießt und die ganze Kirche wieder stark klerikalisiert wird, werden gerade diese Texte immer wieder angeführt als authentische Interpretationskriterien und als offizielle Rezeption des Zweiten Vatikanischen Konzils. Die Folge ist, dass die Errungenschaften unter dem Zeichen von Gemeinschaft und Partizipation des ganzen Volkes Gottes damit praktisch zu den Akten gelegt werden.

Trotz dieser Ambivalenz, bei der der klerikale Pol normalerweise immer Vorfahrt hat, entdeckten manche Vertreter der Kleruskirche Möglichkeiten, sich auf die Welt der einfachen Christinnen und Christen einzulassen, und fühlten sich ermutigt, sich unter sie zu mischen und ihren Platz innerhalb der Gemeinde zu suchen. Dabei wollten sie jedoch nicht einfach irgendein Mitglied sein und sich dem pastoralen Wohlwollen des Klerus anheimgeben, sondern sie legten Wert darauf, aktive Träger von Kirchlichkeit und Produzenten kirchlicher Werte zu sein.

2. *Eine keimende Alternative:*
Projekt einer Kirche an der Seite des Volkes

In den sechziger Jahren des soeben zu Ende gegangenen Jahrhunderts traten die Armen in Lateinamerika auf den Plan und organisierten sich in gesellschaftlichen Gruppen. Auch in der institutionellen Klerikerkirche meldeten sie sich zu Wort. Ein doppelter Prozess war zu beobachten. Zum einen begaben sich immer mehr Träger der Kleruskirche buchstäblich unter das arme Volk: Bischöfe, Priester, Theologen und zumal Ordensleute beiderlei Geschlechts, aber auch Christinnen und Christen, die die Nase voll hatten von dem ganzen Elend und sich dafür engagieren wollten, dass sich etwas in der Gesellschaft änderte. Sie alle machten sich Sache und Kampf, Los und Kultur der sozial Verarmten zu Eigen. Umgekehrt übernahmen auch Christen und Christinnen zunehmend die Rolle von aktiven Trägern in Kirche und Gesellschaft. Zusammen mit Leuten von außen und unterstützt von ihnen, fingen sie an, ihre spezifische Weise des Christseins zu entwickeln. Nach und nach entstanden die verschiedenen Bewegungen der Volkspastoral (Kirchliche Basisgemeinden, Arbeiterpastoral, Kommission für Pastoral in Grund- und Bodenfragen CPT[4], Indianischer Missionsrat CIMI[5], Zentren zur Verteidigung der Menschenrechte, Bibelkreise), allen voran immer die Kirchlichen Basisgemeinden.

Im Schulterschluss mit einem popularen Projekt von Gesellschaft auf der Linie einer partizipativen, an den kleinen Leuten orientierten und auch für religiöse Dinge offenen Gesellschaft zeichnete sich allmählich auch das populare Projekt von Kirche ab. Für eine neue Gesellschaft eine neue Kirche! Und warum nicht für eine neue Verteilung und Ausübung von Macht in der Gesellschaft auch eine neue Verteilung und Ausübung von Macht in der Kirche?

Theoretisch gibt es da kein Denkverbot. In den Gründungsurkunden der Jesusbewegung zeichnen sich mindestens drei Modelle kirchlicher Organisation ab: Das Markusevangelium spiegelt eine synagogale Kirchenordnung wider, Paulus hält mehr von einer charismatischen Form, und den Pastoralbriefen, das heißt den Schreiben an Timotheus und Titus, liegt eine hierarchische Fassung zu Grunde. Allein die letzte hat im Laufe der Jahrhunderte obsiegt. Damit sind aber die beiden anderen Modelle als Quellen der Inspiration nicht überholt, denn sie gehören ja auch zu den Bezugstexten des christlichen Glaubensbekenntnisses.

3. Liegt die Macht in der Kirche beim Klerus oder bei der Gemeinde?

Praktisch – vielleicht auch erst im Sinne eines Samenkorns, das gerade zu sprießen beginnt – vermitteln die Kirchlichen Basisgemeinden den Eindruck, sie stellten eine neue Art und Weise dar,

4   Comissão de Pastoral da Terra.
5   Conselho Indigenista Missionário.

Kirche zu sein. Im folgenden Schaubild (S. 200) wird, bezogen auf die Verhältnisse in Brasilien, das Modell von Kirche auf der Grundlage des Klerus mit demjenigen einer Kirche auf der Grundlage ekklesialer[6] Gemeinschaft verglichen.[7]

Was das Schaubild zu erkennen gibt, ist, dass in den Kirchlichen Basisgemeinden in der Tat ein anderer Umgang mit religiöser Macht gepflegt wird. Bezogen auf die vier großen Säulen, auf denen das Gebäude der Kirche aufruht: auf das *Wort* (die Mitglieder der Basisgemeinden lesen und besprechen die Bibel, diskutieren im Lichte der heiligen Schrift ihre Probleme und heben auf diese Weise die Welt ins Wort), auf das *Sakrament* (die Kirchlichen Basisgemeinden verstehen es, ihr Leben und ihre Kämpfe zu feiern und speisen damit symbolisch ihre Hoffnung wie auch die Utopie des Reiches Gottes), auf die *Struktur* (die Basisgemeinden übertragen ihre internen Dienste bestimmten Mitgliedern, wählen ein Koordinierungsteam, entwickeln ein kritisches Bewusstsein für die bestehenden Probleme und suchen demokratisch nach gemeinschaftlichen Lösungen) und auf die *Mission* (Engagement in der Welt: die Mitglieder machen in Wohnviertel-Vereinen und Gewerkschaften, in Mütterclubs und politischen Gruppierungen, in einem Wort gesagt: in der Volksbewegung mit) bemächtigen sich die Christen und Christinnen in den Kirchlichen Basisgemeinden wieder eines Teils der Macht wie auch der Produktion der kirchlichen Güter. Alle soziologischen Untersuchungen, die bis heute vorliegen, betonen übereinstimmend diesen Fortschritt. Aber sie verschweigen auch nicht, dass der externe Pastoralträger (Bischof, Priester, Ordensfrau) nach wie vor von außen abhängig ist, dass es offenbar doch noch gewisse autoritäre Aspekte gibt und dass man sich in gewisser Weise doch noch an den alten klerikalen Strukturen orientiert (die die Glaubenden im Laufe der Jahrhunderte, die es nur dieses eine Modell gab, anscheinend internalisiert haben).

Wie dem im Einzelnen auch sei, auf jeden Fall gibt es – als sprießendes Samenkorn sozusagen – in der Praxis und auch in der Theorie (das heißt in der theologischen Reflexion, die diese Praxis

---

6 Vgl. *H. Goldstein*, Art. Ekklesial/ekklesiastisch/ekklesiologisch, in: ders., Kleines Lexikon der Theologie der Befreiung, Düsseldorf 1991, 50.

7 Vgl. *W. Lopes Sanches*, CEBs: Avanços e obstáculos dentro de 'um projeto popular de Igreja'. Diss. an der Päpstlichen Universität São Paulo 1989, 115–115. Siehe auch: *L. Boff*, Die Neuentdeckung der Kirche. Basisgemeinden in Lateinamerika, Mainz ⁴1985; *F. L. C. Teixeira*, A gênese das CEBs no Brasil. Elementos explicativos, São Paulo 1988.

Aspekte	Pfarrei	Kirchl. Basisgemeinden
Zentraler Inhaber der Macht	• Priester	• Gemeinde
Machtstrukturen	• Verwaltungsrat (konsultativ) • Pfarrgemeinderat (konsultativ)	• Bezirksrat, bestehend aus je einem Mitglied der verschiedenen Gemeinderäte (deliberativ) • Gemeinderat, auf zwei Jahre gewählt (deliberativ)
Pastoralträger (von außen kommend)	• Priester (evtl. Ordensfrauen)	• Pastoralteam (Priester, Ordensleute)
Verhältnis zwischen Pastoralträger und Volk	• Abhängigkeit und Unterordnung der Laien unter den Priester	• (Relative) Autonomie der Laien gegenüber den Pastoralträgern
Aufgabe des (von außen kommenden) Pastoralträgers	• Im Falle des Priesters: Produktion der religiösen Güter (Sakramente) • Kontrolle der Tätigkeiten in der Pfarrei	• Hauptaufgabe des Pastoralträgers: die Gemeinden auf ihrem Weg begleiten und ermutigen • Im Falle des Priesters: die Produktion der religiösen Güter geschieht weniger regelmäßig
Aufgabe des aus der Gemeinde selbst stammenden Pastoralträgers	• Die Anweisungen des Pfarrers ausführen. Oft wählt der Pfarrer selbst die Verantwortlichen für Vereine, Verbände und Bewegungen aus	• Auf der Grundlage von gemeinsamen Beschlüssen die Gemeinden koordinieren
Produzent der religiösen Güter	• Allein der Priester	• In der Mehrzahl der Anlässe der Pfarrer, aber auch Laien: Feiern des Wortes Gottes usw.
Rolle des Laien	• Objekt kirchlichen Handelns (klerikaler Katholizismus)	• Aktiver Träger kirchlichen Handelns, in Gemeinschaft mit den Pastoralträgern (Katholizismus unter Einbezug der Laien)
Organisation der Pastoral	• Komplexe Struktur: der Pfarrer hat es mit verschiedenen Vereinen, Verbänden und Bewegungen zu tun	• Einfache Struktur: (Katechese, Kinder, Jugendliche, Arbeiterpastoral regional organisiert). Der (die) Pastoralträger ist (sind) Beiräte der Gemeinde
Innere Dynamik	• Vertikale Dynamik mit Betonung von formellen und distanzierten Beziehungen	• Horizontale Dynamik mit Betonung von informellen Beziehungen, von Nähe und Zusammenarbeit
Beziehung Kirche – Stadtteil	• In der Regel kümmert sich die Pfarrei wenig um die Probleme des Stadtteils	• Die Mitglieder der Basisgemeinden sind in der Regel in den Volksbewegungen engagiert, von denen viele selbst aus den Basisgemeinden hervorgegangen sind

untermauert) bereits eine Alternative für den Umgang mit ekklesialer Macht. Allmählich entwickelt sich in der Kirche ein neuer Konsens (eine Anti-hegemonie, wie Antonio Gramsci sagen würde). Dieser ist ein historisches Ereignis erster Güte, zumal wenn man berücksichtigt, dass es eine vergleichbare Gelegenheit in der Geschichte seit Jahrhunderten nicht mehr gegeben hat.

Ähnliche Situationen brachten vielleicht das 11. und das 12. Jahrhundert mit den Armutsbewegungen und das 16. Jahrhundert mit der Reformation. Doch die Klerikerkirche überlebte die oppositionelle Alternative. Entweder vereinnahmte sie die Mitglieder dieser Strömungen und holte sie in ihr System hinein (typisches Beispiel dafür ist die franziskanische Bewegung), oder sie verjagte sie aus ihren Reihen mittels Exkommunikation und Religionskriegen (Waldenser, Katharer, Albigenser im Hochmittelalter und die Reformatoren an der Schwelle zur Neuzeit).

Ähnlich wie aus dem biblischen Judentum die Kirche hervorging (vgl. Röm 11,11–24), so entwickelt sich aus der Kirche im Sinne von Gesellschaft heute eine Kirche, die sich als Gemeinschaft versteht. Der alte Baumstumpf, dem selbst wohl keine Zukunft mehr beschieden ist, hat gleichwohl noch ausreichend Saft, um neue Zweige zum Sprießen zu bringen und damit neue Hoffnung keimen zu lassen. Oder, wie es in der Hebräischen Bibel heißt, die kinderlose Sara darf lachen, weil sie trotz ihres Alters jederzeit doch noch ein Kind bekommen kann (vgl. Gen 18,12–15).

Unter dem doppelten Gesichtspunkt geschichtlicher Machbarkeit und einer möglichen Alternative zum geltenden Umgang mit der Macht in der Kirche ist das Phänomen der Kirchlichen Basisgemeinden aus zwei Gründen von größter Bedeutung.

Ersten gibt es auch in den Reihen der Klerikerkirche Kreise, die das Phänomen der Kirchlichen Basisgemeinden sehr wohl akzeptieren, es unterstützen und sich selbst als Teil des Prozesses empfinden, dass da ein populares Projekt von Kirche im Entstehen ist. Natürlich ist die Zustimmung zu der Bewegung mal größer und mal geringer. Dennoch können wir nicht nur herausragende Laien anführen, sondern sogar Kardinäle. Mit anderen Worten: Personen und Sektoren, die die Kriterien der Legitimation und der höchsten kirchlichen Offizialität erfüllen (Kardinäle und Bischöfe, Bischofskonferenzen und Theologen), machen ihren Einfluss dafür geltend, dass die Kirchlichen Basisgemeinden voll als Kirche anerkannt werden. Unter den Bedingungen der populären Kultur und innerhalb des Universums der Unterdrückten und Verrandeten sind sie im authentischsten Sinn Kirche an der Basis – und nicht bloß Gruppen mit Elementen von Kirche.

So stark das soeben angeführte Argument auch sein mag, allein reicht es nicht aus. Denn Kirche genügt sich ja nicht selbst. Die Basisgemeinden sind als binnenkirchliches Phänomen nämlich sehr wohl im Stande, herrschende Modelle zu sprengen, ein Schisma herbeizuführen und Parallelformen anzustoßen. So wird zweitens deutlich, wie wichtig es ist, dass die Kirchlichen Basisgemeinschaften in der Volksbewegung mitmachen. Die soziale Basis der sich als Gemeinschaft verstehenden Kirche ist dieselbe wie die der sozialen Bewegung. Die Masse der Armen, die vor Konflikten nicht zurückschrecken, bildet das eine wie das andere Phänomen. Was die Kraft des Ganzen ausmacht, sind nicht eigentlich die Kirchlichen Basisgemeinden, sondern ist deren Vermögen, sich auf andere populare Kräfte einzulassen. In ihrer Gemeinde liegt Christen und Christinnen daran, in geschwisterlicher Gemeinschaft (im Sinne Max Webers) zu leben, und in den Volksbewegungen wollen sie dazu beitragen, dass so etwas wie partizipative Basisdemokratie entsteht, welche Unterschiede zwar gelten lässt, aber zum großen Ziel immer mehr die Gleichheit hat. Perspektiven, Träume und Utopien sind hier wie dort aus demselben Stoff gemacht, wobei allerdings das religiöse Ideal eine andere Reichweite hat, weil es ja auch die Auferstehung des Fleisches und das ewige Leben beinhaltet, was kein sozialer Prozess in Aussicht zu stellen im Stande ist. Deshalb sagen wir, die Perspektiven seien aus demselben Stoff gemacht, aber wir sagen nicht, sie seien identisch. Gleichwohl handelt es sich um eine einzige Veränderungsbewegung, die einesteils in der Geschichte beginnt, diese anderenteils aber ins Unendliche hin übersteigt.

Die Anhänger des skizzierten Kirchenmodells schlagen sich also auf die Seite der zu kurz gekommenen Schichten und Klassen. Deren objektive Interessen gehen in Richtung Befreiung, was ja auch das Anliegen der Kirchlichen Basisgemeinschaften ist. Daraus folgt, dass das Projekt einer befreienden Kirche am Vorhaben wirtschaftlicher, politischer und kultureller Befreiung andockt, insofern letzteres zum Ausdruck bringt, dass organisierte Arme und Unterdrückte auch das neue Subjekt der Geschichte sind.

So lässt sich also beobachten, dass sich ein neuer Konsens in der Kirche anbahnt, maßgeblich angestoßen durch die Kirchlichen Basisgemeinden, welche in Verbindung stehen einerseits mit ihren Verbündeten aus den Reihen der Klerikerkirche und andererseits mit all den Leuten aus der befreienden Volksbewegung. Inhalt des Konsenses ist die gemeinsame Überzeugung: Im Mittelpunkt des Engagements der Kirche haben die Unterdrückten und An-den-Rand-Gedrängten zu stehen (im Sinne eines kollektiven Phänomens als verschaukelte Klassen und gedemütigte Rassen, als verachtete Kulturen und erniedrigte Kreise wie zum Beispiel Frauen oder als diskriminierte Gruppen wie unter anderen etwa Leprose und HIV-Infizierte). Allerdings tun die Kleriker gut daran, größte Sorgfalt darauf zu verwenden, dass sie die Leute nicht zu Objekten ihres pastoralen Handelns machen, als hätten sie nun endlich für sie ihre Option getroffen und als wollten sie fortan hochherzig und wohlwollend mit ihnen umgehen. Nein, die Basischristen sind Subjekte, sind verantwortliche Baumeister einer volksverbundenen Form des Kircheseins und zugleich kompetente Träger der Veränderung gesellschaftlicher Beziehungen.

In der Tendenz sind die Kirchlichen Basisgemeinden dabei, ideologisch autonom zu werden – oder anders gesagt: sie sind dabei, ein stichhaltiges, eigenständiges theologisches Konzept von Kirche auf die Beine zu stellen: wie ihr Verhältnis zum Traum des historischen Jesus vom Reich Gottes ist, worin an der Seite von Unterdrückten und Marginalisierten ihre befreiende Funktion besteht und wie sie dank ihrer Kontakte mit diesen Kreisen auch offen sein können für alle und zumal für andere Kulturen. Gelernt haben sie das beim Lesen der Bibel, bei der theologischen Reflexion über die Praxis in Kirchengemeinde und Sozialbewegung wie auch beim Bemühen um engagierte, befreiende Spiritualität, die langsam heranreift. Aber das gilt, wie gesagt, lediglich der Tendenz nach. Natürlich fehlt es nicht an Widersprüchen und an Wiederholungen dessen, was Pastoralträger vorgemacht haben, und an misslungener Sozialisation des neuen Modells von Kirchesein, Kirche verstanden als Netz von Gemeinschaften. Dennoch wird niemand bestreiten können, dass da etwas Neues im Kommen ist. Schwach wie es noch ist, hat es trotzdem schon die Kraft jener feinen Wurzeln, durch die der Stamm den lebensnotwendigen Saft aus der Tiefe holt und dank derer er dann zu einem gewaltigen Paránuss-Baum in Amazonien wird. So kann man ohne weiteres sagen, die Kirchlichen Basisgemeinden gingen schwanger mit Verheißung und Hoffnung, dass eine alternative Handhabung von Macht in der Kirche keineswegs unmöglich ist.

Was allerdings bei dieser neuen Art und Weise des Kircheseins überhaupt nicht zur Debatte steht, ist der Gedanke, Bischof, Priester oder Ordensleute abzuschaffen. Worum es geht, ist, sich durch den Wechsel des sozialen Ortes (vom hegemonischen Ort zum subalternen Ort, mit dem Gespür dafür, dass es eine neue Hegemonie zu ermöglichen gilt) von einem bestimmten Modell im Umgang mit diesen Funktionen zu verabschieden und einen neuen Stil von kirchlich Verantwortlichem bzw. von kirchlich Verantwortlicher in die Wege zu leiten, wobei besagte Person dann innerhalb und nicht oberhalb der Gemeinde steht und sich als Teil des Ganzen fühlt und nicht als ein Teil, der einem anderen Ganzen gegenübersteht.

In Anbetracht der Herausforderung, dass sich der Eigenstand der Basisgemeinden noch weiter zu konsolidieren hat, werden Präsenz und Mitwirkung organischer Intellektueller eine ganz wichtige Sache. Dabei sollte zunächst nach den vor Ort vorhandenen menschlichen Ressourcen geschaut werden. In der Folge können dann auch geeignete Männer und Frauen von außerhalb mit ihrem Dazutun das Vorhaben einer popularen Kirche untermauern. So können sie (Kardinäle und Bischöfe, Theologinnen und Priester, Ordensfrauen und besonders qualifizierte Fachleute) bei der Erarbeitung einer homogenen Konzeption von Welt, Gesellschaft und Kirche mitwirken, aus der Blendeneinstellung von Unterdrückten, die aber endlich befreit werden wollen. Ohne Kooperation und aktive Komplizenschaft solcher Leute läuft die populare Alternative Gefahr, ihre Legitimität abgesprochen zu bekommen und verdammt und vereitelt zu sehen. Oder die andere Seite geht hin und kooptiert sie einfach. Womöglich gäbe es dann zwar diese oder jene wertvolle Reform in der Klerikerkirche, aber die klerikale, elitäre, willkürliche und kulturbehaftete Struktur des römisch-katholischen Apparates bliebe unangetastet. Und eine einzigartige historische Chance wäre vertan.

4. Strategien und Taktiken zur Realisierung des Projektes einer popularen Kirche – in Gegenwind wie in Aufwind

Doch das populare Vorhaben von Kirche ist inzwischen von Seiten der Klerikerkirche gefährdet. Denn diese, geschickt wie sie ist, hat verstanden, welches Risiko für die traditionelle Handhabung von Macht die neuerdings erzielte Übereinstimmung in der Kirche bedeutet, wenn der Umgang mit Macht nicht mehr vom Klerus (von der hierarchischen Gesellschaft) definiert wird, sondern von der geschwisterlichen Gemeinschaft. Überflüssig, hier die verschiedenen Strategien der römischen Kurie aufzulisten, mittels derer die Kirche an der Basis destabilisiert und die klerikale Säule verstärkt werden soll. Ihre Strategen sind mit unerschöpflichem guten Willen am Werk. Dabei haben sie nicht den geringsten Zweifel, einen göttlichen Auftrag zu erfüllen. Sie halten sich für Anwälte des treuen, schutzlosen Volkes, das ja in ihren Augen unwissend und unfähig ist, den eigenen Glauben verstandesmäßig zu erarbeiten und Gründe zu liefern für die Hoffnung, die in ihm steckt. Mit symbolischer Demoralisierung, mit Angriffen auf ihre Hauptvertreter, mit Bestreiten der Rechtgläubigkeit ihrer Theologie und mit exemplarischen Strafen gegen einige ihrer Vertreter ... die andere Seite, die Alternative kaputt zu machen ist für die Klerikerkirche ein gutes Werk, vor dem sich kein authentischer Apostel und kein guter Hirt drücken kann. Ja, man maßt sich Titel an wie neuer Chrysostomus oder wieder auferstandener Augustinus.

Treffend sagte schon Pascal: Nie ist ein böses Ding so gut gemacht, als wenn es mit gutem Willen gemacht worden ist. Wurde denn wegen dieses Irrtums nicht auch Jesus umgebracht, und wurden wegen dieses Missverständnisses nicht auch – schon vor ihm – die Propheten gelyncht? Die perverse Logik ist heute alles andere als tot. Die Klerikerkirche fordert viele Opfer und verursacht manches ungerechte Leid. Ganz auf sich selbst und auf ihre eigene Macht konzentriert, ist sie ein Ausdruck dessen, was Paulus Fleisch nennt. Fleisch führt zum Tod (Röm 8,5; Gal 6,8). Das Fleisch versteht nicht die Dinge des Geistes (Röm 8,5). Nun bedeuten die Kirchlichen Basisgemeinden aber die Kirche, die – kraft des Geistes Gottes und nicht mit der Gewalt von Unterwerfung und Zwang von Seiten des Kaisers oder des Klerus – aus dem Glauben des Volkes geboren wird. Um dieses Ereignis des Geistes zu verstehen, muss die Klerikerkirche geistig sein bzw. werden. Doch das wird sie nur unter der Bedingung sein können, dass sie ihr klerikales Drum und Dran aufgibt und eine gemeinschaftliche, partizipative und perichoretische (inter-retro-bezogene) Kirche wird, nach dem Muster der heiligsten Dreifaltigkeit, des letzten Prototyps allen Zusammenlebens, von Unterschied und Einheit.

Die Hauptstrategie der römischen Kurie besteht darin, die Kirchlichen Basisgemeinden in den Koordinaten der Klerikerkirche einzufangen. Im Wesentlichen geschieht das durch einen Prozess der Parochialisierung, das heißt dadurch, dass die Basisgemeinden dem Pfarrer als dem alleinigen Inhaber von sakraler Macht und von Kriterien der Kirchlichkeit unterstellt werden. Doch damit hören sie auf, Alternativen zur geltenden Machtverteilung zu sein. Wie für modern empfindende Gesellschaftsschichten die Kirche, verstanden als Großinstitution, die neuen geistlichen Gemeinschaften bereit hält – viele von ihnen mit weltweiter Verbreitung wie Opus Dei, Fokolar-Bewegung und Communione e Liberazione –, so bietet sie den »vormodernen und armen« Schichten die Kirchlichen Basisgemeinden, aber auch die verschiedenen Projekte der Sozialpastoral an. Doch zu einer Verurteilung der Kirchlichen Basisgemeinschaften wird sich die römische Kurie schwerlich verleiten lassen. Schlüge sie damit dem ganzen Organismus Kirche doch böse Wunden. Immerhin träfe sie mit solch einem Schritt ja auch Bischöfe und Kardinäle, auch wenn sich diese vermeintlich wie Rohrkrepierer verhalten und der Kirche insgesamt großen Schaden zufügen. Denn wer garantiert, dass sie nicht eines Tages eine Parallelhierarchie aufbauen? Aus diesem Grund muss man sie so weit wie möglich achten, schonen, vereinnahmen oder isolieren. Mit den Lateinamerikanern ein Schisma zu wagen, kann nicht der Weg sein. Deshalb kommt es darauf an, den lateinamerikanischen Katholizismus in Abhängigkeit zu halten und an der kurzen Leine zu führen. Auch in Lateinamerika kann Kirche immer nur Kirche im Spiegel sein. Kirche aus eigener Quelle, mit den Gesichtszügen dortiger Rassen und Kulturen … undenkbar für klerikale Gemüter!

Gegenüber derartigen Strategien muss man wissen, wie politisch zu handeln ist, auf der Linie der Seligpreisungen und im Horizont einer österlichen Spiritualität, die aus Krisen lernt und aus Verfolgungen gestärkt hervorgeht.

In diesem Sinn geht es zunächst einmal darum, noch tiefer in den Erdteil der Armen vorzudringen und die Kleinen ihr Vorhaben einer volksverbundenen Kirche ungehindert in die Tat umsetzen zu lassen. Haben wir uns einmal in dieser Wirklichkeit eingenistet, sollten wir alle Chancen nutzen, die das derzeit geltende Kirchenrecht vorsieht, dass sich Laien und Priester an der Formulierung der Pastoral beteiligen. Gemeint ist damit: in die Tiefe wachsen!

Zweitens gilt es, Bündnisse zu stärken. Gar nicht genug organische Intellektuelle können zur Basiskirche stoßen. Also: auch in die Breite wachsen!

Sodann müssen auch immer mehr Bischöfe und andere Vertreter der Klerikerkirche zur evangeliumsgemäßen Sache der Armen und Unterdrückten bekehrt werden (vgl. noch einmal die Nr. 8 der dogmatischen Konstitution »Lumen gentium«). Natürlich handeln wir uns damit widersprüchliche Verbündete ein, und die Komplizenschaft mit ihnen kann durchaus Kopfschmerzen bereiten. Aber soll das neue Modell von Kirche eine legale, solide Sache werden, kommen wir an diesen Kreisen nicht vorbei. Nach oben wachsen!

Des Weiteren darf das Gespräch zwischen der Basiskirche und den anderen christlichen Kirchen nicht abbrechen. Gerade die Ökumene vertieft die Perspektive des Evangeliums und schützt auch gegen Nachstellungen der großen klerikalen Institution. Insbesondere was eucharistische Feiern angeht, erweisen sich die Kontakte zu anderen Kirchen, die auch das Abendmahl des Herrn kennen, als befreiend. Katholiken und Katholikinnen nehmen an deren Feiern natürlich teil. Denn wer könnte bestreiten, dass auch dort der Herr sakramental präsent ist?

Fünftens ist ein lebendiger Schulterschluss mit der auf Befreiung abzielenden Sozialbewegung ständiges Gebot. Denn das Evangelium muss auch zum Zuge kommen als Inspirationsquelle für Erhebung und für Befreiung von der alten, perversen Ordnung, die in der Geschichte unbeschreibliche Ungerechtigkeiten zementiert und es fertig gebracht hat, sich die Macht der Kirche als Legitimationsapparat für ihre Vorstellungen und ihre Interessen in die Tasche zu stecken. Von Befreiung zu träumen ist kein Monopol religiös gleichgültiger, gnostischer oder atheistischer Linker. Der Traum von Befreiung ergibt sich zwangsläufig aus der gefährlichen, provozierenden Erinnerung an Jesus und an seine Jünger. In den Kirchlichen Basisgemeinden pulsiert die zugleich zornige und zärtliche Kraft dieser Utopie des Propheten von Nazaret, der ja als Sohn Gottes Fleisch und Mensch geworden ist in unserem Elend. Die Einbeziehung des Sozialen in das populare Projekt von Kirche gibt dem neuen ekklesialen Konsens Kraft und Stärke.

Sechstens müssen wir uns unbedingt vor der Versuchung hüten, die Kirchlichen Basisgemeinden institutionell zu Untergliederungen der Pfarreien zu machen. Die Basisgemeinden sind keine Bewegung in der Kirche, sie sind die Kirche als ganze in Bewegung. Anderenfalls würden sie in das traditionelle kirchenrechtliche Schema gepresst werden und verlören damit ihre Originalität. Auf keinen Fall dürfen sie aufhören, eine Dynamik zu sein, die das ganze Gewebe der Kirche durchdringt. Sie bilden nicht nur eine bisher nicht gekannte Konfiguration von Macht und von Kirchesein, sondern sie sind ein neuer gemeinschaftlicher, partizipativer Geist, der alle kirchlichen und gesellschaftlichen Räume erfüllt.

Siebtens müssen wir Realisten sein. Die institutionelle Kirche ist sehr stark. Mit Hilfe ihrer Einrichtungen kommt sie den Christen und Christinnen entgegen, die ein Bedürfnis nach individuellem Heil haben, sich aber weder für die Gemeinde noch für die Natur und die Zukunft der Erde verantwortlich fühlen. Sie funktioniert im Sinne des liberalen Systems und der privaten Akkumulation. Diese Art von Kirche zimmerte sich ihre dogmatische, kanonische und liturgische Rechtfertigung zurecht. Wir haben davon auszugehen, dass sie noch mehrere Jahrhunderte und sogar, wer weiß, bis zum Jüngsten Gericht Bestand haben wird. Aber das soll uns nicht entmutigen. Denn neben ihr und zusammen mit ihr, aber ohne mit ihr zu brechen, entsteht eine Kirche, die, sich primär als Gemeinschaft verstehend, aus einem anderen Geist den religiösen Bedürfnissen der Menschen entspricht, insbesondere jener Menschen, die sich ausdrücklich auf die Utopie Jesu und der Apostel beziehen.

Seinerseits ist dieses Modell von Kirche funktional im Sinne einer demokratischen, partizipativen Gesellschaft, in der das kleine Volk Vorfahrt hat.

Worauf es ankommt, ist, dass Theologie und Christen diese neue Art und Weise, in Gemeinschaft Kirche zu sein, theologisch legitimieren und gegenüber jener anderen, gesellschaftlich verhafteten Form von Kirche auch rechtfertigen. Natürlich muss auch verhindert werden, dass die Verfolgung, die das an gesellschaftlichen Vorgaben sich orientierende Modell gegen das gemeinschaftsbezogene Modell inszeniert, letzteres demoralisiert und seine historische Durchsetzbarkeit als unbegründet erscheinen lässt und unmöglich macht.

Schließlich kommen wir nicht ohne geistig-geistlichen Hintergrund aus. Der Geist wohnt in der Welt. Er ist in allen Veränderungs- und Neuerungsprozessen am Werk. Heute weht der Geist von Müllhalden der Menschheit her. Wo Schwäche und Elend herrschen, dort offenbart er seine Geschichte gestaltende Kraft. Man denke nur an das selbstredende Bild des Propheten Ezechiel von dem Schlachtfeld, auf dem ausgedörrte menschliche Gebeine verstreut liegen; diese bekleiden sich bekanntlich wieder mit Fleisch und lassen das am Boden zerstörte Volk wieder lebendig werden (vgl. Ez 37,1–14).

Sollte jedoch trotz allen Bemühens das populare Projekt von Kirche scheitern, liegt es nicht am fehlenden Engagement hellsichtiger, wagemutiger Christinnen und Christen. Der Traum Jesu bleibt Traum. Doch träumen ihn nur Einzelne bzw. eine Klerikerkirche mit individuellem Heilsangebot, wird er angesichts der Herausforderungen der Geschichte platzen. Träumen ihn hingegen die Menschen gemeinsam, in Nachbarschaftshilfe sozusagen, wie die Basisgemeinden in einem Lied singen, dann wird er die große Befreiung bringen. Wenn wir soeben sagten, der Traum Jesu bleibe Traum, dann darf er allerdings nicht *nur* Traum bleiben. Der Traum Jesu muss zur historischen Kraft für die werden, die Befreiung brauchen und die sich zusammenschließen, um die zu erreichende Befreiung in Aktionen zur Ermöglichung von Leben zu übersetzen.

Theologie unter dem Zeichen des Wandels

Das Weltall ist noch nicht fertig, noch immer befindet es sich im Prozess des Geboren-werdens. Die Erde ist nicht rund, noch immer harrt sie ihrer Vollendung. Und auch der Mensch, obzwar als ganzer Mensch zur Welt gekommen, ist unentwegt ein grenzenloses Projekt. Ganz auf dieser Linie kann auch Theologie nie ein geschlossenes System sein; wäre sie es, liefe sie Gefahr, Gott in ihre eigenen Kategorien zu packen und zu einem Götzen devoten Räsonierens zu verkehren.

1. *Theologia omniocculata*

Betrachte ich meinen theologischen Werdegang, habe ich den Eindruck, unter dem Zeichen des Wandels zu stehen. Als Vergleich dazu fällt mir ein uralter Archetyp ein, das Bild des Bergpfades. Mühsam schlängelt sich dieser den Hang hinauf, windet sich in Kurven, senkt sich wieder, um bald wieder anzusteigen, wird ganz schmal an Engstellen und Steilhängen, weitet sich, wo sich eine Ebene auftut, verschwindet nahezu auf grasbedeckten Flächen und kommt schließlich sicher an seinem Ziele an. So also verstehe ich mich mit meiner Theologie, die ich inzwischen mehr als vierzig Jahre treibe.

Was Bernhard von Clairvaux sagt und was mittelalterliche Theologen wie Bonaventura und Albertus Magnus aufgreifen, Theologie habe *ante et retro occulata* zu sein, halte ich für absolut zutreffend. Theologie hat ein rückwärts gewandtes Augen – ein Auge, das in die Vergangenheit schaut, um in den Texten der Offenbarung und in den Zeugnissen des Glaubens, in den Büchern der großen Meister sowie in den Schriften der heiligen Überlieferung zu lesen. Gewissermaßen mit Hilfe von Linsen und Gläsern liest und entziffert es stets aufs Neue immer tiefere Schichten dieser unerschöpflichen Mine. Aber Theologie hat auch ein Auge, das nach vorn schaut, in die Gegenwart, in der es die Unruhefaktoren einer komplexen, widersprüchlichen, provozierenden Realität wahrnimmt. Erst mit beiden Augen zusammen erfassen wir ganzheitlich die Wirklichkeit. So haben wir auf der einen Seite eine Theologie, die in den Quellen wurzelt, und auf der anderen eine Theologie, die sich aus der Kraft der Gegenwartsgeschichte erneuert. Schaute Theologie einzig rückwärts, kehrte sie der Zukunft den Rücken zu, würde konservativ und hinge nur noch am Alten. Glaubenden von heute hätte sie nichts mehr zu sagen. Den Blick umgekehrt nur nach vorn gewandt, verkäme sie zu einer Modetheologie, immer auf das Neuste bedacht, doch ohne Aussagekraft. Menschen, denen an Beständigkeit und Nachhaltigkeit liegt, spräche sie nicht mehr an.

Darüber hinaus ist Theologie aber auch *intra et extra occulata*. Ihr Blick geht nämlich auch nach innen. Theologie hat es mit Mystik zu tun. Als solche gewahrt sie, dass auch im Herzen des Menschen die heiligste Dreifaltigkeit geboren wird: Der Vater zeugt den Sohn und, dank der inspirierenden Kraft des Heiligen Geistes, im Sohn alle Söhne und Töchter. Und schließlich hat Theologie ein nach außen gerichtetes Auge. Dieses betrachtet das Werden des Reiches Gottes, zu dem es aber nicht kommt ohne die unverzichtbaren Vermittlungen von Gerechtigkeit, Liebe, Verzicht, Vergebung und Feier.

So ist Theologie letztlich *omniocculata*. Ihr Blick erfasst alles, einschließlich der unscheinbarsten Dinge. Theologie interessiert sich für mehr als nur für ihren eigentlichen Inhalt, für Gott. Deshalb stellt Thomas von Aquin in seiner *Summa Theologica* bereits in der ersten *Quaestio* (Paragraph) heraus, Theologie befase sich nicht allein mit Gott, sondern mit allen Dingen, insofern ja alles so oder so auf Gott bezogen sei. Gegenstand der Theologie ist somit alles, aber wirklich alles, angefangen mit dem eigenen Streben nach Heiterkeit über wirtschaftliche und soziale Befreiung von Armen und Ausgeschlossenen bis hin zum letzten Sinn des diabolisch-sym-bolischen Universums. Die Folge daraus ist, dass, wer Theologie treibt, ein unmögliches Wesen ist. Und aus dieser Tatsache folgt dann noch einmal, dass das Metier des Theologen eine beängstigende und zugleich faszinierende Angelegenheit ist.

In meiner theologischen Produktion habe ich mich, beinahe besessen, um diesen Mittelweg bemüht. Spätere mögen sagen, wie weit ich den Archetyp des rechten Maße getroffen oder eventuell auch verfehlt habe. Das Buch »Der Adler und das Huhn«[1], im brasilianischen Original mit dem Untertitel »Eine Metapher des Menschseins« versehen, ist eben nicht nur ein Bild für das Menschsein überhaupt, sondern speziell auch für den Beruf des Theologen. Im Folgenden möchte ich nun einige Etappen dieses ebenso windungsreichen wie schmerzlichen Weges beleuchten.

2. Theologie der Ecclesiola

Meine ersten Schritte als Theologe tat ich im Haus des Franziskanerordens. Mit seiner Theologie und Überlieferung, mit seinen männlichen und weiblichen Heiligen ebenso wie mit seinen Lehrern war mir der Orden eine regelrechte *ecclesiola*, eine kleine Kirche, fast wichtiger als die Kirche selbst. Sieben Jahre lang las und studierte ich nahezu alle mittelalterlichen Franziskanertheologen. In Bonaventura bin ich geradezu eingetaucht und Bonaventura prägt mich bis auf den heutigen Tag. Von ihm habe ich die *theologia cordis* (Theologie des Herzens) und die Überzeugung, dass allen Dingen ein sakramentaler Charakter anhaftet. Und während ich mich in das persönliche Charisma des Franz von Assisi vertiefte, wäre ich um ein Haar der Versuchung der *fraticelli* des 14. Jahrhunderts erlegen, den Gründer des Ordens für fruchtbarer zu halten als die Evangelien und für inspirierender als Jesus von Nazaret selbst. So kommt es, dass ich mich heute eher für franziskanisch-katholisch als für römisch-katholisch halte.

3. Theologie der Ecclesia

Während des II. Vatikanischen Konzils entdeckte ich die Kirche als Sakrament und Geheimnis. Im Jahre 1968 konnte ich an der Universität München meine Doktorarbeit vorlegen über den sakramentalen Charakter der Kirche im Lichte des Säkularisierungsprozesses in Europa und der Revolution in Lateinamerika.[2] In-

---

1 *L. Boff*, Der Adler und das Huhn. Wie der Mensch Mensch wird, Düsseldorf 1998.
2 *L. Boff*, Die Kirche als Sakrament im Horizont der Welterfahrung. Versuch einer Legitimation und einer struktur-funktionalistischen Grundlegung der Kirche im Anschluss an das II. Vatikanische Konzil, Paderborn 1972.

zwischen war mir bereits aufgegangen, dass sich die Kirche nicht an und für sich denken lässt, sondern dass sie immer in enger Beziehung zum Reich Gottes, aber auch zur Welt verstanden werden will. Doch diese Bezugnahme gelingt nur, wenn sie sich auf zwei Pole stützt, auf Christus und auf den Geist. Eine Ekklesiologie, die einzig und allein auf der Inkarnation fußt, endet unweigerlich in der Institution, das heißt in Machtallüren. Bekanntlich haust in der Macht ein Dämon, der immer noch mehr Macht will, nicht ausgenommen wenn's um Kirche und Macht geht. Deshalb wies Jesus auch die Macht als die größte Versuchung von sich, mit der Satan überhaupt aufwarten konnte. Macht und Vollmacht dürfen sich in der Kirche nur dann einnisten, wenn sie vom Auferstandenen stammen, der ja zuvor durch die totale Erniedrigung des Todes am Kreuz gegangen war und mithin in die Dynamik des Geistes hatte eingehen können. Damit ist der Geist der zweite Pol, der die Kirche, einschließlich ihrer Ämter, Dienste und Charismen, strukturiert.

Kirche ist Charisma und Macht (und nicht Charisma oder Macht). So lautet denn auch der Titel eines meiner Bücher[3], aufgrund dessen ich 1984 nach Rom gerufen wurde und mich in den Räumen der vormaligen Heiligen Inquisition auf jenem Stuhl wiederfand, auf dem schon Galileo Galilei und Giordano Bruno gesessen hatten. Für die Glaubenskongregation – so der moderne Name für die alte Behörde – bestand das Ärgernis in der von mir nachdrücklich vertretenen These, das Verhältnis zwischen den beiden Größen sei nur dann gesund, wenn die Bewegung, vom Charisma ausgehend, in Richtung Macht verlaufe. Die umgekehrte Richtung, von der Macht zum Charisma, erweise sich als Pathologie, die indes in der römisch-katholischen Kirche heute tonangebend sei. Wie ließe sich denn sonst erklären, dass die Kirche selbst in den eigenen Reihen, in den Reihen von Christen und Christinnen Märtyrer produziere? Man denke nur an bestimmte charismatische Männer und Frauen, an Propheten, Mystiker und Künstler, aber auch an Christinnen und Christen, die mit neuartigen Diskursen und Gesten aufzuwarten vermögen.

---

3   *L. Boff,* Kirche: Charisma und Macht. Studien zu einer streitbaren Theologie, Düsseldorf [1]1985; [5]1985.

Gewinnt die Macht die Oberhand über das Charisma, erstickt der Geist und die Kirche wird zum kastrierenden Superödipus, zum Schrecken für jedes Gewissen, zur Bastion von reaktionärem, machistischem und autoritärem Gehabe. Davon gerade aber wollte Jesus nichts wissen und dies hat ihn dann auch letztlich ans Kreuz gebracht. Das Übergewicht der Macht über das Charisma schafft darüber hinaus aber auch eine Art von ekklesialen Atheisten. Diesen sehe ich vor mir in der Gestalt von Kardinälen und Bischöfen, von Theologen und Pastoralträgern, die zwar die Grammatik des Glaubens aus dem Effeff können, aber kein Mitleid mit den Armen in der Welt zu erkennen geben. Gelingt es der Kirche hingegen, den christologischen Pol (Institution) mit dem pneumatologischen Pol (Charisma) und das petrinische Prinzip (das Instituierte) mit dem paulinischen Prinzip (das Instituierende) in Einklang zu bringen, dann, ja dann kann sie Sakrament sein, will sagen: Zeichen des Handelns Gottes in der Welt.

4. Theologie des Reiches

Die Kirche hat sich von Ansage und Anspruch des Reiches Gottes relativieren zu lassen. Jesus wollte nicht die Kirche, sondern das Reich. Reich Gottes ist die umfassendste Kategorie des christlichen Diskurses. Reich heißt, dass Gott in der Welt am Werk ist, seine Schöpfung heilt, seine unterdrückten Söhne und Töchter befreit und alle Dinge zur Fülle führt, damit sie alle zusammen das *pléroma* (Fülle) bilden, das Reich der Dreifaltigkeit. In der säkularen Welt gewinnt das Reich Konturen auf dem Weg der Ethik und in den Kirchen auf dem Weg der Feier. Dort, ohne dass jemand von ihm redete, erahnen wir gleichwohl sein Wesen in Gerechtigkeit und Wahrheit, in Vergebung und Liebe. Hier hingegen, indem wir namentlich von ihm sprechen, verdichtet es sich in Ritus, Dogma und Norm. Doch nicht überall, wo vom Reich die Rede ist, ist es auch zugegen. Unfehlbar indes ist es gegenwärtig, wo Wahrheit, Gerechtigkeit und Liebe zum Zuge kommen. Was soll man jenem Skeptiker erwidern, der seiner Meinung Ausdruck gab, in der kubanischen Revolution, die ja eine Revolution der zärtlichen Zuwendung zu Armen und Alten sei, stecke mehr vom Reich Gottes als in der römisch-katholischen Kirche des Landes, der es nur um Diskurs, Selbsterhaltung und Selbstentfaltung gehe?

Dieses universale Verständnis vom Reich Gottes macht es einem möglich, die Welt mit den Augen des Mystikers zu betrachten. Wer Reich Gottes in diesem umfassenden Sinn begreift, entdeckt, dass Gott auch jenseits der Grenzen der Kirchen am Werk ist, und vermag ihn auch auf dem weiten Feld von säkularer Politik und weltlicher Kultur zu feiern. Wo immer man geht und steht, unmerklich ist er schon da, durchdringt alles und drängt nach oben und nach vorn, wie er – umgekehrt – sich auch verbirgt und bekämpft und bestritten wird. Das Reich Gottes gelangt zur Entfaltung nur im Kampf gegen das Gegenreich.

5. Theologia pauperum

Das Reich beginnt in den Höllen von Armut und Ausgrenzung. Dieses Faktum ist offenbar Teil des Geheimnisses Gottes. Gott fühlt sich von denen angezogen, die unter der Last von ihr Leben zerstörenden und von ihnen den Tod bringenden Mechanismen stöhnen und schreien und ihn beschimpfen. Dank seinem innersten Wesen, das ja Leben ist, ergreift er Partei für diese seine gedemütigten und geknechteten Söhne und Töchter. Das ist jüdisch-christliche Auffassung von Anfang an. Auch Jesus sagt unmissverständlich: Das Reich gehört an erster Stelle den Bedrängten – allen anderen in dem Maße, in dem sie sich auf deren Sache und Kampf einlassen. Nur wer auf das Schreien der Armen eingeht, darf feiern und tanzen und in der Kirche gregorianischen Choral und anderswo auch andere Lieder singen. Wer sich anders verhält, ist vom Reich Gottes noch weit weg und bewegt sich außerhalb der Tradition Jesu.

Die Dinge in dieser, das heißt in mystischer Weise zu sehen, das ist auch der Ansatz der Theologie der Befreiung. Dass diese, um hinter die Logik der nie enden wollenden Unterdrückung zu kommen, dann auf analytische Kategorien zurückgriff, stand im Dienst an der Effizienz. Die Frage war doch: Wie kann den Armen wirksam geholfen werden, dass sie sich selbst das Recht verschaffen, nicht mehr gegen das Leben schimpfen und gegen den Himmel fluchen zu müssen? Allein aus dem Blickwinkel der Armen erweist sich das Evangelium unzweifelhaft als frohe Botschaft, denn es hilft, die schlimme Wirklichkeit ringsum gut werden zu lassen. Für den Fall, dass Theologie nicht gut für umfassende Befreiung wäre, was für ein Interesse könnte jemand dann überhaupt daran haben, Theologie zu treiben? Die erste Theologie ist die Ethik des Reiches Gottes, und das beginnt bekanntlich mit den Armen. Alles andere ist Entfaltung. Dies den Bischöfen in die Ohren zu schreien und auf allen Foren zu verkünden ist das unbestrittene Verdienst der Befreiungstheologie. Befreiungstheologie hat den messianischen Auftrag, die Armen und Unterdrückten zu trösten. Um herauszufinden, wie christlich diese oder jene Theologie ist, braucht man nur zu gucken, welche Stelle sie den Armen einräumt. Das war auch eines der Kriterien, welche die Ursäulen des Glaubens auf Paulus anwandten, als dieser ihnen sein Evangelium vortrug – nachzulesen im Galaterbrief 2,10.

6. Theologie der Erde

Aber nicht nur die Armen schreien. Auch die Erde, beraubt ihrer begrenzten Ressourcen und vergewaltigt in ihrem dynamischen Gleichgewicht, schreit, weil wir sie zur großen Armen gemacht haben. Die größte Aggression, die Menschen der Erde antun können, ist, sie nicht als Magna Mater, als Pachamama und als Gaia ernst zu nehmen. Man bestreitet ihr den Charakter als Subjekt und das Recht auf Achtung und Liebe. Man entwürdigt sie zu einem Arsenal von Ressourcen, zu denen man nach Belieben greifen kann, während sie in Wirklichkeit doch ein lebendiger Superorganismus ist und wir ihre Söhne und Töchter sind, bzw., besser gesagt, während sie im Laufe ihres Jahrmillionen langen Entwicklungsprozesses an den Punkt gelangt ist zu fühlen, zu denken, zu lieben und Verehrung zu bekunden. Und dieser lebendige, dynamische Punkt sind wird: *Adam* (Kind der Erde), geboren von *adamah* (fruchtbare Erde). Wir stehen heute vor folgender Alternative: Entweder gehen wir in Zukunft mit Mutter Erde pfleglich um, oder die Arche Noah, die uns retten soll, bleibt ein Wunschtraum, und wir gehen samt und sonders unter. Das ist der Grund, aus dem wir in unsere Option für die Armen und gegen die Armut auch die Erde mit einschließen müssen, weil ja auch sie – als die große Arme – befreit werden muss. Eine Theologie der umfassenden Befreiung hat zwangsläufig eine ökologische Theologie der Befreiung zu sein.

Das Fundament jeder Ethik, auf dem jeder weitere Imperativ aufbaut, heißt: Was tue ich, um die Erde zu retten und um allen Wesen damit zu ermöglichen, weiterzuexistieren und weiterzuleben? Das zweite Gebot lautet dann: Was tue ich, um die Bedingungen zu erhalten, dass der Mensch auch weiterhin subsistieren und sich entwickeln kann, wie er sich während des ganzen Prozesses seiner Anthropogenese entwickelt hat? Die Erde bildet das neue Prinzip, das alles strukturiert, das neue Kernstück allen Denkens und Handelns. Die Frage lautet nicht: Was für eine Zukunft hat das Christentum?, die Frage lautet: Was für eine Zukunft hat die Erde, und was trägt das Christentum dazu bei, dass die Zukunft der Erde möglich und lächelnd wird?

7. Theologie des Kosmos

Die Erde ist ein Moment des großen kosmischen Evolutionsgeschehens. Wir gehören zu einem mittleren Sonnensystem, das siebenundzwanzigtausend Lichtjahre vom Zentrum unserer Milchstraße entfernt ist, wobei diese wiederum nur eine unter weiteren hundert Milliarden Milchstraßen ausmacht. Vielleicht wurde eine der weltbewegendsten wissenschaftlichen Erkenntnisse im Jahre 1992 gewonnen, als Fachleute das letzte Echo des Urknalls, der vor fünfzehn Milliarden Jahren stattfand, aus allen Teilen des Universums registrierten. Seither wissen wir, wo wir geboren wurden und wie alt wir sind. Doch unser Weltall ist nicht von Stabilität geprägt, sondern von Expansion. Wir kommen aus einem großen Chaos. Und die Evolution besteht darin, dass sie versucht, Ordnung in dieses Chaos zu bringen, welches in Wirklichkeit jedoch keine chaotische, sondern eine generative Sache ist, insofern sie immer dynamischere Ordnungs- und Gleichgewichtszustände ermöglicht. Das Ganze bildet ein gewaltiges offenes System, das in dem Maße, in dem es expandiert, sich kraft der Interaktivität aller Elemente und Energien unter sich selbst organisiert. Alles hat mit allem zu tun, in allen Punkten und unter allen Umständen. Materie ist nicht »materiell«, Materie ist ein höchst subtiles Feld von Inter-retro-beziehungen. Aus der Komplexität der interaktiven Materie taucht das Leben auf. Das Leben ist überall ein und dasselbe und zugleich doch auch verschieden. Es ist ein und dasselbe, insofern dieselben physikalisch-chemischen Elemente, die den lebendigen Urorganismus bildeten, auch alle weiteren Lebewesen bildeten, die Dinosaurier wie die Pferde, die Kolibris wie die Menschen. Was schon Franz von Assisi dank seiner mystisch-kosmischen Einfühlung wusste, dass wir alle Brüder und Schwestern aller existierenden Wesen sind, ist heute auch kraft wissenschaftlicher Entdeckungen unanfechtbare Wahrheit. Doch das Leben ist auch verschieden, weil das Uralphabet der Elemente sich ja in endlosen Kombinationen artikuliert und infolgedessen eine Staunen erregende Biovielfalt hervorbringt. Wenn sich also alle Elemente verschwörten, um das Leben zu ermöglichen, dann kann dieses nicht ohne jene verstanden werden. Deshalb hat das Leben dasselbe Alter wie das Universum. Eine Ausdrucksform des Lebens ist der Geist. Der Geist ist die Fähigkeit aller Wesen zur Interaktivität mit allen Wesen. Überall im Kosmos ist er anzutreffen. Doch auf der Ebene des Menschen gewinnt er solche Dichte, dass er reflexiv und seiner selbst bewusst wird. Das Prinzip ist universal (Interaktivität), lediglich der Grad der Verwirklichung ist beim Menschen eine einzigartige Sache. Nur, was festzuhalten ist, ist, dass der Geist, ehe er sich im Menschen manifestierte, bereits im Kosmos war. Kraft der Tatsache, dass er immer schon dort war, vermochte er es, sich in uns zu zeigen. Mit anderen Worten: Das Weltall hat Selbstbewusstsein und ist von Geist durchdrungen. Treffend wusste bereits der unvergessliche Karl Rahner: Der Geist ist die räumlich-geistige Bekundung des Geistes, der sowohl im Kosmos als auch in Gott gegenwärtig ist.

Wie aber lässt sich der Kosmos begreifen? Der Kosmos ist und bleibt eine große Frage. Nach Gott ist der Kosmos das größte Geheimnis. Und was will uns Gott mit der Existenz des Weltalls sagen? Vielleicht ist allein der theologische Diskurs, weil dieser mit der letzten Kategorie der menschlichen Sprache, mit dem Begriff Gott operiert, im Stande, eine Antwort zu stammeln. Demnach könnte das Universum jenes Moment bedeuten, vermittels dessen Gott ausstrahlen und sich zeigen und sich in seiner übergroßen Liebe Gefährten und Gefährtinnen schaffen wollte. Und das tat er, indem er die Differenzierung-Komplexifizierung aller

Seienden, die Rückbindung-Gemeinschaft unter ihnen wie auch die Verinnerlichung-Konvergenz aller im Herzen des Geheimnisses seiner selbst, das heißt die Gemeinschaft der drei göttlichen Personen, nach außen projizierte. Vielleicht entgleitet uns aber auch der Sinn des Universums. Vielleicht kommen wir nur auf dem Weg des – verzauberten, enthusiastischen, feiernden – Eintauchens in ihn hinein zu der Entdeckung, dass das All nichts als ungeschuldete Verdanktheit ist. Denn ohne Zweifel ist der Kosmos wie die Rose, von der Angelus Silesius (1624–1677) sagt:

> *Die Ros' ist ohn warumb,*
> *sie blühet weil sie blühet.*
> *Sie achtt ihrer selbst,*
> *fragt nicht ob man sie sihet.*

8. Theologie von Gott

Von der Erde weitete sich unser Blick auf das Weltall – und vom Weltall auf Gott. Da aber versagen sich uns die Kräfte. Der Weg öffnet sich ins Grenzenlose. Schweigen ist gefordert. Nicht, als hätten wir nichts mehr zu sagen, sondern, weil wir davon überzeugt sind, dass Worte nichts mehr sagen. Ehrfürchtig wenden wir uns den Dingen zu, versenken uns betrachtend in sie und entdecken in ihnen Sakramente Gottes, wie Franziskus es tat in seinem Sonnengesang. Alles ist von Gott durchdrungen, denn alles ist in Gott, und Gott ist in allem, einschließlich der dichtesten Schatten und der größten Verhängnisse. Pan-en-theismus heißt diese Einstellung, Pan-en-theismus ist die letzte Erfahrung hinter jeder Theologie, im Pan-en-theismus endet der Weg eines jeden Theologen. Auf dieser Ebene sprechen wir besser von Spiritualität als von Religion, mehr zu Gott als über Gott. So öffnet sich die Theologie der Mystik und der Poesie. Auch die Leere ist Gotteserfahrung:

> Ich fühl' in mir unendlich große Leere,
> gewaltig, die nur Gott aufreißen kann.
> Dass Amazonas nicht noch tausend weite Meere
> sie füllen können, klage ich die Wasser an.

So sehr ich trachte, streb' und wild verlange
    zu schließen diese schmerzend tiefe Wunde,
    es bleibt die Frage mir, die bitterbange:
    Wer bringt von Heilung mir denn Kunde?
Nur, kann denn endlich Ding Unendliches erfassen,
ohn' Wahn und krankem Irrsinn zu erliegen?
Unmöglich! Doch ich kann es gar nicht lassen
zu schreien, will den Tod ich doch besiegen.
    Unendlich Geist bricht ein in träge Massen.
    Die Leere kann allein mir Gott aufwiegen.

Auswahlbibliografie

Atlan, H., Entre o cristal e a fumaça. Ensaio sobre a organização do ser vivo, Rio de Janeiro 1992.

Auer, A., Umweltethik. Ein theologischer Beitrag zur ökologischen Diskussion, Düsseldorf 1984.

Barbou, I., Religion in an age of science, San Francisco 1991.

Bateson, G., Geist und Natur, Frankfurt am Main 1982.

Benz, A., Die Zukunft des Universums. Zufall, Chaos, Gott?, Düsseldorf 1997.

Benz, A./Vollenweider, S., Würfelt Gott? Ein außeriridisches Gespräch zwischen Physik und Theologie, Düsseldorf 2000.

Berry, T., O sonho da terra, Petrópolis 1992.

Berry, T./Swimme, B., The Universe Story. From the Primordial Flaring Forth to the Ecozoic Era. A Celebration of the Unfolding of the Cosmos, San Francisco 1992.

Boff, L., Schrei der Erde – Schrei der Armen, Düsseldorf 2002.

Ders., Die Logik des Herzens. Wege zu neuer Achtsamkeit, Düsseldorf 1999.

Bohr, N., Atomphysik und menschliche Erkenntnis, 1958.

Capra, F., Lebensnetz. Ein neues Verständnis der lebendigen Welt, München 1996.

Capra, F., Wendezeit. Bausteine für ein neues Weltbild, Bern-München-Wien 1982.

Crema, R., Introdução à visão holística, São Paulo 1988.

Cummings, C., Eco-spirituality: Toward a reverent life, New York 1991.

Davies, P., Gott und die moderne Physik, München 1986.

Dawkins, R., Der blinde Uhrmacher, München 1990.

Duve, C. de, Aus Staub geboren. Leben als kosmische Zwangsläufigkeit, 1995.

Einstein, A., Mein Weltbild, Frankfurt am Main 1970.

Fox, M., Der große Segen. Umarmt von der Schöpfung, München 1991.

Ders., Schöpfungsspiritualität. Heilung und Befreiung für die Erste Welt, Stuttgart 1993.

Goswami, A., O universo autoconsciente, Rio de Janeiro 1992.

Guatarri, F., As tres ecologias, Campinas 1988.

Guitton, J./Bogdanov, G. /Bogdanov, I., Gott und die Wissenschaft, München 1993.

Hawking, S. W., Eine kurze Geschichte der Zeit, Reinbek bei Hamburg 1988.
Heisenberg, W., Physik und Philosophie, 1959.
Ders., Der Teil und das Ganze, München 1969.

Jantsch, E., Die Selbstorganisation des Universums. Vom Urknall zum menschlichen Geist, München ²1984.

Lewin, R., Die Komplexitäts-Theorie. Wissenschaft nach der Chaosforschung, Hamburg 1993.
Longair, M. S., Das verklärte Universum, Berlin 1998.

Maturana, H./Varela, F., Der Baum der Erkenntnis. Die biologischen Wurzeln des menschlichen Erkennens, München 1990.
Monod, J., Zufall und Notwendigkeit. Philosophische Fragen der modernen Biologie, München ⁹1991.
Moormann, K. H., Materie – Leben – Geist, Mainz 1997.
Morin, E., Heimatland Erde, 1999.
Ders., La méthode: la vie de la vie, Paris 1980.

Prigogine, I., Structure, stabilité et fluctuation, Paris 1971.
Ders., Self-Organization in nonequilibrium, New York 1977.
Ders., Order out of Chaos, London 1984.
Prigogine, I./Stenger, I., Das Paradox der Zeit, München 1993.

Rawls, J., Eine Theorie der Gerechtigkeit, Frankfurt am Main 1975.
Reeves, H. u. a., Die schönste Geschichte der Welt, 1998.
Rosnay, J., A aventura da vida. Que é? Como começou? Para onde vai?, Petrópolis 1992.
Ruyer, R., A gnose de Princeton, São Paulo 1989.

Steiger, A., Compreender a história da vida. Do átomo ao pensamento humano, São Paulo 1998.
Swimme, B., Das Universum ist ein grüner Drache. Ein Dialog über die Schöpfungsgeschichte, München 1991.

Tiezzi, E., Tempi storici/tempi biologici, Mailand 1989.

Weber, R., Diálogos com cientistas e sábios, São Paulo 1988.
Weil, P., A consciência cósmica, Petrópolis 1978.
Wilber, J. (Hrsg.), Das holographische Weltbild. Wissenschaft und Forschung auf dem Weg zu einem ganzheitlichen Weltverständnis, Bern u. a. 1988.
Wilson, E. O., Der Wert der Vielfalt, München ²1996.

Zohar, D., The quantum self. Human nature and consciousness defined by the new physics, New York 1990.

Leonardo Boff
Manifest für die Ökumene
Ein Streit mit Kardinal
Ratzinger
Aus dem Portugiesischen
übersetzt von Horst
Goldstein
120 Seiten
Klappenbroschur
ISBN 3-491-72448-1
Patmos

Leonardo Boff, der als einziger Theologe in der anti-
ökumenischen Erklärung Kardinal Ratzingers »Dominus
Jesus« namentlich genannt wird, nimmt hier in aller
Deutlichkeit Stellung zu dessen Position und entwirft sein
Bild einer zeitgemäßen und notwendigen Ökumene.
Eindringlich weist er nach, wie sehr Ratzingers Erklärun-
gen den ökumenischen Bemühungen um religiösen und
politischen Frieden unter den Völkern schaden.
Er stellt dem seine Vision einer Ökumene gegenüber,
die, aus dem Geist des II. Vatikanischen Konzils heraus,
die Kommunion der Kirchen in den Mittelpunkt
ihres Denkens und Handels stellt.

PATMOS
Verlagshaus

Alternativer
Nobelpreis 2001
für Leonardo Boff

Leonardo Boff
Schrei der Erde –
Schrei der Armen
Aus dem Portugiesischen
übersetzt von Horst
Goldstein
350 Seiten
Klappenbroschur
ISBN 3-491-70354-9
Patmos

Mit der Verleihung des Alternativen Nobelpreises ehrt
die Jury Leonardo Boffs schriftstellerisches Werk, das der
Verbindung von jüdisch-christlicher Spiritualität, sozialer
Gerechtigkeit und Ökologie gewidmet ist, und seinen
jahrzehntelangen Kampf für ein menschenwürdiges Leben
der Armen und Ausgegrenzten. Die Jury hebt insbesondere
das Buch »Schrei der Erde – Schrei der Armen« hervor
mit seiner »Synthese tiefen ökologischen Denkens und
radikaler sozialer Kritik«.

PATMOS
Verlagshaus